本书为中共山东省委党校（山东行政学院）2019年创新工
拐点期后的城乡治理机制与模式：国际经验比较研究"的

URBAN TRANSFORMATION
IN THE MIDDLE AND LATE STAGE OF URBANIZATION
IN DEVELOPED COUNTRIES

陈明珠◎著

发达国家城镇化中后期城市转型

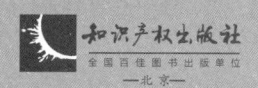

知识产权出版社
全国百佳图书出版单位
—北京—

图书在版编目（CIP）数据

发达国家城镇化中后期城市转型/陈明珠著．—北京：知识产权出版社，2019.11
ISBN 978-7-5130-6546-7

Ⅰ.①发… Ⅱ.①陈… Ⅲ.①发达国家—城市化—研究 Ⅳ.①F299.1

中国版本图书馆 CIP 数据核字（2019）第 228396 号

内容提要

本书以转型、社会转型理论为切入点，坚持城市转型以人为本的目标导向，从城市经济、空间、社会、生态等基本结构的转型入手，利用总分结构对典型发达国家城镇化中后期的城市转型路径进行了分析并得出相应的规律性启示。再结合当前中国城镇化发展过程中城乡发展面临的问题，进而期望在新时代新发展理念的背景下找出一些能够促进我国城市健康发展、城镇化质量提升的方法，为未来我国的城市发展做一些理论上的思考。

责任编辑：安耀东　　　　　　　　　　　责任印制：孙婷婷

发达国家城镇化中后期城市转型
FADA GUOJIA CHENGZHENHUA ZHONGHOUQI CHENGSHI ZHUANXING

陈明珠　著

出版发行：知识产权出版社有限责任公司	网　址：http://www.ipph.cn
电　话：010-82004826	http://www.laichushu.com
社　址：北京市海淀区气象路50号院	邮　编：100081
责编电话：010-82000860 转 8534	责编邮箱：anyaodong@cnipr.com
发行电话：010-82000860 转 8101	发行传真：010-82000893
印　刷：北京中献拓方科技发展有限公司	经　销：各大网上书店、新华书店及相关专业书店
开　本：720mm×1000mm　1/16	印　张：13
版　次：2019年11月第1版	印　次：2019年11月第1次印刷
字　数：238千字	定　价：72.00元
ISBN 978-7-5130-6546-7	

出版权专有　侵权必究

如有印装质量问题，本社负责调换。

前　言

截至 2018 年底，中国的城镇化率已经超过了 59.6%，这意味着我国已经实现了从农村社会到城市社会的转型。按照当前中国城市发展的现状来看，处于城镇化中期快速发展阶段的"城市中国"，一方面取得了城市建设的巨大成就，另一方面也面临着"城市病"高发的问题。因此，从全面建成小康社会和基本实现现代化的战略目标上来看，下一步如何实现城市转型，提升我国城镇化发展质量具有重要的战略意义。众所周知，城镇化发轫于西方发达国家，经过二百多年的发展，发达国家的城镇化已经进入了成熟阶段且呈现出相对良好的城市意象。但是如果翻阅发达国家的城市史也会发现，当发达国家的城镇化率处于与当前中国城镇化率接近的中期快速发展阶段时，其城市发展也呈现出繁荣与问题共存的局面，甚至其"城市病"问题更加严重。从繁荣与问题共存的"城市病"多发阶段到当前呈现出相对较好的城市状态，发达国家整个城镇化中后期阶段经历的城市转型是否有其规律可以探寻？是否有一些成功转型的经验值得中国的城市来借鉴？

城市转型是一个复杂的过程，以转型理论为始点，以城市转型的目标导向为实现城市发展的以人为本为基础，本书对发达国家城镇化中后期的城市转型路径进行了系统的比较分析并得出了一些规律性启示。本书认为，城市作为一个有机系统，其最基本的子系统包括城市的经济系统、空间系统、社会系统和生态系统，而城镇化中后期的城市转型本就是城市各个子系统转型以实现城市发展以人为本目标的过程。即通过经济系统的转型保持城市持续增长，通过空间系统转型实现城市空间扩容和功能优化，通过社会系统转型缓和社会冲突、维护社会稳定，通过生态系统转型提升城市人居水平，等等。但与其他三个基本子系统不同的是，城市生态系统的转型是一个目标导向的转型过程，是通过城市经济转型、城市空间转型、城市社会系统的复合推动而实现的一种转型。所以从城市转型的路径上来看，城市经济系统转型、城市空间系统转型和城市社会系统转型对于城市转型的决定性最强。如果从经济系统、空间系统和社会系统来考察发达国家城镇化中后期的城市转型过程也可以发现：利用技术革命、制度配套和产业区域转移，发达国家城镇化中后期的城市产业结构在实现了合理化和高级化的基础上，避免了城市衰退并保持了城市经济的持续增长；而从城市空间系统上来看，在逐渐把握城镇化中后期城市空间增长规律的基础上不断调整城市规划的基准方向，发达国家的城市在实现空间形态发展网络化的同时，城市的功能逐步优化，并实现了城市经济、社会、文化、生态等的协调发展；通过建立多元治理主体共同参与的城市社会治理体制，发达国家的城市在城镇化的中后期阶段逐渐解决了城市资源分配效率与公平失衡的问题，在实现了赋权和自治的同时，缓和了城市社会矛盾，提高了城市的基本公共服务水平，维护了城市社会的基本稳定。所以，正是通过产业结构、空间规划和社会治理三个领域的转型，发达国家的城市在城镇化的中后期才逐渐解决了"城市病"，并使得城市系统得以在新的状态下有序运转。如果再深入地剖析发达国家城市成功转型的影响因素还会发现，技术革命带来的新兴业态和发达国家不断地调整城市管理制度对于其城市成功转型具有决定意义。因此应该特别重视技术创新和制度变迁的过程对城市发展的重要影响，着力提升创新驱动的功能能级和形成有利于城市要素发挥积极作用的制度政策。

从发达国家城镇化中后期城市转型对未来中国城市转型的镜鉴和启示上来看，中国的城市转型是在中国经济社会整体转型和全球化、信息化时代背景下的城市发展过程，工业化后发优势、中国国情和内外部环境的复杂性使得中国的城市发展道路带有了中国特色的多元复合性，中国城市转型面临的机遇较多但转型任务也更加艰巨。因此，城镇化中后期的中国城市转型应该是在立足我国具体发展实际的基础上，借鉴发达国家城镇化中后期的城市转型的有益经验，抓住全面深化改革的历史机遇，坚持以人为本、协调、可持续的城市发展方向，通过技术和制度的创新夯实中国城市转型的基础。同时要认识到中国城市转型的全面性系统性，注重新的时代形势对中国城市转型的现实要求，利用国内国外两个市场，调动一切可以调动的力量，统筹解决城市发展中的问题，以宜居城市建设实现城市的高标准转型，实现城市发展成果的全民共享，让未来的中国城市真正成为一个生产富裕、功能协调、社会和谐稳定、生态可持续发展的美好家园。

目　录

第一章　引　言 …………………………………………………（ 1 ）

　第一节　研究缘起与意义 ………………………………………（ 1 ）

　第二节　国内外研究综述 ………………………………………（ 4 ）

　第三节　相关理论和概念 ………………………………………（ 18 ）

　第四节　研究思路和方法 ………………………………………（ 28 ）

　第五节　研究创新与不足 ………………………………………（ 31 ）

第二章　发达国家城镇化中后期城市发展状况 …………………（ 34 ）

　第一节　发达国家城镇化发展历程 ……………………………（ 34 ）

　第二节　发达国家城镇化中期城市状况 ………………………（ 37 ）

　第三节　当前发达国家城市概况 ………………………………（ 53 ）

第三章　产业结构转型推动城市持续增长 ………………………（ 59 ）

　第一节　产业结构升级与城市转型 ……………………………（ 59 ）

　第二节　发达国家城镇化中后期城市产业结构升级路径 ……（ 66 ）

　第三节　创新驱动下的城市产业结构升级 ……………………（ 79 ）

第四章　空间转型实现城市扩容与功能优化 ……………………（ 89 ）

　第一节　城市增长与城市空间转型 ……………………………（ 89 ）

　第二节　发达国家城镇化中后期城市空间转型路径 …………（ 96 ）

　第三节　实现城市空间的协调、科学、集约化发展 …………（107）

第五章 社会治理转型提升城市发展质量 …………………………（117）

- 第一节　城市社会治理与城市转型 ……………………………（117）
- 第二节　发达国家城镇化中后期城市社会治理转型路径 ………（125）
- 第三节　构建多元主体共治的城市社会治理体系 ………………（138）

第六章 镜鉴与启示：对城镇化中后期中国城市发展的思考 ………（148）

- 第一节　城镇化快速推进阶段的中国城市发展现状 ……………（148）
- 第二节　转型期中国城市的基本特征及发展原则 ………………（163）
- 第三节　新的发展理念指导下的中国城市转型道路 ……………（170）

第七章 结　论 ……………………………………………………（188）

参考文献 ……………………………………………………………（191）

第一章 引 言

综观世界城镇化的发展进程可以看出，世界各国的城镇化水平受工业化进程等因素的影响正处在不同的发展阶段。对于发达国家而言它们已经进入了城镇化成熟阶段，而大部分发展中国家当前也正以城镇化作为经济社会发展的驱动力迎头而上。在这样的背景下，国内外学者们认为当前的21世纪必然会是"城市的世纪"。城镇化的载体是城市，因此城镇化发展水平的差异必然会反映到城市这个载体上，所以对于那些目前正处于城镇化快速推进阶段的发展中国家，尤其是我们中国的城市而言，如何借鉴已有经验实现自身的转型显得尤为重要。而这个已有经验可以从那些已经进入了城镇化成熟阶段、城市总体发展状况相对较好的发达国家的城市来找。我们相信，虽然世界城市有千千万万还各具特色，但是奥尔德斯·赫胥黎（Aldous Huxley）曾经说过："科学可以定义为化繁为简，它通过略去具体事物的独特性，聚焦于共同点，以此提取有意义并且可以有效利用的'法则'来解释纷繁复杂的自然现象。"[1] 可以认为，当前已经实现城镇化的发达国家虽然有很多，但是它们在经过城镇化中期阶段之后实现城市转型的过程定然有其可供借鉴的规律性值得我们去挖掘。

第一节 研究缘起与意义

目前，中国的城镇化正如经济学家斯蒂格利茨（Joseph Eugene Stieglitz）预

---

[1] ［美］安杰尔·什洛莫：《城市星球》，贺灿飞、陈天鸣等译，科学出版社，2015，第3页。

言的那样成了塑造未来中国发展的重要动力。截至2018年底，我国的城镇化率达到了59.6%，处于典型的城镇化中期快速推进阶段。这标志着以往四十年的改革开放，我国开创的中国特色的城镇化道路带来了大量农村人口从乡村到城市的迁移，推动了中国城市时代的到来，而下一步真正"实现中国由传统的农村社会向城市社会的转变，是中国在21世纪实现伟大复兴的必由之路"[1]。

一、转型期的中国与中国城市

中国的城市转型，首先与当前中国社会转型有密切的关联。作为一个制度变迁的过程，中国转型是指我国从计划经济体制到市场经济体制、从农业社会到工业社会、从相对封闭的社会到开放的社会转型。十八大之后随着一系列促进转型的改革方针政策陆续出台，中国经济、政治、文化、社会、生态等领域的转型已全方位展开。此外，由于参与国际分工的能力越来越强，国际环境也会对我国的社会转型产生一定的影响。

推进我国经济社会等全面转型的过程中，城镇化作为扩大内需的重要途径始终是重要着力点，经济社会的转型随着城镇化的逐步推进也必然会对我国的城市转型形成影响。2010年城镇化率超过了50%之后，意味着我国正式进入了城市社会，这是中国城市发展的表现，也是城市发展的结果，而城市社会的到来意味着城市将会成为我国发展的主要载体。经济社会转型的要求会传递到城市转型的过程中，比如从一些具体的环节来看，经济发展转方式调结构必然会对我国城市经济的转型提出更高的要求，以往城市发展的粗放型增长模式将不能为继，城市的产业必然要面临着转型升级；由于经济社会的转型，社会阶层的利益分化也会带来城市社会空间的分化，等等。总之，中国在经济社会全面转型的过程中，城市也面临着转型的要求，中国的转型将会在城市发展的领域有明显体现。

二、问题意识：城镇化中期阶段的"城市病"

2018年，中国常住人口城镇化率已经达到了59.6%，这说明我国是典型的

---

[1] 叶裕民：《中国城市化之路——经济支持与制度创新》，商务印书馆，2001，第7页。

处于城镇化中期快速推进阶段的国家。有的学者认为，中国的城镇化是世界第三次城镇化浪潮❶，并且中国的城镇化是高速增长下的"压缩性"城镇化模式，带有很明显的国情、世情特征——快速、转移人口基数大、制度的约束力强。这种模式固然具有高效率的特征，但是同时也会浓缩快速城镇化带来的诸多问题和矛盾。❷ 随着工业化、城镇化的迅速推进，由于城市发展方式的不科学，我国的城市出现了"城市病"。从作为城市居民的主观感受来看，中国城市人口拥挤，城市自然资源和基本公共服务供给不足，出现了能源的短缺、房价高企、交通拥堵、就业难、就医难、上学难等现象，此外还有最为明显的一个特征就是城市生态环境的污染。按照《国家新型城镇化规划纲要（2014~2020）》的表述，当前中国存在着土地城镇化快于人口的城镇化、农民工群体在城市里迁而不移、"城市病"和"农村病"、文化遗产保护不力等问题。总结来看，当前城镇化快速发展阶段的中国城市从产业结构上来说还多有不合理之处。从城市空间来看，还处于扩张和内部结构需要优化的状态。从城市社会的领域来看，问题也是较多，城市环境质量不高。这样的城市从根本上来说不符合良好城市的发展目标和以人为本的城镇化发展要求。也因此，从客观和主观上，社会各界普遍觉得当前处于快速城镇化阶段的中国正在经历"城市病"的高发期，需要治理。

这些城市问题有些是中国特有的问题，有些是城镇化中期发展阶段其他国家也遇到过的相同问题。如果把我国的城镇化水平与世界上其他国家，尤其是发达国家的水平相比，我们的城市整体状况距离它们还有很大的一段距离。这主要是因为：第一，我们的城镇化起步时间晚；第二，则是曾经遇到过"城市病"问题的发达国家经过多年的城市转型治理而解决了城市的问题。而当下，还必须承认，"城市病"给我国的城市发展施加了不小的压力，也是未来我国城镇化攻坚必须突破的难关。而未来我们要走的新型城镇化道路，其中的本质特征就是城镇化不仅仅是城镇化率不断提高的过程，同时也是城市经济社会等发展质量提升的过程。因此我们可以直面当前中国城市发展的问题，借鉴城市转型相对成功的发

---

❶ 笔者认为，中国的城镇化应该是世界第四次城镇化浪潮。因为工业革命之后，英国作为第一个开启工业化城镇化的国家可以看作是世界第一次城镇化浪潮；随后以美国、德国为代表的工业国家到20世纪中叶完成的城镇化可以看作是第二次城镇化浪潮；日本、韩国等亚洲国家在20世纪中期之后的城镇化浪潮可以看作是第三次城镇化浪潮。所以，当前以中国为代表的发展中国家的城镇化应该是第四次城镇化浪潮。

❷ 李程骅：《中国城市转型研究》，人民出版社，2013，第2页。

达国家的经验，为解决当前中国的城市问题寻找一些启示。

三、研究目的和意义

众所周知，工业化与城镇化发轫于西方发达国家。它们凭借先发优势在今天已经实现了城市的转型，目前呈现给世界的是一个天蓝水清、社会福利制度等相对良好的城市意象。而我们翻阅城市史料也会发现，当发达国家在经历同我国当前城镇化率接近的城镇化中期阶段的时候，它们也面临着同我们国家当下相类似的城市发展问题——"城市病"，有些问题表现得还更加严重。所以，从它们城市当前的发展状况相对良好来看，我们可以认为，它们在城镇化中后期走过的城市发展过程应该有其转型的经验性规律可循，这些规律也值得正处于城镇化快速发展阶段的中国去总结。

从世界城市发展的历程来看，城市转型是任何一个国家城市发展必须经历的过程，只是由于国情地理、历史文化、经济发展阶段等因素的综合影响而呈现出了不同的发展特征和进程。当前处于全面转型期和城镇化快速推进阶段的中国，在面临着复杂的国际国内背景下，以何种方式来破解城市发展中的难题，以何种态度来面对已经到来的城市社会，又将以怎样的模式来实现城镇化的健康推进，将会是关乎我国未来经济社会发展的重大战略问题。

因此，本书希望能够通过分析发达国家城镇化在中期阶段及其之后实现城市转型过程的基础上得出一些有价值的规律性启示，然后结合当前中国城镇化发展过程中遇到的一些问题进行比较分析，找到一些促进我国城镇化中后期阶段城市健康发展、城镇化质量提升的方法，为未来我国的城市发展做一些理论上的思考。

第二节　国内外研究综述

从当前国内外对于城镇化的研究来看，研究发达国家城镇化发展给中国带来的启示性研究多是集中在了发达国家城镇化模式、道路对于中国城镇化的启示上，很少涉及发达国家城镇化在某一个阶段上的城市发展过程对中国城市发展的启示。因此，要研究发达国家城镇化中后期城市转型给中国带来的启示，需要从国内外关于城镇化中后期阶段、城市转型以及国外城市转型对我国城市发展的启示上来分析材料。

一、国内外关于城镇化中后期阶段的研究

（一）国外关于城镇化中后期阶段的研究

从理论上来看，国外的一些学者较早地开始了城镇化发展阶段的划分，而且根据不同的城镇化发展阶段分类标准，国外城镇化发展的阶段表述也不一致。

（1）以城镇化率高低划分城镇化发展阶段。首先从城镇化率高低来看，国外对于城镇化发展阶段研究的最经典提法是"S"形曲线理论。1979年美国城市地理学家诺瑟姆（Ray M. Northam）根据其对全球多个国家的城镇化进程的考察，在他的著作《经济地理》中将城镇化的过程概括为一条稍被拉平的"S"形曲线。根据这条曲线，城市化的过程分为三个阶段：城镇化率在30%以下是初级阶段（initial stage）；城市化加速阶段（acceleration stage）的特征是城市人口比例从30%增长到50%乃至70%，经济社会活动高度集中，第二、三产业增速超过农业且占GDP的比重越来越高；成熟阶段（terminal stage）的城市人口比重将会达到70%以上，但是仍有乡村从事农业生产和非农业来满足城市居民的需求，当城镇化率达到80%时城镇化率增长变得缓慢。[1] 此外美国学者波普诺（Popenoe）也认为，城镇化进程可分为三个阶段：首先是发生阶段，城市人口占总人口的30%以内；其次是加速发展阶段，城市人口占总人口的30%～70%；最后是成熟阶段，城市人口占总人口的70%以上，城镇化的发展较为平稳。此外，曼德尔鲍姆（K. Mandelbaum）和库兹涅茨（S. Kuanets）在对城镇化与非农经济发展阶段进行对应时认为，城镇化率在12%～25%之间是城镇化起始阶段，25%～50%之间是城镇化加速阶段前期，50%～70%是城镇化加速阶段后期，70%以上是完成阶段。[2] 所以根据这种划分标准，城镇化中后期阶段是城镇化的加速推

---

[1] 陈明星，叶超，周义：《城市化速度曲线及其政策启示——对诺瑟姆曲线的讨论与发展》，《地理研究》2011年第8期。

[2] 周铁训：《均衡城市化理论与中外城市化比较研究》，南开大学出版社，2007，第282页。

进阶段，其中城镇化率在25%或者30%左右开始进入城镇化中期加速阶段，然后城镇化逐渐推进进入成熟完成阶段。

（2）以城市空间增长阶段划分城镇化进程。这种划分方法中比较有代表性的是英国的范登堡（L. Vandenberg）。他在《欧洲城市兴衰研究》一书中以城市经济结构的转型作为依据，将工业革命以来的世界城镇化进程划分为了三个阶段：第一个是城市化阶段；第二是市郊化阶段；第三是反城市化与内域的分散阶段。此外，彼得·霍尔（Peter Hall）提出的"城市发展阶段模型"是按照城市形态区分城镇化发展阶段的重要例证，后来荷兰学者克拉森（Crasson）等人对彼得·霍尔的模型做了修改，并将城市发展划分为城市化、郊区化、逆城市化和再城市化四大阶段，然后又根据中心城区和周围地区在人口增长率的上升和下降之后的转折点，将这四个阶段中的每一个阶段一分为二，分成了八个阶段。日本学者今野修平根据城镇化的必然性与近代城市的产生认为，产业革命以来，近代城市经历了三个阶段：城市化、特大城市化、特大城市群化。[1] 此外，"差异城市化理论"的提出者盖耶（Henry Sheffie Geyer）和孔图伊（T. M. Kontuly）在引入了"极化逆转理论"后，将城镇化发展阶段划分为大城市、中等城市和小城市发展阶段。"大城市阶段"也就是"城市化"阶段，大城市的人口净迁移量最大，大多数的移民往大城市集中，大城市增长最快；第二个阶段是"过渡阶段"，即"极化逆转阶段"，这个阶段中等规模的城市由迁移引起的人口增长率超过了大城市由迁移引起的人口增长率；第三个阶段是"逆城市化"阶段，这个阶段小城市的增长率超过了中等城市的迁移增长，在完成了这个过程之后，人口再次往大城市集中。尽管"差异城市化理论"没有提出城市发展的四阶段，但是可以看出，其也是将城市的发展看作是一个增长、分散、复兴中心城市的过程，且城镇化中后期城市发展阶段表现为城市在集聚人口的基础上开始往郊区扩散，当扩散到一定的程度之后，中心城市会出现再城镇化，城市群、都市连绵带逐渐形成。

由此可见，城镇化发展阶段根据分类标准的不同而有不同的划分，其中城镇化率和城市的空间形态演变是城镇化阶段划分的主要依据。其中，国外学者对于城镇化中后期阶段内涵虽然没有明确的定义，但是通过归纳可以认为，国外学者

---

[1] 高珮义：《中外城市化比较研究》，南开大学出版社，1991，第214页。

也认可城镇化进入中后期后,城市的人口、产业、城市空间形态发生明显的变化,城市在经济社会中的地位和发挥的作用愈加明显,并且城市发展呈现出一定的规律性变化特征。

(二) 国内对于城镇化中后期阶段的研究

(1) 城镇化发展阶段的不同划分方式。从对城镇化阶段的划分上来看,高珮义❶研究了发达国家、发展中国家、社会主义国家的城镇化进程后,认为城镇化大致分为三个阶段:城市人口占总人口的20%以内,城镇化进程较为缓慢;城市人口占总人口的20%~70%,城镇化处于加速发展阶段;城市人口占总人口的70%以上,城镇化进程较为平稳,整个城镇化过程是"S"形。此外,叶裕民❷提出,以城镇人口增长系数K作为衡量城镇化发展阶段的指标,并根据这个指标将城镇化划分为五个阶段:$K<0.5$是前城镇化阶段,城镇人口的增长规模小于乡村人口的增长规模;$0.5 \leqslant K<1$是城镇化的前期阶段,意味着城镇人口的增长规模持续超过乡村人口的增长规模,城镇化进入快速增长时期;第三阶段,$K \geqslant 1$是城镇化的中期阶段,意味着总人口增长全部表现为城镇人口的增长,乡村人口规模开始下降;第四阶段,城镇人口比重$\geqslant 50\%$,初步进入城市社会,城镇人口绝对数超过乡村人口,意味着初步实现城镇化;第五阶段,城镇人口比重$\geqslant 65\%$,进入成熟的城市社会和后工业化社会,现代城市文明广为普及,城乡居民的生活水平和生活方式趋于一致。方创琳等❸在分析了诺瑟姆城镇化发展三阶段理论与工业化发展四阶段理论难以有效对应的问题之后,将城镇化发展阶段与工业化四个阶段进行了修正性匹配,并对城镇化阶段进行了新的划分,即城镇化初期阶段、城镇化中期阶段、城镇化后期阶段、城镇化终期阶段,并指出了各个阶段的特征。所以,在我国学者的视角中,城镇化的中后期阶段是城镇化的快速发展阶段,意味着城市社会的实现、后工业化时代的到来和城乡一体化的逐步实现。此外,尽管当前国内学者对发达国家城镇化的研究基本上多集中在其发展模式、道路的比较研究上,但是王雪峰❹以城市空间形态演变为划分标准将发达国家城镇化进行了阶段性划分,即中心集中型城市化、郊区城市化、去城市化和

---

❶ 高珮义:《中外城市化比较研究》,南开大学出版社,1991,第4页。
❷ 叶裕民:《中国城市化之路——经济支持与制度创新》,商务印书馆,2001,第18~19页。
❸ 方创琳等:《中国城市化进程及资源与环境保障报告》,科学出版社,2009,第38~40页。
❹ 王雪峰:《发达国家城镇化形式的演变及其对中国的启示》,《地域研究与开发》2011年第4期。

再城市化四个阶段。在对这个四个阶段的城市发展表象特征、社会特征、环境特征、推动力和工业化进程进行详细描述的基础上，他还提出城市未来的发展形式应该是"城市区域"，即城市和乡村的关系联系密切，城乡分割界限模糊。

（2）城镇化率突破50%拐点的重要意义。从我国学者们对城镇化发展阶段的研究中可以发现，国内学者一般都接受诺瑟姆按照城镇化率划分城镇化发展阶段的方法，这样城镇化率50%~55%在研究的视野下是典型的处于城镇化中期阶段也即快速发展阶段。目前来看，我国学者认可城镇化率超过50%是一个城镇化发展的重要拐点。比如叶裕民[1]指出，城镇化率突破50%之后是城镇化过程中的第三个重要转折点，与工业化发展阶段相联系，这一时期处于工业化的中后期阶段，技术密集型制造业和新兴第三产业迅速发展，成为支持城镇化水平进一步提高的主要产业。而且由于这个时期经济发展已经由高速增长转向低速持续推进阶段，因此城镇化水平也由高速增长向低速增长过渡，城镇化速度会低于城市化的前期和中期阶段，但是高于成熟的城市社会。冯奎[2]认为，城镇化率到了50%后的一段时期，是城乡矛盾不断积累的阶段，也是人们寻求城乡统筹和城乡关系协调发展的阶段。而王旭、罗思东[3]根据美国20世纪20年代城镇化率达到了50%左右城镇化发展特征的总体判断，将美国城镇化发展阶段划分为"传统城市化"和"新城市化"两个阶段，并且对两个阶段的城镇化特征进行了细致的描述。他们指出，这种转变标志着城乡关系有了实质性的良性互动，城镇化从单纯的人口转移向结构型转换过渡，进入了高级阶段。与之相适应，城市与区域规划、市民社会和社会群体的关系、地方政府和地方政策等都发生了明显的变化，因此城镇化率超过50%应该是一个非常特殊的时期。

李璐颖[4]在分析了典型国家快速城镇化阶段发展特征的基础上认为，城镇化率50%这个阶段是城市发展的拐点迷局，从经济层面来看，国家经济会空前繁荣；而从社会层面来看，这个时期"城市病"产生较多；而从空间层面进行比

---

[1] 叶裕民：《中国城市化之路——经济支持与制度创新》，商务印书馆，2001，第18~19页。
[2] 冯奎：《中国城镇化转型研究》，中国发展出版社，2013，第113~132页。
[3] 王旭、罗思东：《美国新城市化时期的地方政府——区域统筹与地方自治的博弈》，厦门大学出版社，2010，第3页。
[4] 李璐颖：《城市化率50%的拐点迷局——典型国家快速城市化阶段发展特征的比较研究》，《城市规划学刊》2013年第3期。

较研究，则可以看出在拐点迷局上，"大都市区"及"大都市连绵区"形成。李浩[1]在比较了当前典型的已经进入城镇化成熟阶段的国家在城镇化率50%时的城市发展状况后指出，城镇化率50%这个时期是城镇化发展高度繁荣、城市规划体系建立，城市发展渐趋向好的时期。冯奎[2]对世界城镇化中后期阶段的趋势性特征进行了整体的归纳：①城乡关系的矛盾得到了缓解，一体化发展加深；②为城市化人口提供住房及社会保障成为政策核心；③大中小城市协调发展，城市群成为主要空间形态；④服务业取代工业成为城镇化发展的主要动力；⑤生态环境的制约性增强，可持续发展成为共识；⑥集约利用土地，紧凑型城市成为城镇化的主流方向；⑦中产阶级逐渐兴起，社会转型机遇更大但挑战更严峻；⑧城市新现象和新问题不断涌现，城市管治继续演化发展。由此可以看出，国内学者认为，城镇化率过半是城镇化进程的一个重要时间节点，之后的城镇化和城市发展将会呈现出与之前不一样的趋势。

二、国内外对城市转型的研究

由于可以认为城市发展在经过城镇化率50%~55%之后开始一系列的转型，才使得大部分已经进入城镇化成熟阶段的发达国家的城市呈现出相对良好的城市意象，所以城市转型、国外城市转型的经验就成了我们研究的核心。城市作为一个高度复杂的社会和经济复合体，随着城市发展史的变迁，城市转型的过程引起了国内外学者的广泛关注。由于研究视角、文化传统、政治制度等因素的不同，国内外学者在这个问题上进行了不同的研究。

（一）国外对于城市转型的研究

总结来看，国外学者对于城市转型的研究主要有以下几个方面。

从城市转型的含义上看，国外学者库克（Cook）[3]认为城市转型本身是一个复杂的系统，一方面可以理解为是经济体制转变的过程，另一方面可以理解为是生产方式的转变过程，涉及经济、政治、法律、社会、文化等领域。

---

[1] 李浩：《城镇化率首次超过50%的国际现象观察——兼论中国城镇化发展现状及思考》，《城市规划学刊》2013年第1期。
[2] 冯奎：《中国城镇化转型研究》，中国发展出版社，2013，第113~132页。
[3] 李彦军，叶裕民：《城市发展转型问题研究综述》，《城市问题》2012年第5期。

此外，城市是否在不断地经历着转型同样是国外学者争论的一个焦点。对于西方现代城市是否经历了转型，马库斯（Marcuse）和坎彭（Van Kampen）[1]在其著作《全球化的城市：一个新的空间秩序中》中认为，今天的发达国家城市空间结构是与过去相差不远的城市，只是程度上不同，而没有本质上的差别。但是他们的观点却和哈伯德（Hubbard）和哈尔（Hall）[2]的观点不同，Hubbard 和 Hall 认为现在的西方城市是转型的新城市，是后工业化、后现代化的，和前身已经大不相同，西方城市已经用企业化的精神取得了管理主义，行政性的政府被管治替代了。麦克劳德（Macleod）等[3]也认为全球化下的西方城市发生了巨大的变化。

而对于城市转型驱动因素的研究上，大部分国外学者比如瑞塔·施耐德·斯里瓦（Rita Schneider-Sliwa）[4]认为，城市的转型应该放在全球化和政治变迁的角度来分析。20世纪60年代之后全球经济政治社会变迁带来了全球范围内经济政治社会利益的重组，自然也包括给全球范围内城市带来了机遇和挑战。新的技术革命的兴起挽救了传统工业已经衰退的发达国家的城市产业，同时也确立世界城市发展的格局，并且确立了发达国家的城市、城市群在世界经济政治格局中的主导地位。洛根（Logan）[5]认为，全球化对城市转型有重要的影响，他因此认为中国城市转型的三种动力因素包括市场取向的制度转型、乡城迁移和"全球化力量"。科勒德克（Kolodko）[6]则强调政治因素在城市转型中的作用。他认为转轨不仅仅是经济特性，更多的还包括政治特性，并且指出在城市转型中政府要有一个很明确的定位。

发展中国家正在经历的城市转型也吸引了大批国外学者从事发展中国家的城

---

[1] Marcuse P, Van Kampen R: Globaling Cities: A new Spatial Order? (Oxford: Blackwell Publishers, 2000).

[2] Hall T, Hubbard P: The Entrepreneuial City: Geographies of Politics, Regime and Representation Chichester (NY: John Wiley and Sons, 1998).

[3] Macleod G, Raco M, Ward K: Negotiating the Contemporary city: Introduction, Urban Studies 40 (2003): 1655~1671.

[4] Rita Schneider-Sliwa: Cities in Transiton-Globalization, Political Change and Urban Development (Berlin: Springer, 2006).

[5] John R: Logan, Urban China in Transition (Oxford: Blackwell Publishing, 2008).

[6] [波] 格泽戈尔兹·W·科勒德克：《从休克到治疗：后社会主义转轨的政治经济》，刘晓勇、应春子等译，上海远东出版社，2000。

市转型研究。在 21 世纪初期的一个时间段里，西方学者研究发展中国家是不是也会出现与西方发达国家城市转型趋同化的特征——像西方城市一样具有郊区化、有防卫的社区等，并成为一个管治领域范畴。迪克（Dick）和里默（Rimmer）[1] 研究了东南亚的城市形态之后认为东南亚城市形态演变的基本特征就是越来越趋同于西方化，但是这个观点迅速地被其他国外学者否定，他们明确指出了这个研究的结果忽视了东南亚地区自身的文化、历史和制度因素等对其城市转型方向的认知，所以是不可取的。

从国外学者对发展中国家城市转型的方向认定上可以看出，大部分学者倾向于认为发展外向型经济和服务经济能够促进发展中国家的城市转型。例如，有的学者认为，发展中国家城市转型的方向应该是建立一个服务中心，发展出口导向的服务业，然后在这个领域内依托科研和大学实现城市转型。而构建这种服务业转型的路径就是发展服务业的外包并且要建立适合的城市环境、生活水平以及良好的基础设施。此外，魏永德和梁振英[2]、吴缚龙[3]、格兰特（Grant）和内基曼（Nijman）[4] 则认为，外资对发展中国家的城市转型具有不可替代的作用。

（二）国内对于城市转型的相关研究

城市发展的历史就是城市不断转型的过程。随着我国逐渐进入城市社会，城市转型，有时候也被称为城市发展转型的研究越来越成了学界研究的前沿问题。总结当前国内对于城市转型的研究发现，我国学者的研究方向随着对城市转型内容理解的不同而出现了更趋多元化、多层次的特征。总的来看，我国学者的城市转型研究主要从以下几个方面展开。

（1）城市转型的基本内容。城市转型不是一个陌生的概念，但是城市转型的内涵却由于学者们自身研究的领域不同而不同。

---

[1] Dick H W, Rimmer P J: Beyond the third city: The new urban urban geography of South-Aisa, Urban studies, 35（1998）:2303～2321.

[2] Wei Y D and Leung C K: Development zones, foreign investment, and globle city formation in Shang Hai, Growth and Change, 36（2005）: 16～40.

[3] Wu Fulong: Globalization, place promotion and urban development in Shanghai, Journal of Urban Affairs25（2003）:55～78.

[4] Grant R and Nijman J: Globalization and the cooperate geography of cities in the Less-development World, Annals of the Association of American Geographers, 92（2002）:320～340.

从城市转型的内涵上来看，李彦军[1]和侯百镇[2]认为，城市转型包括经济转型和社会转型，是城市发展进程及发展方向的重大变化与调整，是城市发展道路及发展模式的重大变革。魏后凯[3]认为，城市转型是城市在各个领域、各个方面发生重大的变化和转折，是一个多领域、多方面、多层次、多视角的综合转型，可以分为经济转型、社会转型和生态转型。沈清基[4]认为，城市转型从宏观角度或者抽象意义来看是一个城市的发展方向、发展目标、发展战略、发展模式所发生的重要转折与重大变化，从中观具象角度来看是城市的空间结构、空间形态的转变与变化；从制度角度而言是城市治理和城市管制制度的变迁。周振华[5]在研究城市转型与服务经济关系的时候，认为城市转型是一个城市质变的过程，这一过程涉及产业结构、空间结构、交通运输和通信体系、对外联系方式、政府职能、法律和监管环境、生活环境以及各种非政府组织同时或者相继发生的变革、调整。唐子来等[6]从城市的结构解析上将城市转型划分成城市经济转型、城市空间转型与城市社会转型。李玲等[7]则强调，城市转型包括经济、社会、文化、生态和体制转型的内容。随着学者们对于城市转型研究视角的拓宽，城市转型的内涵和内容在不断丰富中。

从城市转型的驱动力上来看，周振华[8]强调，作为城市转型的子系统，城市产业结构的调整是城市转型中的主导力量。沈清基[9]将城市转型的原因分为城市的生长性、城市的问题与城市矛盾乃至城市危机、城市受到外来因素的挑战、城市之间的竞争和对发展生态位的争夺。李玲等[10]认为，经济发展阶段与宏观经济环境变迁、行政区划与政府的作用、全球化与城市网络化是引起城市转型的最重要的原因。叶裕民[11]从一个综合的角度认为，城市转型是一种综合意义上的转

---

[1] 李彦军：《城市转型的动因、内涵与支撑》，《中州学刊》2013 年第 8 期。
[2] 侯百镇：《转型与城市发展》，《规划师》2005 年第 2 期。
[3] 魏后凯：《论中国的城市转型战略》，《城市区域与规划研究》2011 年第 1 期。
[4] 沈清基：《论城市转型的三个主题：科学、文明、生态》，《城市规划学刊》2014 年第 1 期。
[5] 周振华：《城市转型与服务经济发展》，格致出版社，2009，第 2 页。
[6] 唐子来等：《城市转型规划与机制：国际经验思考》，《国际城市规划》2013 年第 28 期。
[7] 李玲等：《城市发展转型研究进展及展望》，《地域研究与开发》2012 年第 4 期。
[8] 周振华：《城市转型与服务经济发展》，格致出版社，2009。
[9] 沈清基：《论城市转型的三个主题：科学、文明、生态》，《城市规划学刊》2014 年第 1 期。
[10] 李玲等：《城市发展转型研究进展及展望》，《地域研究与开发》2012 年第 4 期。
[11] 叶裕民，唐杰：《深圳城市产业发展转型研究》，《城市与区域规划研究》2011 年第 1 期。

型,是发展转型、制度转型和增长转型的同步展开,其中以城市主导产业的演进而呈现出明显的阶段性特征。吴敷龙、马润潮、张京祥[1]认为,中国城市转型的动因不仅仅是外部环境变化带来的,而主要是一个地方化的过程。

从城市发展转型的模式上来看,侯百镇[2]总结的城市转型的模式主要有两种:一种是政府转型,即政府从观念上,从制度层面,从行为方面回归正常履行公共服务的职能;一种是危机的转型,主要是指城市的衰退和资源型城市的转型,通过产业整合、结构的整合、功能的整合实现。

对于下一步如何推进城市转型,李程骅[3]认为,应该从产业升级,建立创新型服务体系的过程中实现城市转型,同时我国的城市转型应该立足于国家层面的转变经济发展方式,遵循国际市场产业升级规律和遵循"在地化"资源整合与产业空间重组的规律。侯百镇[4]提出要实现城市转型可以采用价值定位战略,对自己的城市发展采取一定的定位,然后通过多元化和转移升级的战略实现功能的多元化、产业多元化和产业转移、功能升级,或者通过价值战略的软硬实力和文化产业、创意城市的文化力,实现城市转型。李彦军[5]在研究了中国城市转型的理论框架之后提出,要实现中国现阶段的城市转型,需要构建城市转型的三大支撑体系——产业转型、制度创新和中产阶级的兴起。魏后凯[6]认为,要推动城市发展的全面转型,就应该实行差别化的城市产业转型战略和建立有规范的城市空间秩序。而从城市转型的目标上来看,城市转型的目标就是要实现城市跨越式发展[7],实现城市在新的时代条件下往低碳化、全球化、康居化、区域化、事件化和一体化的方向发展。[8]

(2) 多元视角下的城市转型特征。城市结构的多元化意味着城市转型是一个系统复杂的过程。目前我国学者研究城市转型时,基于自身的研究领域对城市各个结构的转型方向都有了一定的研究。总体来看,国内学者更多地从产业转型

---

[1] 吴敷龙,马润潮,张京祥:《转型与重构:中国城市发展多维透视》,东南大学出版社,2007。
[2] 侯百镇:《城市转型:周期、战略和模式》,《城市规划学刊》2005年第5期。
[3] 李程骅:《现代服务业推动城市转型:战略引领和路径突破》,《江海学刊》2012年第2期。
[4] 侯百镇:《城市转型:周期、战略和模式》,《城市规划学刊》2005年第5期。
[5] 李彦军:《城市转型的动因、内涵与支撑》,《中州学刊》2013年第8期。
[6] 魏后凯:《论中国的城市转型战略》,《城市区域与规划研究》2011年第1期。
[7] 侯百镇:《城市转型:周期、战略和模式》,《城市规划学刊》2005年第5期。
[8] 周建军:《转型期中国城市发展转型特征与方向》,《规划师》2011年第8期。

的角度来进行城市转型的研究。比如，周振华[1]从服务经济与城市转型的角度研究了服务业对于实现城市转型所具有的重要作用。从经济学的另外一个视角来看，研究资源型产业城市转型是当前我国研究城市转型较为庞大的领域，而且目前从资源型城市转型的理论、实践等方面，我国学界已经建立起了非常完善的资源型城市转型研究框架，这实际上也凸显了我国城市转型研究领域的经济取向。而在城市社会学的研究视角中，社会分化隔离、流动人口聚居、土地、政府角色的改变是其研究的焦点问题。为此很多学者用城市学与社会空间重构的研究视角来解释城市转型，并认为"单位制"的解体和制度的变迁对于我国城市空间重构具有重要作用。例如，李志刚和顾朝林[2]等著的《中国城市社会空间结构转型研究》，就是从社会空间结构领域对城市转型进行研究的典型书作。柴彦威等[3]也从我国单位制度变迁的视角对城市转型进行了研究，认为单位制的解体让中国不能仅仅从全球化、市场化和信息化的角度来分析城市转型，还要包括带有单位制度在内的已有制度转变的视角。郑国等[4]从城市规划的角度对城市转型的研究进行了描述，认为在不同的城市发展驱动力阶段，城市规划对于城市转型的作用不同。当前中国的城市转型应该构建一个政策化、综合化和公众化的城市规划体系，来应对创新驱动阶段的城市转型需求。李讯和刘琰[5]指出，中国城市发展的战略选择是建立低碳、生态、绿色的城市，这又提出来了城市转型的生态学视角。另外还有一种是从城市行政等级的角度来进行的城市转型研究，大城市尤其是特大城市的转型过程是这个研究视角的重点关注对象。而吴敷龙等[6]则提出了中国城市转型的多维视角和积累体制视角。此外还有其他的城市转型视角，比如全球与地方视角，全球城市的转型视角等。总之，随着城市结构的各项组成部分在我国城镇化浪潮的推动下呈现出不同的转型特征，使得城市转型的研究领域在我国也越来越被拓宽。

---

[1] 周振华：《城市转型与服务经济发展》，格致出版社，2009。
[2] 李志刚，顾朝林：《中国城市社会空间结构转型》，东南大学出版社，2011。
[3] 柴彦威，陈零极，张纯：《单位制度变迁：透视中国城市转型的重要视角》，《世界地理研究》2007年第4期。
[4] 郑国，秦波：《论城市转型与城市规划转型：以深圳为例》，《城市发展研究》2009年第3期。
[5] 李迅，刘琰：《低碳、生态、绿色——中国城市转型发展的战略选择》，《城市规划学刊》2011年第2期。
[6] 吴敷龙，马润潮，张京祥：《转型与重构：中国城市发展多维透视》，东南大学出版社，2007。

（3）城市转型的国外经验借鉴。国外城市转型对于中国城市转型的启示研究是我国城市转型研究的一个相当热门的领域，这个研究领域总体来看有以下几个方面。

第一，单一国家或者地区的城市转型对我国城市转型的启示研究。一般这些国家或者地区的城市主要是指英国的工业城市如曼彻斯特、伦敦、伯明翰，美国的纽约、芝加哥、匹茨堡，德国莱茵鲁尔区的城市。通过对这些城市的转型过程或者转型特点进行分析，学者们分别从技术的使用、制度的完善等多领域为我国的城市转型寻找到了有益的经验。举例来看，张贤、张志伟[1]在研究了纽约、匹茨堡的城市产业转型过程后，认为我国的城市产业结构转型应该把握规律，适时调整产业结构；发挥好政府和市场作用；注重产业结构的融合性和多样性；重视城市基础设施与产业的联结；注重教育和人才培养储备；保护生态环境。王晶等[2]对德国鲁尔区多特蒙德、埃森的城市转型过程分析之后指出，发展主导产业带动作用、以政府主导建立转型发展的共享平台、实现新旧融合对比的历史继承和工业用地的再开发是鲁尔区转型成功的启示。杨晓兰[3]对英国伯明翰的产业转型与城市更新的过程进行了深入分析，并指出了产业转型与城市更新要重视科技和文化的作用，要大力发展具有产业基础设施和生活基础设施两重性的设施。在国外城市转型给我国城市转型的启示研究中，左学金等[4]在《世界城市空间转型与产业转型比较研究》中对世界上一些典型的城市的空间转型与产业转型进行了比较研究，以纽约、伦敦、东京等单个案例的形式解析这些城市的转型过程，是当前我国研究海外城市转型经验启示较为全面的书目。

第二，一个非常宽广的研究领域是国外资源型城市或者衰退型城市转型的过程对我国资源型城市转型的经验和启示研究。这个领域的城市转型研究占据了过去乃至我国城市转型国外经验借鉴的大部分篇章。比如官锡强[5]对美国、加拿

---

[1] 张贤，张志伟：《基于产业结构升级的城市转型——国际经验与启示》，《现代城市研究》2008年第8期。

[2] 王晶，王兰，保罗·布兰克－巴茨：《鲁尔区的城市转型：多特蒙德和埃森的经验》，《国际城市规划》2013年第6期。

[3] 杨晓兰：《伯明翰：城市更新和产业转型的经验及启示》，《中国城市经济》2008年第11期。

[4] 左学金等：《世界城市空间转型与产业转型研究》，社会科学文献出版社，2011。

[5] 官锡强：《国外资源型城市经济转型思路及对我国的启示》，《改革与战略》2005年第12期。

大、日本、澳大利亚等国家的资源型城市转型的比较研究。杨东峰、殷成志❶对英国利兹、曼彻斯特等收缩型城市的研究。朱欣民和 David Shaw❷在《欧盟产业衰落区域的综合治理——英国默西郡案例研究》中专门探讨了默西郡地区利物浦等城市衰落区域经济治理的程序，并提出了产业衰落区域治理的经验和教训。如果总结资源型城市转型给我国的启示，一般来看，就是要基于可持续发展的理念，立足资源型城市自身实际，从保护生态环境、维护社会稳定和促进经济活力的目标上探索新的规划理念和政策工具，进而实现城市的转型。

第三，从国外城市转型的模式分类上进行研究并得出启示。例如许惠英❸认为，伯明翰的城市转型是从矿业化城市转向以服务业为龙头的模式、芝加哥是从商业贸易和制造业经济结构转向多元化经济体系模式、日本北九州和夕张从煤炭产区转换成高新技术区和旅游中心的模式、新加坡则是从"制造基地"到"总部基地"转型的模式。也有的学者根据国外城市转型的过程分析认为，世界城市转型的趋势是发展低碳经济，创建生态城市；加强科技创新，打造智慧城市；推动创意产业，建设文化城市和优化空间结构，构建集约城市。❹此外从我国城市发展的现状来看，石崧等❺从经济、社会、空间纬度对纽约、东京、香港等世界城市的转型进行了比较研究，认为世界城市应该往推动服务业发展、重视小型家庭化特征和注重城市空间集约发展的方向上转型。

三、文献述评

从国内外对于城镇化发展阶段和城市转型的研究来看，国外对于城市转型的研究基本上是集中在了发达国家自身城市实现转型之后的效果评估之上，同时也更多的是以既定的西方视角来研究发展中国家的城市转型。而国内对于城镇化发展阶段和城市转型的研究则是以推动我国的城市能够往更高层次发展的角度来研

---

❶ 杨东峰，殷成志：《如何拯救收缩的城市：英国老工业城市转型经验及启示》，《国际城市规划》2013 年第 6 期。

❷ 朱欣民，[英] David Shaw：《欧盟产业衰落区域的综合治理》，西南财经大学出版社，2001。

❸ 许惠英：《世界先进城市转型的四种模式》，《中国科技产业》2010 年第 9 期。

❹ 张飞相，陈敬良：《国外城市转型的趋势及经验借鉴》，《企业经济》2011 年第 5 期。

❺ 石崧，王林，陈琳，乐芸：《世界城市转型对中国城市发展的启示与借鉴》，中国城市规划年会论文，上海，2012 年 4 月。

究的。如果总结国内外学者对于城镇化发展阶段和城市转型的研究就会发现,尽管大家都认为在全面转型和全面深化改革的今天,中国的城市处于转型的关键期,并对城市转型的问题进行了多方位的研究,但是依然存在以下可以拓宽的研究领域。

首先,尽管当前城市转型研究的视野已经很宽泛,但是对于我国城市转型国际经验的借鉴主要还是集中在对资源型城市转型的角度或者是就单一的某个国家或者地区的城市转型作为研究对象,得出城市转型的启示性经验。这说明我们已经认识到实现城市转型的重要性,并希望通过借鉴国外城市转型的经验找到我国城市转型可以走的路径。但是如果综合这两种研究视角会发现,对城市转型国际启示研究尽管问题意识和针对性很强,但是宏观视角还是缺乏。

其次,当前城市转型的研究多是基于城市发展的问题导向,而没有基于当前我国的城市发展处于城镇化中期快速增长阶段这个时期来研究中国城市转型问题。无论是对城镇化发展阶段的研究还是对于城市转型的研究,国内目前对于城市转型的研究从研究时点的选择上来看都不是特别的明确,只是单纯地指出当前快速发展阶段我国城市发展中存在的问题,然后从国外城镇化的模式或者国外城市转型的发展趋势上析出一定的经验并得出启示。很明显,这种衔接的视角也过于宽泛。也就是说,尽管有了国际比较的研究视野,同时也认为城镇化率超过50%之后是一个城市发展的拐点,但是并没有从具体的时间背景下借鉴国外经验来研究城市下一步如何发展的问题。

再次,尽管学界已经认为城市转型是一个多层次、多领域的综合系统转型过程,但是由于受到经济政策主导性的影响,以往关于城市转型路径的研究更多地集中在了城市产业的转型上,这虽然突出了城市经济转型对于城市转型的重要作用,但是城市转型本身是一个包含多个子系统的城市发展过程,应该是一个具有一定目标导向的过程,因此城市转型的路径更应该是一个多视角的领域,是一个各种要素系统综合转型的过程。如果研究仅仅只是放在单一的某个城市结构内容上而缺少对于城市转型的整体认识可能依然解决不了城市发展过程中遇到的系统性问题。所以,在有了一个明确的时间比较的维度之后,把城市转型路径作为一个综合的系统来进行研究就显得非常有必要。

正是在这样的思考之后,笔者才认为,可以从一个特定的时间点即城镇化的中期阶段作为比较时点,以一个较为系统的城市转型结构对发达国家的城市转型进行一些宏观的研究,以期为中国的城市转型提供一些宏观的经验和启示。

第三节 相关理论和概念

一、研究相关理论

城镇化发展具有阶段性特征是一个共识。实际上,对于一个国家或者地区来说,城镇化率突破50%之后最明显的一个特征就是实现了从农村社会到城市社会的转型,这是我们通常提到的宏观社会转型领域一个非常重要的内容。因此,本书以转型、社会转型理论作为切入点,以城市转型是实现城市发展以人为本的目标导向为基础,以城市也是一个狭义上的"小社会"的视角来分析城镇化率超过50%之后的城市转型路径。

(一)转型

转型是人类社会发展中存在的普遍现象。"转型"一词来源于自然科学领域的"进化"或者"构型",主要是指改变分子的结构和排列组合方式而实现新的结构和功能。在生物或者化学的领域内,一个物体内部的构成要素及该物同他物之间的各种交换关系因为已经有着特定的组合关系而形成一个相对稳定的状态,称为"型"。但是当内部构成要素及该物与他物之间的关系发生变化,或者增加减少一些要素,会使得事物原有的"型"发生变化,从而形成一种新的较为稳定的状态,而发生转化的过程就是转型。所以转型就是通过变换事物的结构而增加或者减少事物功能的过程[1],是一个事物结构发生变化的过程。后来作为延伸,转型一词被更多地应用到了社会学和经济学的领域里。

(二)社会转型

"转型"引入到社会领域后产生了"社会转型"的含义。社会转型的核心是社会结构的改变进而呈现另外一种更为稳定的社会形态的过程。在分析社会转型

---

[1] 侯百镇:《转型与城市发展》,《规划师》2005年第2期。

之前，我们先分析社会和社会结构的内容。

（1）社会和社会结构。"社会"本身是具有学科化视野的词语。普遍来看，"社会是人类生存和相互作用而结成的各种关系集合体，是以共同的物质生产活动为基础而且是相互联系的人类生活的有机体"[1]。在社会学的视角下，社会"是人们在特定的物质资料生产的基础上所相互交往、共同劳动而形成的各种关系的有机统一"[2]。马克思主义唯物史观强调社会是人们相互交往的产物，人们在物质资料生产的过程中形成了人与人之间的关系，也就是生产关系，这些生产关系的总和构成所谓社会关系，构成所谓社会。并且由于物质资料生产方式的不同，产生了不同历史阶段的社会特征。这些论述告诉我们：以物质资料的生产方式为基础的劳动生产活动是社会形成的基础和前提，人们在生产活动中形成的各种关系的总和是社会的全部内涵，其中生产关系是本质关系；社会是一个结构性的关系形态；社会关系总和而结成的社会是一个历史范畴。在这个视角下我们再来理解社会，首先社会是一个历史的范畴，其次社会要有一个结构分析范式，即认为社会是一个结构性的组织系统。目前来看，按照不同的分析方法，社会大致可以分为经济结构、阶级结构、各种法律制度尤其是国家的政治制度和社会结构等，多个方面相互作用共同形成了一个宏观的社会形态。[3] 很明显，这里的社会是一个宏观意义上的社会，是指社会生活的基本活动领域，包括经济、政治、文化、社会、生态等各个领域相互联系的一般状态，是对整体社会体系的基本特征和本质属性的概括。

（2）社会转型。把转型理论引申到社会领域内而诞生了社会转型的概念。目前来看，国内外关于社会转型的定义众多。国内学者对社会转型的解释倾向于认为社会转型是一种结构转型的解释视角。郑杭生[4]认为，社会转型是社会生活和组织模式不断地从传统走向现代、走向更加现代和更新现代的变迁过程，是社会结构和社会运行机制从一种形式向另外一种形式转换的过程。说的更为具体一点就是从农业的、乡村的、封闭的半封闭的传统型社会向工业的、城镇的、开放

---

[1] 张鸿雁：《侵入与接替——城市社会结构变迁新论》，东南大学出版社，2000，第3页。
[2] 谷中原：《社会学理论基础》，中南大学出版社，2004，第37页。
[3] 郑大华，彭平一：《社会结构变迁与近代文化转型》，四川人民出版社，2008，第15页。
[4] 郑杭生：《改革开放三十年：社会发展理论和社会转型理论》，《中国社会科学》2009年第2期。

的现代型社会转变。李培林❶在研究社会转型时提出，社会转型是一种特殊的结构型变动，并指出这种变动有三重含义：一是指它不仅意味着经济结构转换，同时也意味着其他社会结构层面的转换，是一种全面的结构型转型；二是指它是持续发展中的一种阶段性特征，是在持续的结构性变动中从一种状态到另一种状态；三是指它是一个数量关系的分析概念，是一组结构变化的参数来说明的，而不仅仅是一般的宏观描述和抽象分析。在此基础上他认为社会转型的主体是社会结构，是指一种整体的和全面的结构状态过渡，而不仅仅是某个单项发展指标的实现。刘祖云❷把社会转型定义为社会从一种类型向另一种类型转变的过渡过程，并且认为社会转型是一个具有渐进性和整体性的社会发展过程。其中，社会转型整体性表现为社会转型随着时代发展而不断地增添新的内容，并且社会转型是既包括社会系统内部各个层面的变化，又涉及社会与自然相互关系的整体性的社会发展过程。同时他也强调，社会转型的整体性并不是说社会的所有层面和所有因素同时同步发生变化，也并不是说社会的所有层面和所有因素在社会转型过程中处于同等地位并发挥同等作用。而是指：第一，社会的不同层面和因素在社会转型过程中都要发生变化，尽管其变化在时间上有先后之别；第二，处于转型之中的社会不同层面和因素是相互联系的，既相互促进又相互制约，尽管它们在地位和作用上有主次或轻重之分。根据宏观探讨的路径，刘祖云从社会整体的角度和层面认为，社会转型的内容至少包括经济层面的转型、社会层面的转型、政治层面的转型、文化层面的转型、观念层面的转型和组织层面的转型。而从国外对于社会转型的研究来看，社会转型来源于西方社会学的现代化理论，主要指的也是社会从传统到现代的变迁过程。

（三）城市转型

按照城乡结构来划分，城市社会也是宏观社会的一个子系统，因此城市转型也是作为宏观视野下的社会转型的一种体现，社会结构和社会转型对应着城市结构和城市转型。

（1）城市转型与社会转型。城市也是一个社会，社会结构本身与城市结构具有密切的关系。刘易斯·芒福德（Louis Mumford）认为，城市的本质是一个控

---

❶ 李培林：《社会转型与中国经验》，中国社会科学出版社，2013，第6~8页。
❷ 刘祖云：《社会转型解读》，武汉大学出版社，2005，第3~15页。

制的中心，城市内部和城市之间的结构关系实际上是社会结构关系的反映。而我国城市学家宋俊岭认为：城市的本质是人类本质的延伸和物化。城市是人类自身内在品格化而成的物质环境构造体系。城市状况反映当地社会人群的量和质，又制约着其发展水平。❶ 因此作为城市来说，其本身就是一个社会，并具有社会的共性，即具有一定的结构性特征。虽然同社会一样，城市本身也是一个综合的复杂性系统，但是城市同社会又不全一样。就像我国著名科学家钱学森说的那样，城市是一个"空间地域大系统"，带有一定的空间地域特征。尽管随着经济社会和科学技术的变化，城市作为一个有机的巨系统将会越来越多维化、多结构化、多层次化和随机化，但是不管怎么变化，城市一般都离不开以下四大系统：经济系统、社会系统、生态系统和空间系统❷，就如同城市的结构包含有城市经济结构、社会结构、城市物质设施所构成的空间结构（显性）和生态结构一样。❸ 因此同社会转型是一个系统的结构转型过程一样，城市转型至少也包括城市经济系统转型、城市社会系统转型、城市生态系统转型和城市空间系统的转型。

（2）城市转型以人为本的目标导向。社会转型主要是为了实现社会从传统到现代的变迁，那么城市的转型主要目标是指什么呢？国内外学者对城市转型进行了研究认为，城市之所以需要转型是因为城市自身具有生命周期，有其出生、发育、发展、衰落的过程，在面临衰落或者危机的时候，城市就需要转型来使得城市进入下一个更高层次的周期。城市转型的根本目的是通过调整波峰防止衰退，促进繁荣。这里的城市转型实际上还是狭义上的基于城市产业长周期的变化，也就是城市产业结构的升级来分析城市转型的思路。但是跳出这个框架回归到宏观的层面上来看，正如我国提倡以人为本的城镇化一样，城市转型除了保持经济繁荣不衰退之外，还应该有一个更加综合的转型目标导向——以人为本。因为城市作为一个以人为主体的集约经济和社会效益的大系统，其转型的目的可以是防止衰退，保持繁荣。但是繁荣只是城市经济和效率增长的一个层面，城市作为一个综合有机系统，实际上更多的应该是像刘易斯·芒福德说的那样有一个城市结构能够"不是主要作为经营商业或者设置政府机构的地方，而是作为表现和实现新的人的个性——'一个大同世界人'的个性——的重要机构，过去旧的

---

❶ 唐恢一：《城市学》，哈尔滨工业大学出版社，2001，第6页。
❷ 王国平：《城市学总论》，人民出版社，2013，第20页。
❸ 黄亚平：《城市空间理论与空间分析》，东南大学出版社，2002，第16页。

人与自然,城里人与乡下人,希腊人与野蛮人,市民与外国人之间的那种隔离与区别不再维持下去了……现在城市必须体现的,不是一个神化的统治者的意志,而是它是市民的个人和全体的意志,目的在于能自知自觉,自治自制,自我实现"❶,也就是说城市转型的目标在于恢复其以人为本的功能。

(3) 城市系统转型路径。那么怎样才能实现城市转型以人为本呢？在19世纪末,爱德华·贝拉米(Edward Bellamy)的小说《回顾》中,主角朱利安(Julian)服了奇特的安眠药后在公元2000年的纽约醒来,他看到"在那里没有犯罪、贪婪、腐败和情感满足的缺少,但是它是一个组织的社会,在其中每个人都认同国家的目标。城市已经是一派奥斯曼风格,秩序井然,具有良好外观,笔直的林荫道,绿茵满目的绿色广场,并有着喷泉和雕塑的景观。而且就像在美国爆发的城市美化运动一样,几乎没有穷人的住房"❷。由此可见,在19世纪末,由于当时工业城市各种弊端暴露使得在工业城市市民的期待里,城市应该是繁荣,有舒适的外观,没有社会分化,有良好的生态环境的地方。这也呼应了我们前面提及的城市转型作为社会转型的一个领域至少应该有产业的转型来保持繁荣,用一定的空间转型规划保持好的外观和功能协调,用社会治理转型来减少社会分化,用生态转型保证城市良好的生态环境。同样,约翰·弗里德曼(John Freidman)在谈到城市治理的结果时认为,良好的城市形态应该是"一个丰饶的城市、一个生态可持续发展的城市、一个适宜居住的城市、一个安全的城市、一个主动包容差别的城市,一个关爱的城市",同时他还指出"城市要均衡发展,以上任何一个标准都不能因为其他标准的原因而做出牺牲。要让城市最大限度多产的同时,破坏环境(或安全或适合于居住等),都太糟糕了。因为必须要找到一种在上述六个方面同时进步的好的城市发展之路"❸。这些都意味着,如果让一个城市实现从传统到现代的转型,从一种状态转变为相对更好的状态,至少应该从经济、空间、生态和社会四种最基本的城市结构转型中找到解决之道,这也恰恰印证了城市尽管具有多层次的结构,但是经济、空间、社会、生态是其最基

---

❶ [美]刘易斯·芒福德:《城市发展史——起源、演变和前景》,宋俊岭、倪文彦译,中国建筑工业出版社,2005,第584页。

❷ [英]彼得·霍尔,科林·沃德:《社会城市——埃比尼泽·霍华德的遗产》,黄怡译,中国建筑工业出版社,2009,第12页。

❸ 黄小晶:《城市化进程中的政府行为》,中国财政经济出版社,2006,第202页。

本的结构。

（4）城市转型的基本路径。这四个最基本的城市转型路径本身也具有一定的关系。首先，从城市经济系统转型来看，虽然我们认为繁荣不是城市唯一的转型目标，但是城市的持续繁荣却是城市存在的最根本条件。而前面已经提及城市保持繁荣的根本路径就是城市能够调整产业生命波峰也就是通过城市产业结构升级来避免城市生命周期带来的衰退。其次，要实现城市的空间适宜居住且具有良好的外观，就要进行必要的城市规划以实现城市的空间转型。而随着城市产业结构升级带来的城市空间形态变迁本身使得城市空间增长具有阶段性特征，所以城市的空间规划也有一个不断调整适应且转型的过程。再次，城市社会系统转型是要不断地调整城市治理体制使得城市能够减少社会分化和隔离，并实现市民真正的自知自觉、自治自制、自我实现。最后，与城市的经济系统、空间和社会转型不同的是，城市的生态转型是城市基本结构中唯一一个结果导向的转型过程，因为"城市生态系统是居民与周围生物和非生物环境相互作用而形成的一类具有一定功能的网络结构，也是人类在改造和适应自然环境的基础上建立起来的特殊的人工生态系统，由自然系统、经济系统和社会系统复合而成"[1]。因此城市生态系统转型的实现是包括在城市经济转型中产业转型、城市空间规划转型中生态要素的保留或者增加和城市社会治理转型中生态理念的形成等复合转型的过程。所以，从城市基本结构出发，要实现城市转型基本路径是城市产业结构转型、城市空间转型和城市社会治理转型。由于发达国家到了城镇化中期阶段的时候城市出现了效率和公平的社会问题，后期随着世界产业周期的波动一度出现了工业危机，但是发达国家城镇化中后期的城市转型主要也是通过城市产业结构升级，城市空间转型和城市社会治理领域的转型来基本实现了城市的经济繁荣、空间布局合理、社会和谐和生态环境良好的状态。

基于城镇化质量提升是实现城市发展以人为本的过程，文章以转型、社会转型理论切入点，从城市的基本结构出发，从城市产业结构升级、城市空间转型、城市社会治理转型的角度对发达国家城镇化中后期的城市转型过程进行分析，以期获得一些启示。

---

[1] 吴志强，李德华：《城市规划原理》，中国建筑工业出版社，2010，第84页。

二、相关概念辨析

城镇化的发展阶段以及与发展阶段相对的城市发展状况是城镇化研究需要关注的领域，特别是到了社会转型期，这种研究显得更为必要。而在研究的过程中，对城镇化、城镇化中后期阶段、转型和城市转型概念的界定是研究的前提。鉴于本书的主旨，我们先从研究对象的选择、研究始点的选取、城市转型的概念进行描述，为下一步的研究打下基础。

（一）发达国家

发达国家也被称作工业化国家、高经济开发国家，一般指的是当前世界上经济发展水平较高、技术较为先进、人口生活水平较高的国家。发达国家的最本质的特征是其在世界经济政治格局中拥有较强的话语权。由于当前并没有一个完全具有说服力的标准来认定某个国家就是发达国家，通常依然借鉴人均GDP等指标来判定。目前我们所称呼的发达国家主要是指经济合作与发展组织中的34个国家，其中尤以美国、德国、英国、法国、加拿大、澳大利亚、日本为代表的24个老牌发达国家的代表性最强。而第三次科技革命之后，以韩国、新加坡为代表的新兴发达国家不断崛起，韩国、新加坡进入21世纪之后也被认定为是发达国家。国际货币与基金组织对发达国家的认定与经济合作与发展组织的认定有所不同，但是其包含的主要国家的名单类似。

从城镇化的角度来看，城市是一个国家发展的载体和镜子，无论是经济合作与发展组织还是国际货币基金组织认定的发达国家，这些国家的绝大部分的城市和地区在生产力发达、体制机制成熟的背景下都表现出了相对较为健康的城市发展状态，其城市也相对的可以用"发达"来形容。由于研究材料和能力的局限，本书题目中所提及的发达国家并没有办法涵盖所有的发达经济体。因此，本书以城镇化率和工业化水平作为评价标准，同时考虑了城镇化起步时间点的不同等相关因素，选择了工业化水平和城镇化率都较高的英国、美国、德国、法国、日本、韩国作为主要研究对象，间或会提到其他一些发达国家的城市发展案例来进行比较研究。（见表1.1）

表1.1 工业化与城镇化水平的类型组合

发展水平	工业化低	工业化高
城镇化低	中国、印度尼西亚、印度泰国、巴基斯坦、孟加拉国斯里兰卡、埃及等	极少数国家
城镇化高	阿根廷、巴西、委内瑞拉哥伦比亚、墨西哥、马来西亚菲律宾、阿尔及利亚等	美国、英国、法国、意大利德国、加拿大、日本、韩国

资料来源：冯奎：《中国城镇化转型研究》，中国发展出版社，2013，第112页。

（二）"城镇化"和"城市化"

目前，对于"Urbanization"究竟是"城市化"还是"城镇化"这个问题尽管有争论，但是在中国基本已经达成共识：城镇化是体现中国国情的一种提法，是当前我国城市和城镇共同实现经济、社会、文化往城市文明过渡的特殊叫法。实际上从长远来看，城镇化是我国城市化任务最终完成的一个阶段[1]，所以从我们城镇化推进的目标上来看，在实现了更高水平的城镇化之后，称中国的城镇化为城市化也并非不妥。但是在国外，"Urbanization"就更多地体现为城市化，因为无论是发达国家还是发展中国家，其人口从农村到城市的转移都是以城市尤其是大城市为先导的，只是后来随着城市规模的逐步扩大，发展成为了集大城市、中小城市和小城镇为一体的"城市群"或者都市连绵带。而且由于国外几乎没有像中国这样的城乡二元体制，所以国外的城市化是城市和城镇、城市和市民的统一体，因此国外一般都称为"城市化"。可以这样认为，在当前的中国，我们把"Urbanization"称为城镇化较为合适。这是一个针对中国经济社会转型阶段上的提法，与我国城市和城镇共同发展的特征相呼应，指我国逐渐成为城市社会的过程，与国外"城市化"的称呼没有什么实质上的区别。而称呼发达国家的"Urbanization"为城市化或者城镇化就更没有本质的区别。鉴于此，本书题目中采用"发达国家城镇化"实际上是"发达国家城市化"的同义词，为了与当前

---

[1] 向春玲：《城市化进程中的理论与实证研究》，湖南人民出版社，2008，第21页。

我国城镇化的提法贴近，笔者才用了"发达国家城镇化"。

（三）城镇化中后期

根据不同的城镇化阶段划分标准，城镇化的发展阶段也有不同的提法，其中以城镇化率30%和70%作为临界点，将城镇化划分为初期、中期、后期的划分标准是目前国内外公认的一种划分城镇化过程的方法。城镇化率30%之前是初期阶段，30%~70%之间是中期阶段，70%之后进入后期成熟阶段。如果再对城镇化中期阶段进行更加细致的划分，城镇化水平为30%~50%时是城镇化的加速阶段；当城镇化的水平50%~70%时，处于城镇化的基本完成阶段。[1] 而在这个划分标准里，城镇化率超过50%且接近60%是处于城镇化的中期加速阶段。实际上从数字上来看，尽管世界上暂时并不存在100%的城镇化国家，但是59.6%也可以看作是整个城镇化发展阶段上的中间阶段。因为城镇化率超过50%之后，城市人口占有多数，城市将成为一国发展的主要载体，所以可以认为城镇化率50%左右的点作为典型城镇化中期阶段的一个区间，其对于整个城镇化发展阶段具有重要的转折意义。

本书认可的城镇化中期阶段的始点还是城镇化率30%~70%这一个阶段的始点30%，也就是城镇化经过起步阶段之后，由于工业化的逐步推进、城市人口增多，城市结构发生变化最为明显的阶段的始点。而城镇化的后期阶段主要是指城镇化率70%之后的阶段。但是，由于城镇化中期阶段的城镇化率从30%到70%本身就是一个跨度较长的划分方式，如果单纯地以30%作为比较的始点，那么难免会陷入过于宏观的描述，而且笔者认为，从比较研究的角度来看，可以根据当前中国的城镇化率接近60%左右这个城镇化中期阶段的节点作为分析的始点，通过结合国外城镇化率达到这个水平之后的城市发展转型问题，来解读转型的经验，让研究更有针对性。所以，本书所说的城镇化中后期是指发达国家城镇化率达到了50%之后且接近60%左右至今的一个发展历程。

此外要提及的是关于中国的城镇化率还有一个统计口径的问题。由于我们的城镇化率是按照常住人口来统计的，实际户籍人口城镇化率截止到2018年底为43%左右，这个数字虽然也是城镇化中期阶段但是却和59.6%有很大的差距。当前，我们还是倾向于认为我国的城镇化率为59.6%，主要是因为尽管由于制度原

---

[1] 向春玲：《中国城市化发展与反思》，云南教育出版社，2013，第20页。

因，我国还有不少农业转移人口来到城市却没有获得市民化待遇，但是其就业形式已经发生了变化且他们回归农村继续务农的可能性很小。所以，人口的统计口径不能否定我国城镇化率提升的事实，我们应该集中精力考虑下一步如何通过实现城乡基本公共服务均等化来提升城镇化的质量。

（四）转型与城市转型

转型以及城市转型是本书的核心概念，是对城镇化中后期城市发展究竟从何处入手以及未来城市发展方向研究的主要依据。

（1）转型。在前面已经提到，单纯地从"转型"这个词语来看，它来自自然科学，主要是指一个事物从一种稳定的状态，经过内部构成要素及该物与他物之间的关系发生变化，或者增加减少一些要素，而变成另外一种较为稳定的状态的过程。或者说事物内部的各个组成要素及其与周围环境的组合关系发生空间排列上的变化，从而使事物原有的相对稳定的存在方式发生变化的过程。[1] 当然在经济转型的视野下，转型跟制度变迁有关，例如热若尔·罗兰（Gerl Roland）的《转型与经济学》里认为，转型是一种大规模的制度变迁。实际上从某种意义上来说，任何事物在演进的过程中所发生的变化都可以用转变来形容，但是只有发生了明显的质变的过程却才能称之为转型。本书对转型的理解是：事物从一种状态经过内部要素以及该物同外部环境的关系发生变化，从而形成了一种新的稳定状态的过程。

（2）城市转型。与转型的含义相关联，城市转型首先是城市发展从一种状态转变为另外一种状态的过程。如果从社会转型的角度来看，城市转型又是城市实现从传统到现代的变迁过程。起源于工业时代的城市发展到一定阶段后，从人口规模、占地面积、经济总量等方面都已经大大超过了一个世纪之前的城市。因此城市转型不只是单一的经济学、社会学、地理学、规划学和生态学能回答的问题。当前，我国有不少学者已经将城市转型定义为是一个综合转型的过程，例如魏后凯在《论中国城市转型战略》中指出了"城市转型是指城市在各个领域、各个方面发生重大的变化和转折，它是一种多领域、多方面、多层次、多视角的

---

[1] 袁大昌等：《城市产业结构转型与可持续空间结构的重建》，《天津大学学报（社会科学版）》2009年第9期。

综合转型。"❶ 叶裕民等认为，城市转型也是一种综合意义上的转型，制度转型、发展转型与增长转型同时展开，并以主导产业的演进与更替为主线而呈现出明显的阶段性特征。❷ 这些说法将城市转型的领域进行了拓宽，也使得城市转型是一个城市系统结构共同转型的说法有了更强的说服力。

本书研究的城市转型是基于发达国家城镇化中期至后期的城市发展变化过程而言的，是城市在一个既有发展状态上进行发展转变的过程。因此，结合转型、社会转型和其他学者关于城市转型的相关定义，本书将城市转型定义为：城市作为一个复杂的有机系统，从一种状态，经过其内部各个结构系统不断的转型以及不断调整其自身与城市外部系统的关系，而转变成为一种相对协调稳定的状态的过程。通过这种过程城市的整体功能得到完善和提升，城市各要素之间关系逐渐得到协调，城市问题逐渐得到解决。

第四节 研究思路和方法

一、研究思路

本书研究发达国家城镇化中后期城市转型及其对中国的启示是建构在对特定国家群体、特定阶段的城市发展状况的比较分析的基础上的。以转型、社会转型理论为切入点，以城市转型以人为本目标导向为基础，以城市四个基本结构的转型为依据，利用总分结构对发达国家城镇化中后期的城市转型基本路径进行了分析并得出了一定的启示。

第一章引言部分是对本书选题缘起和研究意义进行的简要交代，接着对国内外相关专家对城镇化发展阶段、城市转型等领域的研究做了述评，并对本书理论基础和核心概念进行了界定，最后是对本书研究思路和方法的介绍以及文章创新点和不足之处的陈述。

---

❶ 魏后凯：《论中国城市转型战略》，《城市与区域规划研究》2011 年第 1 期。
❷ 叶裕民，唐杰：《深圳城市产业转型发展研究》，《城市与区域规划研究》2011 第 1 期。

第一章 引言

第二章是发达国家城镇化中后期发展状况的梳理。在分析了典型发达国家城镇化发展历程的基础上，着重描写了发达国家城镇化率超过50%接近55%时期的城市经济、城市空间、城市社会领域等方面的整体状况，指出了发达国家城市在城镇化中期阶段也呈现出了繁荣与问题共存，效率和公平失衡的状况。接着对当前发达国家呈现出的相对良好的城市状态进行了描述，强化了比较分析的缘由。

第三、四、五章是本书研究的主体章节。第三章是对发达国家城市产业结构转型的研究章节。在这一章中，首先从理论上阐述城市产业与城市生命周期的关系，利用城市产业结构升级的基本理论指出了城镇化中后期城市产业结构升级的规律。然后从工业危机的抵消、服务业成为主导产业和产业转移的角度对发达国家典型城市的产业转型路径进行了分析，进而认为技术、制度、路径的创新是城镇化中后期城市产业结构转型发展的关键要素。第四章主要探讨发达国家城镇化中后期城市的空间转型过程。这一章首先把城镇化的空间转型界定为城市物质空间的转型，也就是城市地理空间的转型。按照彼得·霍尔的城市增长理论，以城镇化中后期阶段的城市空间形态演变和城市规划思想变迁的过程作为交叉分析的基础，通过对发达国家在城市化、郊区化、逆城市化和再城市化过程中的城市规划路径进行分析，认为功能混合、科学定位和集约发展是发达国家城镇化中后期城市空间转型实现城市扩容和功能优化的主要路径。第五章的内容是城市社会治理体制的转型。第五章首先会以治理理论作为视角来解读城市社会治理，将城市社会治理转型看作是一个实现政府赋权和社会自治相结合的过程，然后分别从政府、市场力量、社会力量三个主体转型的内容对发达国家城镇化中后期城市社会治理的转型路径进行分析，并认为城镇化中后期树立城市"善治"理念，理顺治理主体关系是发达国家城市社会问题得到解决的主要特点和有效方式。

第六章写发达国家城镇化中后期城市转型的经验对我国城市转型的借鉴意义。章节开头的部分是对当前我国城镇化快速推进阶段的城市发展现状的描述，紧接着对我国当前城市发展的多元复合性特征进行了描述并指出了我国城市转型应该坚持的基本原则。最后结合前面章节的启示，尝试着从新的发展理念，即创新、协调、绿色、开放、共享的视角对我国未来城市发展方向做了一些思考。然后是文章得出的结论。

二、研究方法

发达国家城镇化中后期城市转型对中国的启示是一个横跨历史、多学科等领域的多元化问题，因此从整体来看，本书的研究采用了以下几种方法。

（一）文献研究法

研究问题的前提在于对已经研究文献的广泛收集和整理，因此文献研究是本书研究的主要方法。对发达国家城镇化中后期城市转型做出有价值的分析必须建立在对国内外城镇化理论和现实资料进行大量收集的基础上。在本书写作的过程中根据研究的推进，笔者借助国家图书馆、学校图书馆阅读相关的书籍，然后通过网络上的文献检索工具对国内外资料进行了广泛的搜集并加以分类整理，结合相关专家的观点、学术讲座和论坛的综述、相关的报纸和期刊、相关研究领域的硕博论文、政府和相关部门的网络热点新闻等对研究内容有了逐步的了解和分析。

（二）比较分析法

比较是本书写作的立足点，这种比较从广义来看包括国内和国外的维度、历史和现实的维度等。首先从历史比较的角度来看，目前对于发达国家城镇化的研究基本上都是基于城镇化模式的总体概况而进行的分析，并没有基于城镇化发展阶段的比较研究。但是我们认为，一种横向的历史比较显得非常有必要，通过比较的研究我们能够认识到问题和解决问题的共性规律，然后找到解决问题的规律性路径。同时从历史的角度来比较我们也才会发现，城镇化发展随着时代的进步而呈现出特有的特征，比如后发国家日本的城市发展状况就同先发城镇化国家英国具有不同的城市发展状况。可以这样说，我们现在所处的国内外环境日新月异，怎样找到这种后发优势，也是我们比较研究的主要目的。

此外，关于研究对象的选择，我们也进行了比较。众所周知，世界各国虽然已经有很多的国家进入了城镇化率70%之后的城镇化成熟阶段，但是在这些国家中也有一些国家由于种种原因而出现了一些问题，比如拉美的"超前城镇化"。我们选择比较对象也力求全面，在比较了各个国家的城镇化率、城市产业、生态环境等方面的指标后选择了英国、美国、德国、法国、日本、韩国作为主要的比较对象，力求从第一次、第二次、第三次城镇化浪潮中选择出具有代表性的发达国家对其城市问题进行综合的考察，这样能体现研究的历史感和层次感。

（三）实地调研法

当前中国的城镇化正处于中高速发展阶段，这是一个"城市革命"的时代。在这样的过程中城市发生的转变不仅仅体现在我们从统计数字中看到的数据，更多地体现在城市的一系列明显的和隐形的变化中。在这样的情况下，问题的研究就不能仅仅停留在文字材料上，需要结合实际的调研。在本书写作之前和写作之中，笔者有幸参加了成都金牛区曹家巷拆迁（城市更新）、成都锦江区城市社会治理体制创新（城市社会治理）、东莞市总工会"先锋号"组织（城市社会组织）发展的调研，让笔者对当前城镇化快速推进过程中我国城市产业、城市空间转型、城市社会治理体制的转型有了更加直观的认识。

（四）数据分析法

根据历年《中国统计年鉴》《中国城市统计年鉴》的权威统计数字，借鉴《中国城市创新报告（2014）》《中国城市规划发展报告（2014～2015）》、《中国产业发展报告（2015）》《中国城市状况报告（2014～2015）》《中国城市竞争力报告》《中国城市发展报告》《中国流动人口发展报告（2014）》《中国城市基本公共服务力评价（2014）》等的研究数据筛选有效的数据进行比较，为城市发展问题的分析提供一定的数据支撑。

第五节　研究创新与不足

一、创新

本书的创新点主要体现在以下几个方面：第一，把我国当前城镇化发展中遇到的城市问题放了国际比较的视野下来看待，以发达国家城镇化中期的城市发展状况作为比较依据，通过对发达国家城镇化中后期的城市转型路径进行分析，找出更加具有针对性的解决当前及其今后时期我国城市发展问题的路径。第二，文章通过比较研究发现，相对于发达国家城镇化中期阶段的城市发展状况，我国当前的城市发展状况不仅体现出了城镇化进入中期加速阶段的繁荣与问题共存的共性特征，同时由于内外部环境因素的影响，处于城镇化快速推进阶段的我国城市发展还体现出了多元复合性的特征。第三，本书通过对城市转型应该实现以人为本的价值导向作为分析依据，把实现城市转型的基本路径分为了城市产业结构转型、城市空间转型和城市社会治理转型，并从这三个路径分别得出了发达国家城镇化中后期城市转型的规律性启示。第四，本书尝试着从新的发展理念的角度对下一步中国的城市转型做出了一些思考。

二、不足

世界城市的数量繁多且各国城市又呈现出不同的发展状况，国际比较的研究本身就是困难的且容易陷入泛泛之谈中，因此很多学者才把研究的视角放在了单一国家或者单个城市的角度来进行比较研究。因此，与以往的研究相比，本书还存在很多的不足之处。

首先，本书把城市转型的视野放在了典型发达国家城市总体及发达国家整个城镇化中后期阶段上进行分析，这意味着命题的宏观性。总体来看，本书的研究只能说是从非常宏观的角度对发达国家城镇化中后期城市转型路径做出的一种提纲挈领的梳理，"宏观"是文章的特点也是文章的缺点，并使得文章在很多内容上缺少微观的剖析。比如从城市空间转型的角度来看，选择了城市空间增长模型和城市规划思想变迁作为交叉点进行研究，而对于城市空间结构中的功能结构转型以及城市内部物质空间结构要素比如城市建筑、基础设施等具体内容的转型研究就非常不足。

其次，城市学是一门包罗万象的科学，受制于笔者自身的知识储备能力、研究能力、相关研究技术的缺乏，笔者对"城市"的概念到了落笔之日也依然感觉知其甚浅，因此只能基于自己薄弱的知识勉力而为。写作的时候，尤发觉在理论和技术方面欠缺，并深感自己只是城市的"门外汉"，同时也使得本书定性研究要多于定量研究。

此外，本书本应该使用大量外文文献，但是受制于语种限制，对很多国家城市史料的搜集不足，可能导致分析缺乏较强说服力。所以整体来看，到了完成之日，笔者仍认为本书是在有限的基础知识、有限的研究能力、有限的时间内完成的城市研究的粗浅入门之作，不足之处非常多。

也正因为有了这些不足，笔者认为下一步可以从中观或者微观的角度对城镇化中后期阶段的城市转型进行更加细致的研究。比如，从单一国家的城镇化中后期的城市转型之路铺开寻找比较启示，或者从某一个城市子系统转型的维度来研究城镇化中后期转型的规律，可能会更有价值。这也是以后可以进一步研究的方向。

第二章 发达国家城镇化中后期城市发展状况

从某种意义上来看，人类的发展史就是一部城市发展史。工业革命之前，受生产力发展水平的限制，早期的城市数量少、规模小、对自然资源的依赖性强，城市依附于其农村腹地的资源供给一般主要承担行政、宗教、军事防御或者手工业贸易中心的职能。工业革命真正开启了世界的"城市纪元"。1760 年左右开始的英国工业革命拉开了世界范围内的城镇化大幕，以此为开端至今，世界城镇化经历了兴起、推广、普及几个阶段。而工业化和城镇化的互动在不同的国家、不同的历史背景下呈现不同的局面。目前来看，已经进入城镇化成熟阶段的国家的城镇化模式中较为成功的是发达国家城镇化模式，也因此从总体来看发达国家的城市当前呈现出了相对良好的意象。而城镇化发展的阶段性特征意味着在不同发展阶段的城市会呈现不同的城市发展状况，作为正处于城镇化中期快速推进发展阶段的中国来说，汲取发达国家城市转型成功的经验，需要首先了解发达国家城镇化发展历程及发达国家城镇化中后期的城市基本状况。

第一节 发达国家城镇化发展历程

从世界城镇化发展进程来看，发达国家是最早开始工业化、城镇化的区域，并且也率先完成了从传统农业社会到现代城市社会的转型。尽管它们的工业化和城镇化存在着或多或少的问题，但是作为启示研究的开始，简要分析发达国家城镇化的发展历程，可以为研究做一个铺垫。

一、城镇化起步阶段（1760～1851年）

城市虽然古已有之，但是现代意义上的城市诞生在第一次工业革命之后。由于工业革命首先在英国发生，英国也自然成为世界上第一个开启城镇化进程的国家。从工业革命开始的1760年到1851年，英国的城镇化率首次超过50%进而成为世界上第一个实现了农村社会到城市社会变迁的国家。这个时期，由于工业的发展，大量的人口不断地往一些工业城镇聚集，英国的城市数量不断增加且城市规模不断地扩大。但是，从发达国家整体来看，这个阶段的发达国家城镇化表现为英国的"一枝独秀"，除却英国之外的国家和地区有的刚开始工业化城镇化进程，比如美国的城镇化率在1840年时只有10.8%[1]，而其他大部分国家和地区整体还处于农业经济时代或者刚刚缓慢的开始工业化进程，所以这个时期也被看作是世界范围内城镇化的起步阶段。

二、城镇化普及阶段（1851～1950年）

19世纪中叶到20世纪50年代，是城镇化在发达国家全面普及的阶段。英国工业革命的奇迹激发了欧美其他国家进行工业化的热情和决心，它们纷纷采取革命或者变革的方式创造条件开启了自身的工业化和城镇化进程。与此同时，第二次产业革命在英国、美国、德国、法国等发达国家相继兴起，以电气、石油、钢铁为主的重工业迅速取代了轻工业成了主导产业，并带动了城镇化在欧美发达国家的推开。虽然从城镇化的模式及其发展速度来看，各国城镇化呈现出不同的特点，并且世界的经济政治局势在这个阶段也发生了几次大的变化，但是发达国家整体城镇化率在1950年已经达到了51.8%，其中英国的城镇化率已经达到了79%，美国达到了64.1%，法国达到了55.2%。[2] 日本的城镇化发展具有一定的特殊性，在第二次世界大战（以下简称"二战"）之前日本通过工业化的发展城镇化水平已经有了迅速提高，但是由于战争的影响，其城镇化一度停滞倒退，经

---

[1] 何志扬：《城市化道路国际比较研究》，博士学位论文，武汉大学经济学系，2009，第73页。
[2] 新玉言：《国外城镇化——比较研究与经验启示》，国家行政学院出版社，2013，第24页。

过战后恢复，日本的城镇化率到1950年时也已经接近50%。韩国的城镇化起步较晚，在1930年时其城镇化水平在5%以下，1944年其城镇化率才只有13%，处于典型的农业经济社会。❶尽管韩国的城镇化率在20世纪的中叶依然较低，但是总体来看，绝大部分发达国家的城镇化和城市建设依然是19世纪中期到20世纪中期世界城镇化率加速推进的主要动力源。发达国家的城市在新兴产业的带动下迅速发展起来，国家的整体经济水平有了明显提升。

三、城镇化成熟阶段（1950年至今）

20世纪中叶之后，第三次科技革命在以美国为主的发达国家展开，新的以计算机等高新技术为核心的战略新兴产业推动着发达国家的经济从工业化时代迅速地向知识经济时代迈进，同时新兴的产业也对发达国家的城镇化进程产生了明显的影响。发达国家的城镇化在原有的基础上继续往更高水平迈进，至今已经全部进入了城镇化率70%以上的成熟阶段，同时也普遍实现了城市的现代化。如果再仔细划分的话，这个阶段发达国家的城镇化进程可以划分为以下阶段。

第一阶段是二战之后的城镇化恢复和城市重建阶段。二战给欧洲发达国家的城镇化和城市造成了严重破坏，很多城市在战争中被夷为平地。但是二战之后，随着世界经济政治秩序的重建，发达国家普遍进入了经济恢复和城镇化率迅速推进的阶段。其中城镇化率在二战后提升最快的是法国和日本。法国的城镇化率从1950年的55%左右迅速提升到了1965年的70%左右，年均提升一个百分点以上。而这个时期韩国由于朝鲜战争的原因，尽管没有体现出明显的城镇化率提升的过程，但是李承晚政府晚期，韩国城市人口增长的趋势已经非常明显。

第二阶段是20世纪60年代到70年代的郊区化纵深扩展和逆城市化阶段。这个阶段韩国进入了城镇化的加速发展阶段，其城镇化率从1960年的28%迅速提升到了1970年的50%，年均增长率2.2%，超过其他发达国家的城镇化年均增幅。日本和法国的城镇化率在1970年已经超过70%，进入了成熟阶段。发达国家1970年的整体平均城镇化率达到了64.6%。❷此外，在第三次科技革命的

---

❶ 顾朝林，赵民，张京祥：《省域城镇化战略规划研究》，东南大学出版社，2012，第140页。
❷ 何志扬：《城市化道路国际比较研究》，博士学位论文，武汉大学经济学系，2009年，第74页。

普遍带动下，这个时期发达国家的产业结构不断得到优化并进入了后工业化时代，在交通条件改善，城市中心地区拥挤的情况下，人口从城市开始往郊区和乡村迁移的趋势明显。

20世纪80年代之后是发达国家城镇化普遍进入成熟的阶段。韩国的城镇化率在1980年左右达到了70%，其他发达国家的城镇化率也以小增幅平稳推进。这个阶段，发达国家通过创新城市治理方式、再城市化等措施，城乡之间的人口分布结构进一步优化，城乡之间的关系逐渐协调，城市整体发展势头向好。根据联合国《世界城镇化发展展望》的统计数据，截止到2014年底，北美地区的城镇化率平均已经达到了82%，欧洲平均城镇化率73%。再具体来看，当前英国、日本的城镇化率已经达到了90%以上，美国、德国、法国、韩国的城镇化率也已经接近90%。与此同时，发达国家的城市经过产业升级、空间规划和社会治理，城市经济实力较强，城市社会空间分化的现象逐渐得到了缓解，城市环境整体改善，并在世界城市体系中握有很强的话语权。

总结可以发现，受工业化起步早晚和具体国情等因素的影响，不同的发达国家开启城镇化的过程、发展速度和发展模式也呈现出了不同的特征。但是不难发现，发达国家城镇化的发展历程也是其城市发展的历程，是其城市从存在一定问题到逐渐解决问题并呈现出相对良好的城市状态的过程。发达国家的城市在一定的城镇化发展阶段存在一定的问题是一种共性，因此结合中国当前的城镇化率水平，对发达国家城镇化中后期的城市状况进行更加细致的描述，可以更好地看出其转型的效果。

第二节　发达国家城镇化中期城市状况

翻阅城市史会发现，发达国家并不是自然地就诞生了经济繁荣、功能优化、生态良好的城市，在其进入城镇化中期快速推进阶段，尤其是处在同当前中国的城镇化率水平接近的50%～55%区间时，其城市发展也具有一些繁荣与问题共存的特征。根据城市史的资料，典型发达国家城镇化率超过50%且接近55%左右的时间为：英国：1850～1855年；德国：1900～1910年；美国：1920～1930年；

法国：1945～1950年；日本：1950～1955年；韩国：1975～1980年。[1] 整体来看，处于城镇化快速推进阶段的发达国家城市总体状况有以下几种。

一、城市经济繁荣

工业化作为推动城镇化前进的主要动力，使得农业在国民经济中的地位逐渐衰退，并逐渐建立起了以工业和服务业为主导的产业结构。从发达国家的城市经济发展概况来看，当城镇化率达到50%之后，作为国民经济发展重要空间载体的城市，由于其产业类型增多带来的城市经济乃至国民经济的迅速增长是一种共性特征。

（一）城市经济增长，国家整体实力增强

由于工业化起步时间不同及工业化的后发优势，虽然各个发达国家的城市经济增长呈现出不同的速度，产业规模和类型也带有时代特色，但是如果抛却战争等一些不可抗因素的影响，典型发达国家的城市经济在城镇化率突破50%后的持续且高速增长的特征都非常明显，并由此带来了国家综合实力的显著提升。

英国是最早开始工业化的国家，19世纪中期以棉纺织业、煤炭、钢铁为主的城市产业奠定了当时英国"世界霸主"的地位。1850年，处于维多利亚全盛时代的英国"几千年平和幽静的田园风光，就好像碰见了阿拉丁的神灯，一瞬间无影无踪，突然英国烟囱林立，汽笛轰鸣。伦敦、曼彻斯特等城市迅速崛起"[2]。1851年伦敦第一届世博会上展览的工业技术震惊了世界，随后英国成了"世界工厂""世界贸易垄断者""世界金融中心""海上霸王"和"世界最大殖民帝国"。实际上拉开来看，从1839年到1879年，英国的工业增长率年均30%以上[3]，其中城镇化率接近55%时是其发展最瞩目，工业化全球领导者势头最明显的时期。德国的发展得益于第二次科技革命，以鲁尔地区城市的煤炭、钢铁业为基础，19世纪末20世纪初德国的现代化大工业基本已经建立了起来。1900～1910年，德国工业产值比重占世界工业产值比重超过16%从而超过英国，成了

---

[1] 目前来看，不同的资料对于具体的某个发达国家城镇化率达到50%～55%之间的时间描述并不相同，笔者在综合了比较了多方资料之后才得出这些年份区间。

[2] 穆良平：《主要工业国家近现代经济史》，西南财经大学出版社，2005，第50页。

[3] 穆良平：《主要工业国家近现代经济史》，西南财经大学出版社，2005，第90页。

欧洲第一、世界第二的强国，仅次于美国。[1] 美国作为一个移民国家，由于科技革命和一战战争的先天机遇，其城市经济在20世纪30年代"崩盘"前经历了"咆哮的十年"和"沸腾的20年代"。以东北部地区的纽约、中西部的汽车城底特律、石油城休斯敦、洛杉矶等为代表的专业化城市通过铁路的连接形成了美国地区内广阔的制造业地带。总的来看，美国工业生产总指数1921年为67%，1929年达到了119%，到1929年，美国在资本主义世界工业生产中的比重达到48.5%，超过英、德、法三国比重总和。

法国、日本和韩国是在二战后实现城镇化率突破50%的。二战后的一段时期，结合大工厂制、农业现代化的进程、第三产业的蓬勃兴起、马歇尔援助计划、新的科技革命等，法国出现了历史上真正的"飞跃"时期，增长率超过了英国和德国。[2] 日本的城镇化率在二战之后迅速超过了50%，借助道奇计划，日本引进新技术、利用新设备、发展新工业、发展贸易和刺激国内需求，东京、名古屋、大阪的重工业迅猛增长，使得日本从1954年开始，接连创造了数量景气、神武景气、奥林匹克景气、岩户景气，年均国民经济增长率超过10.6%。[3] 经济增长更快的还有韩国，20世纪70年代韩国通过"工业为主，大企业为主，大城市为主"的政策逐渐建立起来了以汉城（今首尔）及其卫星城和东南沿海地区城市为主导的制造和出口加工业体系，带来了韩国经济的发展奇迹。从1971年到1979年，韩国国民生产总值由95亿美元增至614亿美元，增加5.5倍。到了20世纪80年代中后期，韩国国民经济年均增速超过11%。[4]

从发达国家城镇化过半之后的经济发展现状可以看出，工业化进程的推进带来经济增长奇迹并且使得各国成为世界经济格局中的重要力量是一种共性特征。以一个国家举办的大型国际赛事、博览会为标志，这个国家在世界体系中开始握有较大的话语权。

（二）重工业、服务业为主的城市产业结构

从发达国家城镇化率50%左右的城市产业结构上来看，发达国家结合自身情况和技术条件，基本建立起了以资源、资本密集型重工业和生产性服务业为主

---

[1] 王章辉，黄柯可：《欧美农村劳动力的转移与城市化》，社会科学文献出版社，1999，第148页。
[2] 王章辉，黄柯可：《欧美农村劳动力的转移与城市化》，社会科学文献出版社，1999，第111页。
[3] 国家建设部编写组：《国外城市化发展概况》，中国建筑工业出版社，2003，第25页。
[4] 顾朝林，赵民，张京祥：《省域城镇化战略规划研究》，东南大学出版社，2012，第141页。

导的城市产业体系。

（1）资本密集型的重工业体系。英国是第一个实现工业化的国家。19世纪中期通过蒸汽机的使用，工业革命时期兴起的几大传统产业如采矿业、棉纺织业在这个时期有了外延式的扩展，其中煤炭和钢铁产业发展令人瞩目。英国1848年的钢产量已经超过了其他国家的总和，1851的煤产量已经达到了8360万吨。1851年，英国国民收入的一半来自制造业、贸易和运输业。克拉潘（John Harold Clapham）认为："仍不失为唯一真正的工业国的英国有它机器生产力的莫大积累，有它的棉纺工业，有它的煤炭工业和在机械方面无与伦比的其他十几种工业。"❶从工业体系上来看，19世纪初期和20世纪初也是"德国的时代"。第二次科技革命带来的电力能源的应用，激发了以发明创造为己任的德意志民族的创新精神，大量的新机器、新设备、新运输工具和新的通信手段在德国的城市产业中投入了应用，比如新的产业、新的生产手段在普鲁士各省的城市和其他各邦的城市中不断出现，煤炭、钢铁产业在新技术中不断升级。这个时期，德国的煤炭产业和钢铁产业产量跃居欧洲第一，化工产品总产量跃居世界首位，煤炭产量从1870年的3400万吨增加到了1900年的1.5亿吨，钢铁产量从1870年的20万吨增加到1900年的660万吨。❷美国的城市工业体系的建立与经济中心的不断西移具有关联，东北部地区中在第一次工业革命后崛起的城市主要是以传统的纺织、制革、日用五金等轻工业为主，但是第二次科技革命之后崛起的中西部地区城市主要则是以钢铁、石油、机械、粮食等重工业为主的产业体系。❸截止到1930年，在美国的城市产业体系中，农业所占比重已经很小，而工业部门已经成熟，第三产业也出现了明显的上升。其中汽车工业、建筑业和电气工业成了支撑美国20世纪20年代经济繁荣的三大支柱。法国的增长尽管较为特殊，但是到了1945年左右，以传统的重工业专门化地区为主，法国城市产业中重工业比例上升，且建立起来以钢铁、电力、纺织、航空、汽车为主的城市产业体系。日本二战后的第一轮产业结构调整发展了与国民经济密切相关的农业和轻工业，也奠定了日本未来工业化强大的基础，而1955~1973年经济的快速增长中日本进行了第二轮

---

❶ ［英］克拉潘：《现代英国经济史（中卷）》，姚曾廙译，商务印书馆，1985，第158页。
❷ 王章辉、黄柯可：《欧美农村劳动力的转移与城市化》，社会科学文献出版社，1999，第148页。
❸ 王旭：《美国城市发展模式——从城市化到大都市区化》，清华大学出版社，2006，第64页。

的产业结构调整,钢铁、造船和化学工业成了主导产业。[1] 1955年左右日本在东京、阪神、名古屋三大都市圈及其内陆的一些产业都市建立起来了以电子、煤炭钢铁、汽车、半导体、光电等产业为主的城市产业体系。韩国到了20世纪70年代则是通过发展重化工业的方式实现了经济的快速增长,通过工业化和城镇化的同步增长,韩国一边解决发展的产业和地区不均衡问题,一边建立起来以钢铁、电子、汽车等行业为主导的产业体系,并奠定了后来韩国独立自主工业化的基础。(见表2.1)

表2.1 典型发达国家城镇化率达到50%~55%的产业概况

国家	城镇化率达到50%~55%的年份	城市产业概况
英国	1851~1860	纺织、工矿、交通、能源
德国	1900~1910	铁路、煤炭、冶金、机械、电器、化工
美国	1920~1930	电力、钢铁、机械、汽车
法国	1940~1950	电力、汽车、航空、纺织
日本	1950~1955	钢铁、煤炭、汽车、电子、光纤、光电
韩国	1975~1980	钢铁、汽车、造船、电子、纺织

资料来源:李璐颖:《城镇化率超过50%的拐点迷局——典型国家快速城镇化阶段发展特征的比较研究》,《城市规划学刊》2013年第3期。法国概况为根据相关史料单独整理。

(2)服务业比例增加。城镇化率超过50%之后,发达国家的城市在以资本密集为主的重工业体系迅速建立的过程中,城市产业结构比例也发生了质变。伴随着资本密集型产业发展的是服务业在城市产业中的不断崛起,尤其是生产性服务业的发展。比如,1861年英国伦敦的第三产业从业人员就已经达到了总人口的61%左右。法国也是在20世纪50年代建立起来了规模相当的服务业体系,"一些行政部门、服务部门和商业部门提供的就业机会越来越多,甚至连工业部门的实验室、它的商业部门、管理部门和对外联络部门也提供了大量的第三产业就业的机会"[2](见图2.1)。实际上,各个发达国家进入城镇化中后期之后,服务业发展带有一定的不平衡性,比如日本1960年三次产业比重为13:45:42,

---

[1] 徐敏:《日本城市经济转型下的空间变化与启示》,《湖南科技学院学报》2010年第11期。
[2] [法]菲利普·潘什梅尔:《法国》,叶闻法译,上海译文出版社,1964,第207页。

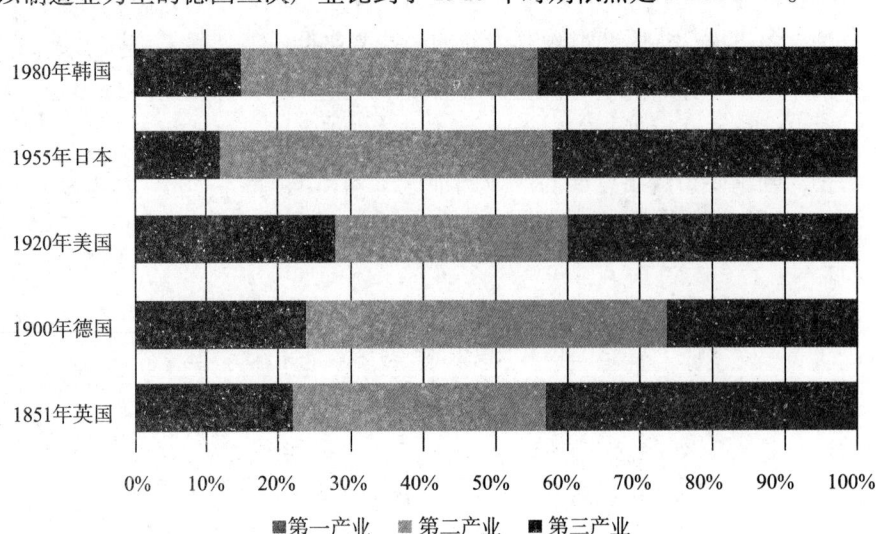

而以制造业为主的德国三次产业比到了1960年时期依然是6∶53∶41。[1]

图2.1 典型发达国家城镇化率达到50%的产业比例对比

资料来源：李璐颖：《城镇化率超过50%的拐点迷局——典型国家快速城镇化阶段发展特征的比较研究》，《城市规划学刊》2013年第3期。

总体来看，城镇化中期阶段各国城市产业发展的景象尽管因为战争或者经济危机而出现过衰退局面，但是从国民经济的增长和城市产业门类来看，处于城镇化中期阶段的发达国家城市经济呈现出非常明显的欣欣向荣的局面，并奠定了这些国家发达的基础。

二、都市圈初成

总的来看，发达国家城镇化率到达50%接近55%的时期内，工业经济集聚效应带来城市数量增多的同时，城市规模也不断扩大。随着交通运输条件的不断改善，越往后，进入城镇化中期阶段的国家城市空间聚集和分散的形态更加明显。在城市发展的过程中，随着城市规划思想的不断进步，城市空间在扩张的同时内部空间布局也在优化。

---

[1] 冯奎：《中国城镇化转型研究》，中国发展出版社，2013，第122页。

第二章　发达国家城镇化中后期城市发展状况

(一) 城市数量增多，规模扩大

城镇化中期是城市快速发展阶段，机器化大生产带来企业规模的扩张，与此同时，大量的农村劳动力被吸纳到工业部门中去并在城市就业居住，人流的继续涌入和企业用地规模的扩大带来的是单一城市规模的不断扩张，农业区被推向外围。这种扩张在发达国家城镇化快速发展阶段非常明显，集中表现为城市数量的增多和城市规模的不断扩张。

恩格斯曾经说过：凡是可以用来形容伦敦的，也可以用来形容曼彻斯特、伯明翰、利兹，形容所有的大城市。同样，用来形容英国的也可以形容同时期快速推进工业化城镇化的其他国家。1850年，英国新兴工业城市不断出现，奠定了英国工业化的基础。德国的城市空间扩张最快的时期是在德意志帝国时期，这个时期到第一次世界大战之前，以西部工业城市埃森、多特蒙德、萨尔布吕肯、盖尔森基兴等煤炭钢铁城市的人口急剧增加为标志，德国的城市通过并入周围城市而扩大自己的形式从数量到规模上都在不断增大增多[1]，到一战之前这种外延式样的城镇化都在继续。[2] 1920年的美国城市基本上形成了自己的分工，在美国中西部和东北部，从新英格兰的梅里马克河到密西西比河流之间的专业城市，比如纽约、底特律、迈阿密、休斯敦、辛辛那提等，这些城市构成了美国的制造业带，以占美国国土面积10%的地理面积，集聚着70%的美国制造业人口和产品产量。[3] 贝纳德·马尔尚（Bernard Marchand）在《巴黎城市史》中描述巴黎的郊区说道："郊区，正是在这种自我放逐中，以一种完全无政府主义在迅速壮大。"[4]但是如果理解这段话就会发现，这里他说的还不是郊区化真正的来临，只是巴黎重工业扩张带来的城市侵占郊区土地的过程。在日本，从1955年日本经济开始飞速增长之后，东京、神户、大阪、名古屋迅速扩张，从人口增长率最高的东京都地区来看，在1955~1960年，城市郊区延伸到都市中心10~20公里的范围，而1960~1965年延伸到了20~30公里的地区，1965~1970年则是30~40

---

[1] 徐继承：《德意志帝国时期城市化研究——以普鲁士为研究视角》，社会科学出版社，2013，第86页。
[2] 徐继承：《"分散与集中"——德意志帝国时期城市化发展及启示》，《社会科学论坛》2010年第12期。
[3] 王旭：《美国城市发展模式——从城市化到大都市区》，清华大学出版社，2006，第162页。
[4] [法]贝纳德·马尔尚：《巴黎城市史》，谢洁莹译，社会科学文献出版社，2013，第182页。

公里的地带。❶随着韩国进入城镇化快速发展阶段，韩国城市数量从1960年的27个，增加到了1980年的40个❷，首尔市的人口在1970年达到了880万，市域面积也快速增长。

有人曾经形象地描述英国城镇化快速发展阶段的城市增长是一个"蘑菇"不断出现和"蘑菇"不断变大的过程。实际上，这种增长是发达国家城镇化率达到50%时城市空间发展的普遍状态。

(二) 都市圈集中发展

城市"增长极理论"和"核心－外围"理论都认为，区域经济的增长并非同时出现在所有地方，而是首先出现在一个极点上。"核心区"会充当创新和变革的中心，在集聚效应下带动整个辐射圈的劳动力、资金和技术等各种要素不断向极点集聚。极点会增大，形成"增长极"或者"城市中心"。这种非均衡发展的特征在发达国家城镇化进入中期阶段之后表现得非常明显，集中体现为首位城市的集聚度和大城市的优先增长。

巴黎、东京、伦敦、柏林、首尔等城市无论从人口的数量和经济总量来看，在工业化初期的城镇化过程中始终处于规模结构以及功能结构上的突出地位。❸例如法国的城镇化发展过程中巴黎独大的现象始终存在，城镇化率达到了50%的20世纪中叶，其人口聚集到城市中心区的趋势还很明显，巴黎的城市首位度高达8.7。除了巴黎之外，法国只有少数几个城市人口总数超过百万，巴黎始终是远远超过其他城市的超大城市。❹此外，东京大都市圈、大阪大都市圈、名古屋大都市圈的人口迁入在20世纪60年代之前一直具有压倒性优势，并且三个都市圈的人口总量都是在1960～1965年达到了最高峰值。❺韩国也是首位城市增长的典型例证，20世纪60年代开始的城镇化集中体现在了首尔和首尔周边几个大城市的增长上，到了20世纪70年代末首尔市人口突破了800万。到1990年，面积仅占全国0.6%的首尔市，常住人口达到了1060.3万，约占全国人口的四分

---

❶ 杜建人：《日本城市研究》，上海交通大学出版社，1996，第43页。
❷ 顾朝林，赵民，张京祥：《省域城镇化战略规划研究》，东南大学出版社，2012，第141页。
❸ 徐敏：《日本城市经济转型下的空间变化与启示》，《湖南科技学院学报》2010第11期。
❹ 新玉言：《国外城镇化——比较研究与经验启示》，国家行政学院出版社，2013，第33页。
❺ [日] 福田和晓·藤井正：《新版图说大都市圈》，王雷译，中国建筑工业出版社，2015，第9页。

之一❶，首都圈的面积也只占其国土面积的 11.8%。❷

发达国家城镇化中期阶段，一国范围内几个大城市的迅速扩张成了人口和产业集聚的主要地区，这些地区由于占有一定的集聚优势而吸引人口和产业源源不断地进入。后来，随着交通运输系统的逐渐完善，都市圈边缘地区迅速增长，中心城市规模逐渐扩大，同时经济要素逐步在卫星城市或者其他中小城市集聚，城市逐渐具有了向外扩展的动力，并开始逐渐演变发展形成了城市群、城市带。所以城镇化中期阶段建立起来的核心都市圈，成了塑造当前发达国家城市形态发展格局的基石。

（三）城市空间布局优化

工业化迅速发展给城市带来的不仅仅是繁荣的经济，同时也有日益增长的空间容积压力。由于城市扩张速度过快，发达国家城镇化率达到 50% 左右的时候，其城市空间矛盾开始凸显。城市基础设施供应水平无法满足城市发展的需求促使着发达国家开启了城市规划的过程，而城市规划一定程度上使得发达国家城市空间功能得到了优化。

（1）城市功能规划初见成效。英国最早经历了城市人口高速扩张带来的城市空间发展问题，但是英国也是较早进行城市规划的国家。比如在 19 世纪的下半叶，在威廉·莫里斯（William Morris）和约翰·拉斯金（John Rusbin）的带领下，英国开始了以回归中世纪的田园风格为基调的针对工业化城市问题的"工业美术运动"。尽管英国的城市规划囿于经济政策和资金等原因只是局限在了公共卫生和住房方面，比如中央政府制定了一些法规，授权地方政府改造条件恶劣的区域，然后规定街道的宽度以及新建筑的高度和结构❸，但是这种规划还是影响到了 20 世纪初期的法国和德国。比如到了 1910 年，面对日益膨胀的城市人口，德国许多的城市管理当局根据发展的需要，将城市划分为工厂区、住宅区、商业区等，使得城市混乱无序的局面大为改观，并有效地促进了城市的发展。❹ 20 世纪 70 年代是韩国城镇化发展最关键的时期，借助于 20 世纪 60 年代形成的新城市规划框架，韩国开始控制大城市规模，加强了对内城空间的再开发和利用，从

---

❶ 顾朝林，赵民，张京祥：《省域城镇化战略规划研究》，东南大学出版社，2012，第 142 页。
❷ ［韩］金钟范：《韩国城市发展政策》，上海财政大学出版社，2002，第 4 页。
❸ 徐强：《英国城市研究》，上海交通大学出版社，1995，第 37 页。
❹ 新玉言：《国外城镇化——比较研究与经验启示》，国家行政学院出版社，2013，第 36 页。

城市的分区体系进行了重组从而对土地规划进行了修订。❶

（2）城市基础设施逐步完善。除了进行系统的城市规划之外，发达国家这个时期也开启了城市内部空间塑造的过程。以"美化城市"和基础设施建设为目标，发达国家的城市基本形成了各具规模和特色的城市内部空间结构形态。在德国，1890年之后，公园已经不再被认为是一种奢侈的城市装饰品，富人和穷人在理论上同样有权使用城市的公园绿地。而到了20世纪初期，德国所有城市的公共交通被政府接管并成了城市基础设施之一，以疏散城市中心区住宅开发的密集状态。❷ 美国20世纪20年代就修成了25.4万英里的铁路，并且美国很多城市开始通过市政工程改善市中心区，比如芝加哥在两次大战之间花费数十亿美元修缮湖滨。日本和韩国都是以"基础设施建设现行"为发展目标的国家，尤其注重交通道路等基础设施建设。比如日本于20世纪50年代后半期开始建设高速公路网。经过10多年的努力，日本不仅构建了城市之间的铁路交通网，也构建了连接东京、名古屋、大阪和其他城市的交通动脉。此外，日本从二战前就注重市民休闲娱乐公园的建设，在昭和九年（1934）日本的主要城市就建设了120处公园用于市民休闲娱乐，平均每个城市2处公园。❸ 韩国也是在20世纪70年代城镇化发展的关键时期开始注重发展与保护之间的平衡，通过制定一系列的法令，如《环境影响评估条例》和《城市公园法》来加强对城市环境的管理和保护。

从发达国家城镇化率超过50%且接近55%左右的城市空间发展状态来看，一方面，经济发展使得城市数量不断增多、城市规模不断扩大，首位城市增长带来了都市圈、大都市区的初步形成；另一方面，面对着城市空间增长的现实，各国开始从重视城市基础设施建设，合理规划城市功能空间和美化城市的角度优化城市内部空间布局。

---

❶ 李恩平：《韩国城市化的路径选择与发展绩效——一个后发经济体成败案例的考察》，中国商务出版社，2006，第146页。
❷ 国家建设部编写组：《国外城市化发展概况》，中国建筑工业出版社，2003，第82~83页。
❸ 程玲：《日本城市规划制度确立期的城市化剖析（1912~1935年）》，硕士学位论文，苏州大学历史系，2013年，第67页。

三、成为城市社会

工业化带来的城市"拉力"促使大量的农村人口走入城市。城镇化率超过50%是城市人口超过农村人口的节点,也是工业化劳动分工细化较为激烈的时期。城市社会群体的数量增多,城市社会分层明显,城市社会异质性增强。

(一) 城市人口迅速增长

城镇化中期阶段是城市人口增加最快的阶段,也是城市社会分化且形成分层的时期。1801~1840年,英国的西北地区、西苏格兰低地、南威尔士、约克郡、西米德兰地区城市人口的年均增长率分别达到了5.44%、5.29%、5.11%、3.81%、3.13%。英国伦敦的城市人口从1811年的105万人急剧增加到了1851年的232万人。[1] 德国工业城市人口增长的势头也非常迅猛。据统计1890年德国1万以上人口的城市就已经达到了394个,柏林1890年的人口数量更是达到了190万。在美国,1920年人口百万以上的城市有6个,人口数占美国人口总数的16.6%;1930年人口百万以上的城市有10个,人口总数已经占到了城市人口总数的24.8%。[2] 法国1955年至1965年是其城市人口增长最快的时期,年均增长率都在2.2%以上(见表2.2)。20世纪60年代,每年流入日本东京、大阪的人口达到了37万人。[3] 而到了20世纪70年代,韩国的城市人口一方面表现为首尔的继续增长,并在1980年达到了8364379人;另外东南部地区与日本近邻的东南沿海城市如釜山、蔚山等也成了新的厂商集聚中心,人口迅速增加,其中京畿地区人口从1975年的164917人增加到了1980年的2379422人,庆尚南道人口从3462500人增加到4531473人。[4] 可以说,到了城镇化中期随着工业体系确立带来的城市人口增长是发达国家城镇化推进的典型表现。

---

[1] Peter Clark: The Cambridge Urban History of History: 1540-1840 (Cambridge: Cambridge University Press, 2008), p. 408.
[2] 王旭:《美国城市史》,中国社会科学出版社,2000,第151页。
[3] 唱新:《日本特大城市的现状、问题与对策》,《日本学刊》1989年第6期。
[4] 李恩平:《韩国城市化的路径选择与发展绩效——一个后发经济体成败案例的考察》,中国商务出版社,2006,第73~74页。

表2.2　1946～1968年法国几大省会的人口演变情况　　（单位：万人）

城市	1946	1954	1962	1968
马赛	63.6	66.1	77.3	88.9
里昂	46.1	47.1	52.5	52.8
图卢兹	26.4	26.9	32.4	37.1
尼斯	21.1	24.4	29.1	32.2
波尔多	25.4	25.8	24.9	26.7
圣太田	17.8	18.2	19.9	21.3
里尔	18.9	19.5	19.6	19.1
鲁贝	10.1	11.0	11.1	11.5
图尔昆	7.6	8.3	8.9	9.9
格勒诺布尔	10.2	11.6	15.9	16.2
第戎	10.1	11.3	13.8	14.5
南锡	11.3	12.5	13.1	12.3
蒙彼利埃	9.3	9.7	12.1	16.2

资料来源：[法]费尔南·布罗德尔，欧内斯特·拉布鲁斯：《法国经济与社会史（50年代至今）》，谢荣康、黄文杰、董平、张继英、陆天池译，复旦大学出版社，1986，第18页。

（二）城市社会有效治理

工业化的迅速推进带来了城市人口的增多，但是随着效率和公平配比的失衡，以贫富差距等为特征的城市社会问题也不断地暴露了出来，贫富阶级在生活空间和社会待遇上的隔离屡见不鲜，工人阶级的处境堪忧。在这样的情况下，发达国家也开始采取相应的措施进行城市社会治理。一般来看，"精英模式"即政府部门以公共利益的代表者、维护者自居，利用权力制定政策，采取相关的行动来解决城市社会发展中的问题是发达国家普遍采用的治理模式。

从20世纪之前，工业革命最早引发了英国社会城市化的过程，并使其颁布了世界上第一部国家福利性质的法律——《济贫法》。而从实际上来看，19世纪中期的英国城市并没有建立起相对完善的社会保障体系，但是教会、慈善组织和城市中的社会行会给城市贫困、失业和疾病人口提供了不少力所能及的帮助。与英国不同的是，德国在 19 世纪八九十年代先后颁布了疾病、工伤、养老三项社会保障项目，并在世界上第一次竖起了建设"福利国家"的旗帜，在其城镇化率达到 50% 前后短短 20 多年的时间里，德国基本上构建起来了较为完善的覆盖外来人口、本地人口的社会保障制度，并成了西方国家社会保障制度建设最早也是最为先进的国家。❶ 在美国"大萧条"发生之前，尽管还存在着城市市政管理体制上的缺陷，但是各个城市的议会在可能的范围内通过立法对那些改善市政的人以特权和减征其财产税来鼓励他们解决城市社会问题。另一方面，美国的城市社会领域已经出现了扶持城市贫困群体的社会力量，例如社区改良运动和"社会福音"等。后来以黑幕揭发运动为代表的社会运动则在争取改革市政机构，提高其效能的道路上不断前进，并最终促使美国在 20 世纪 20 年代建立了以企业化思想为理念的市政体制——城市经理制，这在美国的城市社会治理史上迈出了关键的一步。1945～1961 年正是日本社会制度发展的基础时期，它不仅确立了社会保障各分支制度体系，同时创建了社保管理和法制体系。❷总体来看，英国 1850 年前后、美国 1930 年前后、德国 1940～1950 年前后制定了大量的经济、社会、环境政策，奠定了这些国家城市管理的基本制度体系。❸

四、城市的另一面

从以上分析可以看出，发达国家城镇化中期快速发展阶段的城市产业发展带来了这些国家经济的飞速增长并建立了相对完备的产业体系；随着城市数量的增多和规模扩大，城市空间网络化体系使得大都市区逐渐形成且城市内部空间通过规划开始实现功能提升；城市社会人口在增多的同时，城市社会治理体系也在形成。但是，城镇化快速发展阶段的发达国家城市背后还存在着另一面。

（一）换档期的城市产业结构

从发达国家城镇化中期阶段的城市产业结构来看，尽管第三产业在国民经济中所占的比例已经在不断地提高，但是城市产业结构中依然是第二产业和第三产

---

❶ 冯奎：《中国城镇化转型研究》，中国发展出版社，2013，第 117 页。
❷ 李璐颖：《城镇化率 50% 的拐点迷局——典型国家快速城市化阶段发展特征的比较研究》，《城市规划学刊》2013 年第 3 期。
❸ 冯奎：《中国城镇化转型研究》，中国发展出版社，2013，第 131 页。

业"平分秋色"。除了第三产业主要是以金融保险、货物运输等生产性服务业为主之外，发达国家的城市主导产业还是资本或者资金密集型的工业制造业产业体系，这种城市产业结构一方面带来了快速的资本积累但是同时也容易诞生城市的公害问题。

值得多说一句的是，发达国家的城市公害问题并不是其在城镇化率达到50%~55%左右才出现。由于产业结构的重工业化，高能耗、高污染的城市发展状况几乎跨越发达国家整个城镇化中期阶段。比如英国在20世纪50年代还因为出现了"毒雾"事件而被称为"雾都"。美国也没有能在工业化污染上独善其身，到1950年才真正弄明白洛杉矶光化学烟雾的元凶实际上是因为汽车增多而带来的碳氢化合物。即使到了1962年，德国的莱茵鲁尔工业区还是烟囱林立，烟雾弥漫。1962年12月3日到15日出现在鲁尔区的强逆温层，使得空气中的悬浮物和二氧化硫等混合物增加，12月5日波鸿空中悬浮物含量为每立方米2.4毫克，12月6日二氧化硫的日平均含量就达到了每立方米5毫克，以至于造成鲁尔区人口死亡率上升，仅12月3日到17日两个星期内的死亡人数就比平时增多156人。[1]

(二) 区域空间失衡下的城市

从发达国家城镇化中期的城市空间形态来看，几乎所有发达国家的城市空间发展都表现为首都圈和几大工业城市圈的高度集中发展。人口和资源的不断聚集在推动城市规模扩大的同时，城市发展不平衡，城市绿地锐减，城市土地资源紧张等城市空间发展问题也不断出现。

法国"巴黎独大"的现象使得大巴黎地区出现了严重的"大巴黎病"。经济人口的过度集中，使得巴黎不堪重负且限制了其他城市的发展。例如，许多小型的法国城市，如尼斯、维希，都置身于城市等级之外。[2] 所以法国不得不在后期开始以实行工业分散、地区平衡的方式来分散巴黎的功能。同样首都圈集中发展、城市空间发展不平衡的还有韩国。在韩国城镇化快速推进的时期，首尔的人口密度曾经高达每平方千米13343人，城市在蔓延扩张的同时，绿地锐减。而日本尽管在二战前建立起来了不少的绿地公园，但是二战的摧毁式打击一方面摧毁

---

[1] 中国科学技术情报研究所：《国外公害概况》，人民出版社，1975，第264页。

[2] [法] 菲利普·潘什梅尔：《法国》，叶闻法译，上海译文出版社，1964，第227页。

了日本的绿地公园，另一方面也使得日本战后恢复时期的一段时间内没有多余的资金恢复被破坏的公园。所以二战后一段时间占日本绿地总数63%的绿地公园被大量的改造成为了耕地，城市绿地面积锐减。❶

（三）城市社会问题凸显

在城市人口迅速增长的背景下，发达国家的城市资源分配一方面体现为市场机制的自发调节，另一方面表现为国家的体制机制保障。在城镇化中期阶段，城市整体经济效率在提升，但是社会不公平也在城市社会空间领域内有较为明显的体现。有些发达国家的城市出现了"住在城外的资产阶级"和"住在城内的无产阶级"的对立甚至斗争。

（1）城市社会空间分化。早期工业化国家的工人阶级住在拥挤且脏乱差的地方，忍受着极端恶劣的生活环境。19世纪中期，英国格拉斯科市有成片的棚户区，每个住宅区都群集着上千衣衫褴褛的儿童。他们只有教名，就同牲畜没有什么两样。❷ 德国的情况也不乐观，根据英国城市规划先驱赫弗斯（Horsfall）1903年的测算，柏林一座工人建筑中平均居住的人口要达到52.6人，比同时期英国平均居住人口要多得多。❸ 而对于综合国力强大的美国来说，城市社会也不是一劳永逸的安定，种族冲突和隔离始终是美国城市迈不过去的坎。20世纪20年代，美国主要城市因为种族分化成"隔离而且不平等"的社区，房地产商对黑人购买者百般刁难，或故意抬高房价，即使是租房子，黑人也往往比白人多付出50%❶，这种不公平的待遇是导致20世纪二三十年代美国城市种族骚乱发生的原因，也是导致黑人在美国城市里待遇每况愈下并极易成为贫民的原因。而1985年，城镇化高速发展末期，韩国住房充足率仅有69.8%，首尔都市圈地区仅有54.4%，大量进城人口居住在棚户区、地下室。城镇化中期阶段这些城市发展中的社会问题往往使得城市成了阶级冲突最为集中的地方，各种形式的罢工、游行、暴力在城市中不断出现，也给城市的社会建设带来不小的挑战。

（2）城市生活成本加大。不同于农村自然经济条件下的自给自足经济，城

---

❶ 许浩：《国外城市绿地系统规划》，中国建筑工业出版社，2003，第52页。
❷ ［美］R. R. 帕尔默，乔·科尔顿，劳埃德·克莱默：《产业革命——变革世界的引擎》，苏中友、周鸿临、范丽萍译，世界图书出版公司，2010，第10页。
❸ ［英］彼得·霍尔：《明日之城——一部关于20世纪城市规划与设计的思想史》，童名译，同济大学出版社，2009，第34页。
❶ 王旭：《美国城市发展模式——从城市化到大都市区化》，清华大学出版社，2006，第177页。

市是一个富有竞争精神的地区，资源的获得往往因为稀缺而变难，而稀缺性又是造成价格上涨的原因。在发达国家城镇化中期阶段，大量的人口涌入城市在加剧了城市资源稀缺性的同时也抬高了城市生活的成本。比如日本经济起飞的20世纪60年代正好也是其房价高涨期的第一个开始阶段。随着来到城市人口不断增多，日本从这个时期开始了三次著名的地价上涨期，尤其是20世纪80年代的房价只能用飞涨来形容。

（3）城市道德与安全危机。城市异质性的增强带来了城市人口构成的多样性。在城市资源分配不公平的催动下，传统观念和高尚的生活方式几乎在城市社会中受到了非人性化和外部危险力量的冲击，其中城市的公共安全问题凸显和信仰危机就成了突出现象。例如到了19世纪50年代，英国去教堂的人数降到了不足50%，像曼彻斯特这样的城市还不到三分之一的人去教堂，而此前去教堂曾经是非常普遍的现象。❶ 而发达国家城镇化中期阶段较为普遍的城市安全事件频发、城市犯罪率的上升、罢工游行示威次数增加、不断出现的城市骚乱冲突都凸显了严重的社会冲突和矛盾。

（四）城市人居环境恶化

城市生态人居环境是人类在城市生存最基本的需求之一。在城镇化中期阶段由于产业结构重工业化、城市空间规划的滞后、城市人口增多等原因，城市生态环境恶化成了城市的通病。由于城市基础设施供应不足及工业人口布局不合理，早期工业化国家的城市环境问题主要表现为城市生活环境的恶劣。作为第一个开启工业化并享受工业化利益的国家，英国也是第一个承受工业化后果的国家，其高速工业化过程中的环境问题因为没有他国经验借鉴因此显得更加严重。19世纪的30~50年代，因为水体污染带来的霍乱引起英国工业城市上万的人口死亡是经常出现的事情。1858年的夏天连续干旱缺水导致没有足够的雨水将污物冲走，整个伦敦的下水道满溢出来，城市当中弥漫着臭气，这个时期被历史学家称为伦敦的"巨臭时期"。❷ 因为城市污染带来的哮喘病、肺炎、气喘病成了当时非常严重的公共健康问题。❸ 同样的，1873~1874年，德国慕尼黑的供水系统受

---

❶ [美] 乔尔·科特金：《全球城市史》，王旭等译，社会科学文献出版社，2014，第140页。
❷ 卓旻：《西方城市发展史》，中国建筑工业出版社，2014，第167、650页。
❸ 梅学芹：《19世纪英国城市的环境问题初探》，《辽宁师范大学学报（社会科学版）》2000年第3期。

到污染引发霍乱，酿成了1486人死亡的悲剧。❶ 而到了20世纪的工业化进一步发展时期，公害污染和大气污染更是成了各国不得不面临的严重问题。其中公害问题最为突出的是快速发展起来的日本，20世纪50年代发生在熊本县水俣市的"水俣病"至今其法庭诉求都没有完结。当然，国外城镇化快速发展阶段的城市生态问题不仅有这些，噪音污染、固体废弃物污染、地面沉降等都是工业化发展的伴生物。从长远来看，这些城市的环境问题带来的不仅仅是痛苦，甚至付出的是生命的代价，这也更印证了城市发展中经济和生态的一体两面。

英国著名文学家狄更斯（Charles Dickens）在其著作《双城记》中描述英国19世纪50年代"是最好的时代，也是最坏的时代"，同样这个描述也适合所有处于城镇化中期转型阶段的发达国家城市。工业机器的轰鸣对于城市的影响并不只是繁荣经济，工业化推进带来了快速转型往往也让城市应接不暇，让城市"难以言表的贫困、肮脏和疾病与巨大的财富和特权共生"❷。所以，发达国家的城市不是先天就呈现出来了天蓝水美的肖像画。从根本上来看，这是经济发展的效率与资源分配失衡在城市领域内的直接体现。而由于这些问题的存在以及后期随着城市内外部环境的变化带来的各种城市危机，促使着发达国家不断地调适城市发展的道路，才出现了当前我们看到的城市景象。

第三节　当前发达国家城市概况

尽管发达国家城镇化中期阶段城市发展处于繁荣与问题并存的局面，但是中间经过一系列的城市转型，目前发达国家的城镇化率和城市状况都有了一个明显的提升和改善。首先，当下典型发达国家的城镇化早已进入了成熟阶段，且城镇化率都相对较高；其次，从城市总体状况上来看，发达国家的城市具有较强的综合实力。

---

❶ 孟钟捷，霍仁龙：《地图上的德国史》，东方出版中心，2014，第136页。
❷ ［美］乔尔·科特金：《全球城市史》，王旭等译，社会科学文献出版社，2014，第233页。

一、发达的城市经济

从城市经济发展水平来看，当前发达国家的城市经济较为繁荣，城市产业结构实现了高级化和合理化，第三产业在城市经济中已经占有主导地位，城市人均收入较高，国家整体经济实力较强。

（一）城市产业结构服务业化

发达国家的城市产业结构目前经过中后期阶段的调整和转型，基本上已经实现了从"二三一"到"三二一"的转变。首先，服务业化已经是当前发达国家城市产业发展的主要特征。根据丝奇雅·沙森（Saskia Sassen）在《全球城市：纽约·伦敦·东京》中的描述，1996年纽约、伦敦、东京的第三产业就业人口占就业总人口的比例分别为80.3%、88.5%和62.8%。[1]而根据世界银行《2010年世界发展指数》报告，2008年美国、英国、法国等发达国家的服务业增加值在各国GDP中所占的比重均超过了70%，分别为76.9%、76.3%、77.4%。[2]这些服务业几乎都是在城市中进行生产。比如伦敦的33个区市中，仅有4个区的服务业就业人口占全区总人口的比重低于86%，最高区的服务业人口占比达到了94%，大多数区的服务业就业人口占比超过90%。[3]从服务产业内部构成占比的角度来看，以金融、保险、证券、会计、法律、广告、咨询业、娱乐、保健等为主的服务业业形态已经在发达国家的城市产业结构中占有最突出的位置。其中生产性服务业依然是发达国家的支柱产业。比如2006年，美国几个主要大城市的生产性服务业收入占GDP的一半以上。[4]再者，根据当前发达国家城市服务业发展构成的主要特征来看，生活性服务业就业人口开始出现上升的趋势。比如根据《国际城市发展报告（2014）》的描述，美国波士顿的教育和医疗卫生行业2001年至2006年的就业岗位人数持续增加，从2001年的不到1万人增加到了2005年左右的超过1.3万人；而从2001年到2006年，其教育医疗卫生行业整体

---

[1] [美]丝奇雅·沙森：《全球城市：纽约·伦敦·东京》，周振华译，上海社会科学院出版社，2001，第192页。
[2] 张毅：《全球产业结构调整与国际分工变化》，人民出版社，2012，第215页。
[3] 左学金：《世界城市空间转型与产业转型比较研究》，社会科学文献出版社，2011，第166页。
[4] 张毅：《全球产业结构调整与国际分工变化》，人民出版社，2012，第217~219页。

的就业岗位增长率年均9.7%，超过同时期波士顿就业岗位累计7.9%的增长率。❶ 从第二产业来看，城市制造业向高科技和技术密集型产业转型。例如德国的汉堡，其城市产业中精炼石油产品、核燃料加工，船舶和航空航天制造已经占汉堡制造业总产值的68.6%。❷ 芝加哥大都市区也已经建立起来了生物制药、电子和工业装备为主导的现代制造业工业体系。东京地区也建立了以高科技为支撑的高端制造业，包括精密器械制造、汽车业、石油精炼业、电子元部件制造，等等。

从整体上来看，发达国家的城市当前已经形成了以服务业和高端制造业为主导的城市产业体系。这些产业对于从业人员的综合素质要求较高，对高科技的依赖度也较强，并且产品具有高附加值、低能耗的特点，这样的产业体系保证了发达国家城市强大的技术和市场竞争力。

（二）城市产业竞争力强

在衡量城市综合竞争力的指标中，城市整体的经济实力和城市人均收入是最重要的指标。目前来看，通过城市产业结构的调整，发达国家的城市一方面因为具有较强的经济竞争力而握有经济话语权，与此同时，也具有较高的城市人均收入。根据《全球城市竞争力报告（2011~2012）》的统计数据，2011年至2012年主要国家产业竞争力排名中，英国城市进入前10名的有1个，法国也有1个，排在前100名的城市中英国有7个，法国有2个，德国有4个。美国排在前10名的有4个，排在前100名的有37个。日本、韩国排在前10名的各有1个，排在前100名的日本有2个，韩国有1个。由此可见，全球城市产业竞争力中，排名前50名的城市主要集中在欧美城市和亚洲的大城市，几乎都是在发达国家。❸ 另外，从城市人均收入来看，经过产业结构的不断升级，发达国家主要城市的人均收入水平呈现不断上升的趋势（见表2.3）。而经过新技术产业的继续发展，目前发达国家城市人居收入水平基本都处于较高的水平上。根据美国著名咨询公司卡尼尔（Kearney）公司2014年对全球500万人口以上的都市区人均GDP进行的调查，排名前十位的为伦敦、纽约、东京、巴黎、大阪、洛杉矶、芝加哥、名古

---

❶ 屠启宇：《国际城市发展报告（2014）》，社会科学文献出版社，2014，第186页。
❷ 左学金：《世界城市空间转型与产业转型比较研究》，社会科学文献出版社，2011，第166页。
❸ 倪鹏飞，彼得·卡尔·克拉索：《全球城市竞争力报告（2011~2012）》，社会科学文献出版社，2012，第31页。

屋、旧金山、新加坡，全部为发达国家的城市，其中排名前三位的伦敦、纽约、东京的人均 GDP 均在 10 万美元以上。

表2.3　1979～1999年伦敦全日制成年人的周平均收入　　　（单位：英镑）

年份	手工业		非手工业		所有职业	
	男性	女性	男性	女性	男性	女性
1979	97.9	60.5	129.0	76.3	115.5	73.3
1985	183.8	118.3	264.7	160.0	233.2	154.4
1990	270.6	175.3	440.6	270.7	383.1	258.9
1997	351.0	232.6	614.0	402.7	541.3	386.3
1999	366.7	242.1	645.9	420.1	588.4	422.8

资料来源：[美]丝奇雅·沙森：《全球城市：纽约·伦敦·东京》，周振华译，上海社会科学院出版社，2001，第223页。

二、城市空间形态网络化

由于经济发展的知识化、信息化、服务业化，发达国家的城市目前基本上已经完成了城市空间形态演变的过程，而形成了全国或者全地区范围内的城市群和城市空间网络结构。此外随着城市规划理念、方式和技术手段的不断发展，整体来看，发达国家的城市整体呈现出了内外部功能相对较为协调的状态。

（一）多中心、网络化的城市空间形态

发达国家的城市在城镇化中期出现的都市圈集中发展现象，在后来郊区化不断推进的进程中，随着城市面积的继续扩大而形成了城市群和都市连绵带。比如法国都市连绵区的面积从1968年的68827平方千米增加到了1999年的100052平方千米，都市区的面积也从1968年的42733平方千米增长到了175997平方千米。[1] 配合城市政策的不断完善，当前发达国家在全国范围内形成了多中心、网络化的城市空间形态。

"地球夜间灯光分布卫星图"是美国国家航空航天局地球观测站（NASA's

---

[1] 张振龙：《法国城市空间增长：模式与机制》，《城市发展研究》2008年第4期。

Earth Oberservatory）根据苏奥米国家极轨伙伴卫星制作的测绘地图，用它来分析全球范围内城市经济繁荣和城市空间形态演变也能看出全球城市的发展和空间布局差距。从项目的结果上来看，全球经济繁荣地区主要集中在欧洲、北美地区、亚洲的东部地区，而如果从城市空间形态上来看，欧洲、北美、日本、韩国的城市形态明显地表现为国家或者地区内的平衡状态，大中小城市的城市灯光相对较为平均，这也意味着其城市空间结构的网络化、均衡化状态。

（二）城市空间功能优化

从城市空间功能布局的角度来看，伴随着规划技术和规划理念的不断升级，发达国家的城市空间规划经过从注重物质规划，到注重生态人文再到注重城市整体功能的协调，目前城市空间功能较为协调，城市空间要素之间的相互作用配合良好，城市机体较为健康。

例如，从交通基础设施建设来看，当前发达国家不仅建设了大量连接区域城市之间的铁路、公路和航空运输网络，城市内部公共交通线路的规划也已基本形成了能保证高效通勤的运输体系。此外，发达国家的一些城市规划专家相信，城市形态是能够影响城市能源消耗总量和控制城市温室气体排放的要素。因此从发达国家城市空间形态转型的角度来看，通过实现城市集约紧凑增长和城市综合体等城市功能混合开发模式，发达国家在不断实现着城市空间的集约利用、城市空间功能的协调和城市生态环境的改善。例如，英国伦敦通过"市长自行车远景规划"、地铁自动化、轨道交通运输能力的提升，保证了伦敦交通建设的高效和环保化。从城市基础设施建设上来看，通过引入低碳化的出租车，疏通泰晤士河防汛通道，引入全新的废水循环体系，保证了排水、能源、环境等方面的基础设施建设对城市居民生活需求的对接。

三、城市人居环境较好

这里提到的城市人居环境较好一方面包括发达国家的城市生态环境质量相对较高；另一方面是指其城市社会相对稳定的状态。

（一）城市生态环境质量提升

针对城镇化中期阶段城市严重的生态污染问题，发达国家城市从产业结构调整、制度约束、城市规划等各个方面着手解决。目前来看，发达国家城市的整体生态环境已经得到了有效的改善，城市宜居水平相对较高。例如，从美国国家航空航天局（NASA）2010年发布的2001~2006年全球PM2.5浓度值分布图可以发现，典型发达国家的城市PM2.5指数较低，城市空气质量较高。而翻看发达国家当前的城市图片也可以看出，城市绿地、城市公园的建设也让发达国家的城市空间风貌显得较为宜居。

（二）城市治理体制转型维持城市社会相对稳定

在发达国家处于城镇化快速推进阶段的时候，城市管理的"精英模式"发挥着重要的作用。但是随着发达国家城市的进一步发展，城市社会问题的增加和外部环境的变化，使得城市社会治理"合作者模式"表现出了更大的优势。"合作者模式"就是当前我们所说的城市治理多元参与体系，社会组织、企业和公民的力量在城市治理中发挥着重要作用，并形成了当前发达国家呈现出来的城市管治格局。[1] 在这种多元治理主体参与治理的情况下，发达国家的城市居民的人均公共服务水平较高，城市社会治理参与能力较强。

当然，发达国家的城市现状只是我们基于发达国家的一些城市在某些领域进行的简单扫描。虽然总的来看，当前发达国家的城市具有较强的竞争力，但是发达国家当前的城市也不是一幅真正的和平肖像画。在城市社会领域由于空间分化带来的社会矛盾和冲突依然没有办法避免，"巴黎暴恐"等类似暴力事件依然在为发达国家的城市敲着警钟。与此同时，2008年金融危机爆发之后，金融泡沫沉重打击了没有实体产业关联的一些大都市区的中心区。由于失业和人口离散带来的城市衰退也没能避免，新的工作岗位的增长数量远远低于预期。此外，从全球城市的竞争力上来看，目前传统发达国家的城市竞争力总体来看正在出现明显的减弱趋势，其中欧美国家的城市发展势头减缓的趋势较为明显，美国虽然优势依旧，但是疲态渐显。[2] 但是我们暂时可以这样认为，当前发达国家的城市状况总体相对较好，其从城镇化超过50%接近55%时期城市效率与公平失衡的状况发展为当前城市意象的过程，也有其规律可以探讨。

---

[1] 冯奎：《中国城镇化转型研究》，中国发展出版社，2013，第131页。
[2] 倪鹏飞，彼得·卡尔·克拉索：《全球城市竞争力报告（2011~2012）》，社会科学文献出版社，2012，第36页。

第三章　产业结构转型推动城市持续增长

从世界城市发展史可以看出，工业革命对世界城市体系的重塑带有颠覆性。家庭小规模手工业生产方式在大规模工业生产的冲击下逐渐处于弱势，传统的贸易城市随着规模经济的出现而逐渐转型成为工业城市，其他的曾经以防御或者宗教为主要功能的古代城市又淡化了其在工业化城市占主导的世界中的功能，逐渐地往商业城市的方向发展。从城市的进化来看，这种转变还只是一个开端。随着城镇化进程的不断推进，工业城市自身也在进行着一个城市产业不断升级的过程，从而形成了城市的新陈代谢机制。经济因素与城镇化进程最为密切也最为关键[1]，产业结构的转换与发展是城镇化发展的动力机制，经济要素的流动与聚集是城镇的实现机制。[2] 现代城市的发展就是一个城市产业结构优化升级的动态发展过程，城镇化中后期阶段，城市产业的转型升级，依然是城市进一步发展的动力基础。

第一节　产业结构升级与城市转型

城市是城市经济发展的表现，工业化是城镇化发展的动力，城镇化的发展反过来推动工业化的进程。城镇化的发展阶段、速度都与工业化的发展阶段密切相关，城镇化的不断演进本身也是城市产业结构不断升级的过程。

---

[1] 张贡生：《世界城市化规律：文献综述》，《兰州商学院学报》2005年第2期。
[2] 陈柳钦：《基于产业发展的城市化动力机理分析》，《重庆社会科学》2005年第5期。

▎▶ 发达国家城镇化中后期城市转型

一、产业周期：城市生命周期的经济动因

（一）城市生命周期的波动性

从世界城市史的角度来看，城市本身就是一个有机体，有其产生、成长、发展和衰落的过程，并表现出一定的生命周期波动特征。历史上的任何一个城市，无论其曾经承担的功能是什么，都或多或少地经历了繁荣和衰退的过程。

总体来看，城市生命周期的波动几乎贯穿于整个城市发展的进程。历史上无数的城市在发展到了一定限度之后，如果没有进行必要的城市干预，城市容量饱和之后，城市就会进入稳定增长或者衰退阶段，而不是无限扩张或者繁荣下去。从城市发展的规律来看，城市的发展并不是一个直线上升的发展轨迹，而是呈现出螺旋式或者波浪式上升的趋势。不同的城市、不同的时代城市生命周期的长度和表现形式都不一样，其城市发展和衰退的表现形式也不一样。而城市的衰落包括绝对的衰落和相对的衰落，城市的衰落也不是指城市有机体的消亡，而是指城市一个生命周期的结束进入一个新的城市生命周期。[1]

城市作为一个复杂的综合体，包含有多个子系统，从城市最基本的四个系统，即经济系统、社会系统、空间系统、生态系统来看，城市生命周期的演进主要以人为主体、以空间系统变迁为载体、以经济活动为基础、以自然环境为依托形成一个城市内外部系统交换的动态系统，这些系统要素都会对城市的生命周期产生重要的影响，但是在这其中推动城市呈现周期性生命波动的最根本动因是其经济基础——城市产业周期的波动。

（二）产业长周期决定城市生命周期

从世界经济发展的角度来看，世界经济发展也有一个规律性的波动周期，这个周期带有必然性。目前来看，有三种划分经济周期的理论：一种是康德拉季耶夫的长周期理论，也称为经济长波理论。该理论认为，世界经济的高涨期间隔40～70年，平均大约为50年的长周期波段。另外一种是平均大约为10年的朱格拉周期理论，以及第三种平均为40个月即3～4年的基钦周期理论。虽然三种经济周期计量方式显示的经济周期时长不同，但是它们的共性是将经济周期分为了

---

[1] 王国平：《城市学总论》，人民出版社，2013，第318页。

繁荣、危机、萧条和复苏四个阶段。繁荣的顶点是波峰，是极盛时期，也是繁荣走向衰退的始点。萧条的最低点为谷底，同时也是从衰退走向繁荣的起点。三个理论中经济长波理论是经济学界公认的衡量当代工业化国家产业兴衰的重要理论。从世界历史上来看，长波周期的波动每一次都会与世界范围内的主导产业群的变迁有重要关联，主要产业群的演进是经济长周期的物质基础，经济长周期的发展是一个个主导产业群交替演进的过程，而每一次主导产业群的变迁都与世界范围内的技术革新具有重要的关系，技术革命的阶段性带来了主导产业群的更替，使得经济发展出现了"长周期"式的发展形态。

城市是经济发展的主要空间载体，经济产业长周期的变迁也最直接地体现在了城市产业发展变迁上。所以产业长周期的盛衰也带来了城市产业的兴衰，经济长周期也和城市的产业发展的长周期基本吻合。但是城市的生命周期和产业长周期也不是完全一致。因为经济周期本身带有"前置效应"，即当城市处于一次衰退期的时候，新产业就已经在发展，产生新产业的核心技术也更早出现，但是这个时候新产业发展较为缓慢，因为投资市场可能因为投资风险太大而使得新技术只能培育小范围的需求，直到新技术在应用层面达到成熟，新的产业迅速发展。一般来看，主导产业群在整个城市经济到达顶峰之前到达顶峰。这主要是因为：人们对主导产业投资需求不减；主导产业催生的其他产业保持持续增长；城市的衰退速度要慢于产业衰退的速度。在产业无法满足人们的需求层次的时候，产业会退出市场，如果是在一个对外开放的市场中，产业会向国外或者其他地区转移。但是城市却不一定就会迅速衰退，因为一般情况下，又一次新的产业形态已经在城市内生成。此外，原有的主导产业还有"后拖效应"，主导产业虽然会在新的产业产生后衰退，但是人们的需求层次和需求序列提升并不意味着对过去的主导产业需求的绝对消失，只有出现新的技术把人们的需求层次提高，主导产业才可能真的消失。[1] 城市生命周期就是在这样的产业周期变迁规律中不断地实现着盛衰交替。世界城市史中出现的几次城市大发展时代，也印证了这个长波周期。

而要实现城市的转型，首先就是要防止城市出现衰退，也就是利用技术或者运用政策手段，合理规避城市衰退的时期，同时能够尽快以新的产业来推动城市

---

[1] 王国平：《城市学总论》，人民出版社，2013，第321页。

保持繁荣。

二、城市产业结构升级规律

从工业化与城镇化互动的角度来看，工业化和城镇化发展的空间载体主要是在城市，城市是现代区域经济社会要素和产业发展的核心空间载体，工业化和城镇化通过城市这个载体完成其各自的升级转型。城市的生命周期与产业长波周期有关系，但是产业的变迁自身也有自己的规律，因此不同的城市生命周期中生成的主导产业也是不同的。工业化进程开始之后，随着新的产业的不断出现和产业结构调整，许多学者从产业结构升级的角度对工业化经济发展的规律和道路做了研究分析。而随着城市产业类型的不断增多，对城市产业结构升级规律的认识也逐渐深化。

（一）城市产业结构演变的基本趋向

传统的产业结构升级理论论证了城市产业结构从农业到工业再到服务业变迁的过程。刘易斯（W. Arthur Lewis）的二元经济结构理论论证了工业部门吸纳农业部门剩余劳动力进而实现经济结构从二元到一元转型的过程。1940年，科林·克拉克（C. Clark）在威廉·配第（William Petty）关于国民收入与劳动力流动之间关系学说的基础上指出：随着国民经济的发展，人均收入水平的逐渐提高，劳动力的就业呈现出从第一产业到第二产业流动的趋势，而随着人均收入的进一步增加，劳动力往第三产业转移，实现的是整体产业结构从低到高转变的过程。西蒙·库兹涅茨（Simon Kuznets）在配第和克拉克的研究基础上，提出了相对国民收入理论。他通过对各国国民收入和劳动力在产业间分布结构的变化进行统计分析后得出产业结构发展结论：农业部门收入占国民收入的比重及农业劳动力占全部就业劳动力的比重随着经济发展都在不断下降；工业部门的国民收入在整个国民收入中的比重大体上是上升的，但是工业部门劳动力在全部劳动力中的比重则大体不变或略有上升；服务部门的劳动力在全部劳动力中的比重基本上都是上升的，然而它的国民收入在整个国民收入中的比重却不一定与劳动力的比重

一样同步上升,综合地看,大体不变或略有上升。❶

通过分析就会发现,传统产业结构升级理论的贡献在于其明确描述了城市产业结构升级基本规律,即城市产业从二元到一元,从以农业为主导逐渐升级到以第三产业为主的过程。

(二)产业结构升级与产业门类

随着工业化进程的逐渐推进,不同领域的学者对不同国家产业增长方式、内生动力等进行了细致的研究之后继续丰富了城市产业结构升级的理论。美国经济学家罗斯托(Walt Whitman Ruston)在《经济成长的阶段》和《政治和成长阶段》中将经济发展依次划分为传统社会阶段、准备起飞阶段、起飞阶段、走向成熟阶段、大众消费阶段,1971年后又增加了追求生活质量的阶段。❷ 同时,在《战后二十五年的经济史和国际经济组织的任务》中根据工业化的进程,罗斯托列出了五大主导部门体系:作为起飞前提的主导部门综合体系;替代工业进口的消费品制造业综合体系;重型工业和制造业综合体系;汽车工业综合体系;生活质量部门综合体系,主要是服务业。此外,筱原三代平"两基准理论"尽管提出了一个国家地区选择产业结构的不同基准,但是阐述了产业结构升级的主要方向是向前后关联度强、市场需求更大、技术创新、生产率增速更快的产业演变。随着全球化趋势的不断加强和跨国公司的不断出现,以价值链的分解为研究基础的产业结构升级方向又被提了出来,以格瑞菲(Gereffi)等人的研究为代表,产业结构升级可以理解为是从低附加值的产业链环节向高附加值的价值链环节攀升的过程,是制造商成功地从生产劳动密集型的产品向生产更高价值的资本技术密集型产品的一种转换过程。

由此可见,随着产业结构升级理论的逐渐发展,理论上对于城市产业结构转型升级的具体产业类型开始有了更加清晰的定位。

三、城镇化中后期的城市产业结构转型

工业化和城镇化的互动决定了不同城镇化发展阶段的城市产业结构往往表现

---

❶ 梅耀林,张培刚:《产业发展理论回顾及应用研究——以盐城市盐都区产业发展定位为例》,《河南科学》2007年第6期。

❷ 郭金龙:《经济增长方式转变的国际比较》,中国发展出版社,2000,第55页。

出不同的发展特征。正是通过工业化进程的不断发展，城市的人口就业结构发生变化、城市文明逐渐扩散、农村地区逐渐变为城市地区。但是从工业化发展阶段和城镇化发展阶段来看，不同的城镇化发展阶段往往对应着不同的工业化阶段和城市产业结构。

（一）工业化与城镇化互动中的城市产业结构变迁

城镇化率与工业化率基本上是相似的，也呈现出一种"S"形演进趋势。一般来看，工业化与城镇化的互动逻辑可以这样认为：由于产业集要素集聚能力的不同，工业化对应着不同的城镇化阶段。钱纳里（Hollis B. Chenery）较早地在《工业化与经济增长的比较研究》中将工业化的发展阶段与城镇化水平的关系进行了一个对应。他指出，工业化的初级阶段城镇化率在10%~30%之间；工业化的中期阶段城镇化率在30%~70%阶段；工业化的高级阶段城镇化水平在70%~80%之间；而城镇化率到了80%以上则是后工业社会时期。[1] 我国学者陈甬军等认为，在工业化前期即农业经济时代，工业化增长比较缓慢，在城镇化率到达20%左右，非农就业与城镇人口增长开始加速；在70%左右逐步进入工业化后期，城镇化增长速度缓慢。[2] 正是在这样的演进过程中，产业结构完成演变，城镇化也完成了从农村社会到城市社会的变迁。因此，理论上来看，城镇化率突破50%的时候，正处于工业化中期往后工业化过渡的阶段。

如果从工业化和城镇化互动的产业结构变化来看，工业化和城镇化互动的产业结构变迁遵循着轻工业—重工业—第三产业的轨迹。工业化初期，轻工业发展形成农业劳动力向非农产业转移的第一次浪潮。而随着轻工业的发展满足了人的基本需求后，人们的消费需求结构会转向重工业产品，引起重工业的发展。重工业发展的资金密集型特点决定了其吸纳劳动力能力有限，也就是会出现工业吸纳就业人口总量下降的过程。但是重工业发展过程中的规模化与专业化发展，一方面导致企业对外部环境及社会服务依赖性的增强，扩展了生产性服务业的发展空间；另一方面，重工业化使得更多的人口进入中高档消费收入群体，人民生活质量的提高必然带动生活性服务业的兴起。生产和生活服务业的兴起抵消了重工业非农产业人口吸纳下降带来的劳动力转移问题，总体上来看，非农产业就业的比

---

[1] 钱纳里：《工业化与经济增长的比较研究》，上海三联出版社，1989，第56~104页。
[2] 陈甬军，景普秋，陈爱民：《中国城市化道路新论》，商务印书馆，2009，第60页。

重仍在不断地提高。所以说,伴随着重工业化的第三产业的迅速崛起掀起了非农产业劳动力吸纳的第二次浪潮。❶ 而具体来看,工业化初期阶段,农村剩余劳动力主要向纺织等轻工业转移,餐饮、商业、运输等传统服务业随之发展。随着资本积累与分工理论的深化,煤炭、石油、电力等能源工业,钢铁、化学、汽车等资本密集型产业开始发展,对劳动力的吸纳能力开始减弱;为生产生活服务的第三产业发展加速,吸纳劳动力能力增强,第三产业就业人口开始增加。随着工业化的进一步深入,电气设备、航空工业、精密机械、核能工业等技术密集型产业发展加快,对劳动力的吸纳能力进一步减弱;而城镇化的发展以及金融保险、房地产业、生产服务业等现代服务业的兴起与发展,使得第三产业对劳动力的吸纳速度超过第二产业。进入工业化后期,信息产业、电子工业、新材料、生物工程、海洋工程、航天工程等知识密集型产业对劳动力的技能要求越来越高,劳动力需求数量减少,服务业成了吸纳劳动力的主要产业。❷

(二) 城镇化中后期城市产业结构升级规律

城镇化中后期城市的产业结构从以第二产业工业为主转变为服务业为主只是一个宏观提法,实际上城镇化中后期的城市产业结构,从城镇化率突破50%左右第二、三产业"平分秋色"到最后第三产业占主导的变迁过程有一定的规律。

首先,传统的工业产业在市场需求层次不断提高的基础上,一方面,还会继续存在以满足市场需求;另一方面,新的技术催生了新的产业业态,形成技术含量更高,满足更高层次市场需求的产品,这在加速旧有产业衰退的同时也开始形成一个新的产业长周期。所以,当市场需求继续变化和转向的时候,城镇化中期阶段建立起来的资本密集型产业由于新的技术市场需求面临着要么被淘汰要么被技术改造的选择。其次,城镇化中后期是服务业不断发展壮大的过程,也是城市产业结构从"二三一"转化为"三二一"的重要时期,服务于传统产业的生产性服务业不断的成长壮大。另外,由于新技术主导产业生成的新的关联服务业业态也在不断增长,服务业开始成了持续增长的产业。此外,如果存在一个相对开放的市场的话,传统产业在面临淘汰的同时也可以进行区位转移,一方面,可能在新的区域内形成适合当地特色的产业集群,形成其他地区的一个产业长周期;

---

❶ 叶裕民:《中国城市化之路——经济支持与制度创新》,商务印书馆,2001,第48~49页。
❷ 陈甬军,景普秋,陈爱民:《中国城市化道路新论》,商务印书馆,2009,第60页。

另一方面，也可以以新的需求市场放慢自身产业波谷的到来时间。

所以从城镇化率50%且接近55%左右的城市产业结构来看，资本密集型重工业和生产性服务业为主的产业结构已经形成，往后工业体系开始向技术、知识密集型产业升级，第三产业服务业持续发展并成为城市吸纳人口就业的主导产业。当然，正如前面所描述的，不同的城市、产业的生命周期会因为各种因素的影响而产生不同的表现形式，但是能够保持城市经济持续繁荣的根本措施依然还是抓住新技术产生的机会，以技术的升级催生新的产业形成，同时也要合理地利用技术避免发展波谷的到来，这样才能保持城市经济的持久繁荣，避免城市发展周期律带来的城市衰退，以实现城市的不断转型升级。

第二节　发达国家城镇化中后期城市产业结构升级路径

从产业结构的基本概念可以看出，产业结构转型实现的是产业结构合理化和高级化的过程。通过对现状的观察我们发现，当前发达国家基本上已经建立起来了以第三产业服务业为主的城市产业体系。而以发达国家处于城镇化中期阶段的城市产业概况作为始点，它们实现当前城市产业结构合理化和高级化的宏观路径主要有以下几个方面。

一、传统产业改造升级抵消"工业危机"

产业结构升级不仅仅是指新的"朝阳产业"代替传统产业的过程，也包括对传统产业利用新的技术进行改造的过程，即新技术替代"夕阳技术"的过程。发达国家的城市产业结构转型首先是对传统产业的升级改造过程。这里的传统产业主要是指发达国家城镇化中期阶段建立起来的以资本或者资源密集型产业为主的重工业和制造业体系。整体来看，发达国家对于城市传统产业的改造主要包括两个方面：一是对原有的资源型工业进行技术改造或淘汰；另一个是制造业的战略性升级。

（一）改造传统重工业

以钢铁、煤炭为主的传统重工业对工业原材料的采掘和加工要求高，产业本身带有结构单一、低层次、对资源的依赖性高的特点。在很长的一段时间里,传统重工业由于拥有较长的产业生命周期而成为发达国家城市的主导产业。但是,随着第三次科技革命的兴起,新技术提升了需求层次,同时也带来了传统重工业的危机。20世纪的60~80年代由于成本制约、能源危机、产业竞争激烈、交通运输的方式的改革、创新的不足和环境污染等问题,最传统的工业中心城市比如英国的曼彻斯特、伯明翰、利物浦,美国匹茨堡、芝加哥、底特律,德国的汉堡、埃森、多特蒙德等都出现了产业危机。而传统的资源密集型和资本密集型产业作为城市经济的重要组成部分,对城市的发展牵一发而动全身,因此对其进行升级改造是国外城市产业转型必须要解决的首要问题。从发达国家传统城市产业升级改造的路径上看,主要包括利用新技术改造传统产业、延伸传统产业链条和对落后产能的淘汰。

(1) 传统重工业的技术改造。新兴技术的产生对于传统产业来说既是挑战也是机遇,通过新技术的利用,传统重工业的技术需求层次能够得到有效提升而减缓衰退。英国的工业化起步较早,其传统的以煤炭、钢铁为主的重工业产业体系存续时间较长,同时"工业危机"也更严重。从20世纪60年代后期,英国痛定思痛,开始了对传统产业的改造和升级。从钢铁行业来看,从1967年开始实行了投资30亿英镑的旨在推动钢铁业现代化改造的"十年计划"。通过新技术的改造和新的科研成果的转化,英国钢铁工业效率极大提高。煤炭业的改造从20世纪90年代初进行,经过全面考察,英国的煤炭工业开始从煤炭开采往煤炭洁净技术利用上转型,并且通过技术输出的方式实现产业转型。德国多特蒙德的煤炭产业利用最新现代矿山采矿技术和煤炭转换技术,保证了煤炭资源的有效供给,连续退火炉的使用使得钢铁在总量提高的情况下生产出了具有竞争力的"拳头"产品。

(2) 传统产业价值链的延伸。产业结构升级不仅仅是一个产业更新的过程,更是一个从低附加值的产业链向高附加值的价值链攀升的过程,因此,产业链条的延伸也是产业结构调整的一种方式。发达国家城市产业结构转型中,对产业链进行延伸的有美国的能源工业中心休斯敦等。通过鼓励对石油产品的深加工、综合利用和石油开采设备的制造,休斯敦实现了对石油产业生产链条的延伸,延长了产业生命周期,目前休斯敦依然是世界上领先的石油产业中心。此外还有德国鲁尔区的一些煤炭产业,例如克虏伯-蒂森公司,作为曾经的"帝国兵工厂",

克虏伯-蒂森是在技术改造和创新的同时，延伸了煤炭业的产业链，形成了包含有煤炭设备制造，煤炭开采技术咨询服务等内容的多元化产业体系。

（3）淘汰落后产能。任何一个产业都有其生命周期，对于发达国家来说，在城镇化中期建立的一些具有较长生命周期的产业，比如煤炭、钢铁等。这些产业发展到了一定阶段之后，出现了严重衰退，因此淘汰落后产能、清减衰退产业也是实现产业结构升级的重要手段。比如，随着20世纪70年代的技术进步，日本最大的钢铁企业新日铁加大了对落后产能的淘汰，从1979年8月到1980年3月，其先后关闭了广烟厂、八幡厂、斧石厂等拥有老旧轧机的钢铁厂；1982年11月至1983年5月，又先后关停了室兰厂等几处老旧高炉；1985年3月到9月，继续关停了广烟厂、室兰厂等几处老旧设备❶，通过及时的淘汰落后产能，一方面减轻了城市产业结构升级的负担，另外一个方面也实现了新技术的迅速采用。

从产业结构升级的角度来看，对传统产业的保留和改造是产业转型的必要步骤。通过对传统产业的改造，旧有的高耗能、高污染产业得到了有效的更新替代，城市整体生产效率提高并保护了城市环境。

（二）制造业的升级和战略新兴产业的兴起

新兴产业承担新的社会生产分工职能，代表着市场对经济体系整体产出的新要求和产业结构升级的新方向，同时也代表着新的科学技术与产业融合的更高水平。从某种意义上说，第三次科技革命诞生的高新技术产业对传统制造业的更新抵消了20世纪七八十年代发达国家传统制造业严重衰退带来的危机（除却一些专门化的工业城市之外）。

（1）新型制造业不断形成。新兴的技术产业对于传统产业的替代是城市产业升级的另外一个层次。这里的新型制造业是区别于传统的钢铁、煤炭、化学等资本和资源密集型产业的新产业，是以高科技、低能耗、高附加值为特色的新型制造业。

对于整个发达国家来说，20世纪五六十年代开始，以计算机、信息技术、宇宙航天技术为代表的新兴产业的崛起加速了发达国家大量城市的产业结构升级过程。电子产品的制造业、科学仪器、飞机制造、航空航天、医学、生物科技等新兴产业成了全球范围内新的产业发展门类。20世纪的50年代，英国的曼彻斯

---

❶ 李拥军，高学东：《对日本战后四十年钢铁产业政策的分析》，《中国钢铁业》2008年第10期。

特、格拉斯哥就形成了以计算机、电子信息、生物工程、光电子等高新技术为主的产业结构。美国的休斯敦在加速石油产业改造的同时利用美国航天事业发展的契机，建立起了电子信息产业以及航空仪器和精密机械制造业。新科技革命中崛起的西部"阳光城市"，以宇航、计算机等高端制造业抵消了美国中东部地区传统工业衰退带来的危机。比如这期间，西部城市洛杉矶、西雅图、达拉斯、圣迭戈、孟菲斯、菲尼克斯的制造业人口增加显著，其中菲尼克斯的制造业人口增加了1538%。❶ 德国鲁尔区更是重点发展了以信息技术、新材料、医药、环保产业为主的12种新兴产业。汉堡的技术密集型高科技产业如船舶、航空航天制造业取代了其传统的造船、航运产业，并且在汉堡还诞生了以航空、电子、精密机械与光学仪器制造、机械制造业和化学工业为主的带头工业。作为全球著名的电子产业城市，东京的制造业包括汽车、精密器械、石油精炼、印刷业、医疗品制剂制造、无线电信机械器具制造、高炉炼铁、电子部件制造、半导体等产业。从2007年的调查来看，1997~2007年日本首都经济圈内有56.2%生物企业有新技术。这些新技术为其产品附加值增加提供保证，也是首都制造业在日本经济发展中的地位保证。❷

　　这种制造业升级改造带来的结果是新兴的高技术制造产业通过对传统制造业的取代实现了城市产业结构的升级，在增加产品科技含量和附加值的同时淘汰了原来技术含量低、能耗大、污染重的产业，实现了产业往高精尖方向的发展，并且催生了服务业的不断成长。虽然制造业在国民经济中所占的比例可能在下降，但是其在国民生产总值中所占的比重却没有减少。例如有数据显示，美国制造业从1950年到1980年的产出只从24.5%降到了23.8%，虽然其就业的比重下降了30%。❸

　　（2）新技术革命酝酿期的"再工业化"战略。2008年的金融危机及当前的全球经济低迷，使得"再工业化"战略又提上了很多发达国家的发展议程。比如欧盟委员会决定要把欧盟内的工业比例从2012年底的16%提升到2020年的

---

❶ R. D. Norton：City Life-cycles And American Urban Policy（New York：Academic Press，1979），p. 95.
❷ 左学金：《世界城市空间转型与产业转型比较研究》，社会科学文献出版社，2011，第251页。
❸ 张毅：《全球产业结构调整与国际分工变化》，人民出版社，2012，第91页。

20%[1]，奥巴马政府也在2010年正式提出了美国的"重新工业化"政策。这种"再工业化"战略从长远来看也是建立在对工业技术的更深层次的提升上的，是发达国家借助产业长波理论，把握技术更新规律，准备以新的产业技术建立新的经济周期的策略。比如德国的制造业一直是世界制造业的典范，也造就了其在当前的经济危机中的表现相对良好的根基，作为制造业领域世界各国争相模仿的对象，在西方国家经济陷入了迷局的情况下，德国"工业4.0"战略的提出就是其以进一步升级制造业，满足个性化、多元化的需求为目标的新的产业发展战略。从长远来看这也是德国实现城市产业结构再次升级、培育经济增长新业态和新模式的重要战略。

（3）城市产业结构转型的生态低碳化趋势。随着全球环境资源问题的凸显，城市产业结构转型的生态化、低碳化又成了21世纪世界城市产业结构转型的主要目标。英国2007年率先在一些城市的郊区打造生态城镇，同时进一步优化国内的能源产业结构，天然气、石油、风能、核能、太阳能被越来越多的使用，大量的低碳产业、可再生资源的利用、绿色经济产业逐渐在英国的各个城市建立了起来。当前，新能源产业和环保产业同样也在德国兴起。德国在燃料电池、电网技术、能源供应、新能源利用等方面也在不断地取得突破。而汉堡为了建成国际环保城市，在常规发展招商引资的基础上引进了国际风能开发商，大量发展风能产业，使得汉堡已经成为国家风能的研发中心和国际风能研究中心。在全球经济生态低碳化的浪潮下，美国的"硅谷"又开始了新的能源技术的前瞻性开发利用，也将有可能使得美国的一些城市再次站在产业创新的平台上。

通过分析可以发现，发达国家城市在城镇化中期阶段之后通过对传统产业实现技术的更新升级和对落后产能的淘汰，同时利用新的科技革命的机会在更新和升级城市产业的过程中，不断创造新的高附加值、低能耗、竞争力强的产业，从而保持了产业的继替和产业结构的高级化和合理化，实现了经济效率提升、社会秩序稳定和生态环境的改善。

二、服务业成为城市主导产业

社会学家丹尼斯·贝尔（Dennis Bell）认为，服务业的发展有三个阶段，即

---

[1] 郑春荣，望路：《德国制造业转型升级的经验与启示》，《学术前沿》2015年第6期。

个人服务和商业服务、金融服务、休闲服务和公共服务，分别对应着前工业社会、工业社会和后工业社会，因此一般将第三产业服务业的分类划分为以服务生产和服务生活为主要内容的门类。在进入城镇化中后期阶段之后，发达国家城市的服务业经历了一个生产性服务业不断扩大升级、生活性服务业不断产生壮大，进而实现整个城市产业结构从"二三一"到"三二一"转变的过程。

（一）传统生产性服务业的壮大

发达国家城镇化中后期的城市产业结构升级中，原有的已经生成的生产性服务业也在壮大，并且通过不断升级始终发挥城市主导产业的作用。

（1）原有服务业的成长。到达城镇化中期阶段，主要工业国家的主要城市内部基本上已经建立起来了一定的服务业体系，并且这个服务业体系还在不断地成长。比如，从1880年到第一次世界大战期间，英国的城镇化与城市经济增长就不仅仅受到区域产业趋势形式的影响，同时还受商业服务业与服务业导向的服务业扩张的影响。这个时期，英国新的城市就业机会的创造，尤其是食品加工业、零售业、建筑业和交通运输业的岗位创造都已经远远地超过了传统的制造业，这在一些大的工业城市最为明显。随着产业结构的不断升级，这些传统的服务业也在不断地成长（见表3.1）。[1] 数据显示的是英国主要城市制造业就业人口与生产性服务业就业人口的比率。通过比较发现，制造业与服务业就业人口的比例在不断下降，这意味着服务业就业人口在90年的时间里逐渐赶超制造业的过程，也意味着英国主要城市的传统服务业不断发展的过程。

通过美国匹兹堡、芝加哥、底特律三个城市都市区服务业人口的增加数量也可以看出，城镇化中期阶段过后的1960年，这三个城市里的服务业就业人口分别占总人口数的48.5%，56.8%和46.7%[2]，几乎已经占据了各自城市就业人口的一半。而往后，随着制造业就业人口的下降，美国城市服务业就业人口持续走高。

---

[1] Martin Daunton：The Cambridge Urban History of History：1840~1940（Cambridge：Cambridge University Press，2008），p.562.

[2] 袁建峰：《美国老工业城市匹兹堡产业转型分析及规划思考》，《国际城市规划》2015年第6期。

表3.1　1861~1951年英国主要城市制造业与服务业就业人口比率　（单位:%）

城市	男性 1861年	男性 1911年	男性 1951年	女性 1861年	女性 1911年	女性 1951年
桑菲尔德	4.2	2.1	2.2	0.8	0.7	1.4
南安普顿	3.7	1.8	1.4	2.1	1.7	1.5
伯明翰	3.4	1.8	2.5	1.3	1.5	1.7
德比	2.5	1.3	2.3	2.0	1.1	1.1
曼彻斯特	2.0	0.9	0.9	1.9	1.2	1.2
格拉斯哥	2.0	1.1	1.1	2.2	0.8	0.8
布里斯托尔	1.5	0.8	0.8	0.7	0.8	0.7
牛津	1.0	0.4	1.3	0.4	0.3	0.4
爱丁堡	1.0	0.6	0.7	0.5	0.3	0.5
利物浦	0.8	0.5	0.6	0.6	0.6	0.9
考文垂	4.8	3.0	4.7	3.4	1.2	1.9

资料来源：Martin Daunton：The Cambridge Urban History of History：1840~1940（Cambridge：Cambridge University Press，2008），p.668

从1954年到1962年，法国第二部门的就业人口增加了16%，第三部门的就业人口增加了20%。在许多被公认为工业部门发达的法国城市里，第三部门的就业人口的增长率往往不是等于就是超过第二部门（例如亚眠：16.7%和11.4%；阿腊斯：27%和10%；安纳西：47%和46%；图卢兹：27.4%和11.7%）。[1]韩国首尔城市产业结构升级的最主要特点就是生产性服务业的高速增长。从1981年到1994年之间，商业服务业的就业在首尔增长了334%。[2]东京在20世纪的60年代日本经济的高速增长时期，其第二、第三产业的比例就已经为36∶63，到了20世纪的70年代其第三产业在GDP中的比重已经达到了67.9%，服务业特别是生产性服务业成了推动其经济发展的主要力量。[3]

（2）生产性服务业的升级。城镇化中后期城市生产性服务业在不断壮大的

---

[1] ［法］菲利普·潘什梅尔：《法国》，叶闻法译，上海译文出版社，1964，第207页。
[2] 周振华：《城市转型与服务经济发展》，格致出版社，2009，第52页。
[3] 张毅：《全球产业结构调整与国际分工变化》，人民出版社，2012，第93页。

同时也在实现着服务质量的提升和服务能力的增强。比如，金融业始终是英国的传统生产性服务业，英国政府在1986年和20世纪90年代末分别实行了以金融自由化和混业监管体系为核心的金融"大爆炸"改革，这两次改革升级了金融业的能级。20世纪70年代以来，汉堡通过举办航运业的博览会、提供柔性的航运服务、培养相关航运服务人才等方式，实现了航运服务业从码头服务、仓储服务等下游产业到航运融资、海事保险、航运专业结构等上游产业的全面延伸，保持了汉堡的航运服务业在全球市场上的竞争力。20世纪90年代之后，为了刺激衰退时期经济的增长，东京作为世界金融中心之一在金融和通信服务等生产性服务业方面开始了改革，进而促进了租赁、金融、广告、信息服务等各种行业的发展，这样生产性服务业和其他服务业逐渐成了东京城市经济的主力军。1978~2001年东京生产性服务业的活动单位数在不断增加，从4.1万个单位和118.1万人增加到了7.5万个单位和204.5万人，尤其是1981~1991年，在全产业单位减少1.3万个情况下，服务业反而增加了1.8万个。[1]

传统的生产性服务业是一个不断发展升级的服务业门类，通过它的不断发展壮大，城市的产业结构转型有了一个衔接的机制，从而吸纳了传统产业转型中流失的大部分人口，开辟了新的就业空间，优化了城市产业结构。

（二）生活服务类产业的崛起

从服务业内部结构来看，新兴的服务业即生活性服务业的不断产生是第三产业内部结构升级的重要表现。作为知识经济时代的产物，20世纪80年代之后在发达国家城市中不断兴起的生活类服务业成了发达国家城市，尤其是一些工业城市转型的亮点。

（1）文化创意类产业大发展。20世纪六七十年代工业危机之后，英国伦敦、曼彻斯特、谢菲尔德、伯明翰，德国的莱比锡、鲁尔区，法国的巴黎等一些城市，都将文化创意产业的发展与城市更新相结合，实现了城市产业从危机到复兴的转变。创意产业发展是英国城市产业的最大特色。20世纪90年代英国曼彻斯特城开始了"创意产业之都"的建设，将创意变为城市的主导产业。格拉斯哥通过现代建筑业设计成为了英国著名的科学中心和会议中心。1997~2007年，

---

[1] 左学金：《世界城市空间转型与产业转型比较研究》，社会科学文献出版社，2011，第253~254页。

英国创意产业年均增长5%，其中软件与计算机服务、电子游戏和电子出版业增长最快达到了9%。目前创意产业已经成为英国仅次于金融业的第二大产业，是英国就业人口最多的产业（见表3.2）。❶

表3.2　1998年英国主要创意产业的营业收入和就业人数

创意产业门类	收入（百万英镑）	就业人数（人）
广告	大于4000	96000
出版	16300	大于125000
广播电视	6400	63500
软件	7500	272000
音乐	3600	160000
艺术品和古董交易	2200	39700
建筑	1500	30000

资料来源：李明超：《创意城市与英国创意产业的兴起》，《公共管理学报》2008年第4期。

同样注重创意产业的还有德国城市。埃森作为世界上曾经最辉煌的矿业关税同盟区，20世纪60年代之后通过对原有工矿区建筑物的保留和再利用，让工矿区成了城市中最活跃的文化创意产业中心，进而建立起来了以文化创意、旅游、艺术产业为主导的第三产业体系。杜塞尔多夫市利用原有的基础设施和古建筑，把衰落中的老港区改造成"媒体港"吸引传媒及相关行业、小型创意企业、文化机构等"无烟产业"入驻。德国鲁尔区的城市基本上根据自身特色建立了以文化艺术、创意、创新为主导的产业体系。据统计，2003年，鲁尔区每13家企业中就有一家从事文化产业。❷德国莱比锡文化创意产业就业比例的变迁也反映了其创意产业不断发展的过程（见表3.3）。

---

❶ 邢台市政府信息公开平台：《看英国如何推进工业转型升级》，2013年6月18日。
❷ ［德］拉尔夫·艾伯特，弗里德里希·纳德，克劳兹·R.昆斯曼：《鲁尔区的文化与创意产业》，刘佳燕译，《国际城市规划》2007年第3期。

表3.3　1999~2005年莱比锡创意产业人口就业比例变化

产业领域	就业人口（人） 1999年	就业人口（人） 2005年	变化率（%）
时尚设计	540	190	-64.81
电影、摄影和录像	2255	4439	96.85
音乐和可视艺术	1810	1940	7.18
出版业	1649	1636	-0.79
计算机游戏、软件	825	1657	100.85
艺术品交易	5316	5122	-3.65
建筑	6025	3575	-40.66
广告业	793	1269	60.03
音响和电视	2465	2883	16.96
总计	21678	22711	4.77

资料来源：Jean Claude, Garcia Zamor: Strategies for Urban Development in Leipzig, Germany (Berlin: Springer, 2014), P.128.

文化创意类产业的发展意味着发达国家利用人才和技术优势找到了城市产业结构升级的新路径。通过文化创意类产业的发展，发达国家城市的产业结构进一步优化，并提升了城市整体生产效率。

（2）社会服务类产业突起。除了文化创意类产业外，目前发达国家城市以教育、医疗服务业等为主的社会服务类产业成为经济增长的新兴战略点。当前美国的医疗、教育服务等后工业时代的社会服务业已经成了其服务业发展的重点领域。从匹兹堡和纽约的转型中都能看出，医疗和社会救助、专业科技与服务等已经成了主要的服务业增长门类。同样，韩国首尔的服务业内部结构也在发生变化，社会服务、教育服务、保健、社会福利业从业人员在增加，而批发、零售、保险等行业的就业人数在减少。

总之，通过对传统产业的技术改造和升级，不断培育新兴服务产业，发达国家城市的产业结构更趋多元化和合理化，城市产业也基本上实现了从"工业经济"到"服务经济"的转型。当然，城市产业发展是一个动态的过程，受技术发展周期等因素的影响，大部分已经进入城镇化成熟阶段国家的城市产业在服务类经济繁荣的基础上也还在呈现出不同的特征，所以城市产业结构的转型始终要与全球化、技术革命等新的供需关系变迁保持高度的关联性。

三、产业结构高端目标下的区域转移

在存在开放市场的条件下,发达国家的城市产业结构升级还突出表现为产业在不同地域之间的转移。在工业化福特主义强调专业分工的时期,城市区域、产业之间由于受到资源可获得性等因素的影响一般呈现出高度集中的特征。这种特征带来的是主导产业的兴衰往往能够决定一个行业或者一个城市的兴衰。而后工业化的后福特主义是全球经济重构背景下发达国家对第三次科技革命带来的产业组织形式的新的调适。后福特主义促使发达国家企业之间关系、发达国家与发展中国家、政府与市场之间关系、劳资关系发生明显的改变。发达国家城市产业开始了以跨国公司为载体或者以"工业分散"为目标的产业区域转移过程。目前来看,城市产业的区域转移有三个层次:跨国转移、国内不同区域内产业转移、产业集群的形成。

(一)全球化背景下的城市产业跨国转移

亚当·斯密(Adam Smith)在《国富论》中提出了绝对成本说,即如果按照绝对成本高低进行国际分工,生产要素必然从低效率产业流入高效率的产业,从而实现资源的全球化配置。而大卫·李嘉图(David Ricardo)和戈特哈德·贝蒂·俄林(Bertil Gotthard Ohlin)的比较成本说,则认为国际分工意味着各国在抓住自身比较优势的基础上,通过自由贸易重新分配各国生产要素,以实现国际商品价格的均等化。[1] 正是在比较学说和技术革命带来的生产方式分散化的影响下,发达国家的城市产业开始了在世界范围内转移的过程。

世界制造业产业链的转移至今已经经历了四个转移阶段(见表3.4)。目前来看,通过对产业链条上低附加值的加工环节产业的转移,发达国家的城市产业基本上实现了自身制造业的技术升级和对产业链高端技术的有效保留。一般而言,产业转移始终遵循着一定的技术梯度性,发达国家之间转移的多是技术性和服务性产业。而发达国家往发展中国家转移的还是一些资本和劳动密集型产业。

---

[1] 郭丕斌:《新型城市化与工业化道路——生态城市建设与产业转型》,经济管理出版社,2006,第24页。

这样的产业转移带来的结果也是显而易见,作为发达国家的城市产业,在这样的梯度转移基础上实现了自身从"制造经济"到"总部经济"的转型,与此同时也转嫁了城市的产业和生态危机。

表3.4 四次国际产业转移概况

时间	转移路径	转移产业类型
20世纪50~60年代初	美国→日本	劳动密集型产业
20世纪60~70年代初	美国→日本	资本密集型
	美国、日本→亚洲四小龙	劳动密集型产业
20世纪70~80年代初	美国→日本	技术密集型产业
	美国、日本→亚洲四小龙	资本密集型产业
	美国、日本、亚洲四小龙→东盟国家	劳动密集型产业
20世纪80年代中后期至今	美国⟷日本	技术密集型产业
	美国、日本→亚洲四小龙	资本和技术密集型产业
	美国、日本、亚洲四小龙→东盟国家、中国	劳动密集型产业、部分资本和技术密集型产业

资料来源:张毅:《全球产业结构调整与国际分工变化》,人民出版社,2012,第194页。

(二)城市产业区域间转移

工业化促进城镇化的进程中,城市群成了发达国家城市发展的主要空间形态。城市群内城市的协调发展要求不同等级城市之间产业的有效分工合作,这促进了城市群视野下的产业区域转移过程。发达国家通过城市产业区域转移以实现城市之间产业平衡布局的有法国的"工业分散"和"领土整治"政策、日本的"国土综合开发计划"和韩国的"国土开发计划"等。比如,为了缓解大量的人口集中到首尔、釜山的现象,从1982年到1991年的韩国"第二次国土开发计划"推行了分散首尔地区产业的政策。通过广域开发的模式,在韩国全境的多个城市内建立起来了"增长点"城市,例如原州、清州、江陵、全州、晋州、济州等11个城市。通过在这些城市内部布局大量的劳动密集型产业和中小型工业基地,一方面转移了首尔的传统产业,另一方面缓解了人口往首尔集中的趋势。

紧接着通过"第三次国土开发计划",釜山、大邱、光州、大田等地方的城市产业又发展了起来,这进一步促进了产业在全国不同城市之间的合理分配。❶ 日本政府主导的"国土开发计划"到了城镇化中后期开始更加强调综合发展,1987年的"第四次国土综合开发计划"开始强调城市群内产业空间的多极分散化布局。

实际上,通过城市产业的区域转移,发达国家城市产业的空间布局更加的合理。首先,城市群内产业发展出现了逆序圈层化:中心是服务业,第二层次是工业,外层主要是第一产业;其次,是城市群体系内不同类型等级的城市在产业分配中各自承担着不同的角色,从而使得整个城市群乃至国家的产业实现了均衡化布局。

(三) 城市产业集群的形成

产业集群在某个城市的某个区域内集中也是城市产业结构调整的主要表现和结果。产业链的延伸带来的产业集群,通过对新兴产业发展的过程观察可以发现,产业链条的逐渐延伸使得发达国家城市产业的转型越来越多地呈现出了产业集群的特征。

比如德国汉堡打造了由新闻通讯社、出版社、广告公司、电视公司等组成的媒体产业链条,从而构建了新闻媒介产业集群。这个集群内集聚了一万多家的媒体企业,形成了媒体产业的规模效应。巴黎的拉德芳斯通过发展集聚了1600多家企业,包括法国最大的20个财团和20%的世界500强企业;马尔纳－拉瓦莱地区则是研发服务和商业服务企业的集聚区,同时也是城市休闲产业的集聚区。伦敦的金融街地区也形成了全球金融产业的集群。这种产业集群能够最大限度地发挥集聚效应带来的规模化效益,从而产生了分工上的竞争力。可以说,产业集群作为城市产业结构升级的结果,其对于城市功能的整体提升,以及发挥城市在全国乃至全世界中的比较优势具有非常重要的意义。

城市产业结构转型可以看作是城市产业不断增加、城市产业技术不断升级的过程。从发达国家的历史经验来看,每一次科技革命带来的产业长周期会推动着发达国家的城市产业往更高层次上提升,只是因为每个国家具体的国情不同而呈现出不同的转型特征。总的来看,城市产业结构的转型是一个连续的过程。随着

---

❶ 李东华:《韩国的产业集聚与城市化进程》,《当代韩国》2003年春夏合刊。

全球化的逐渐推进，只要是有不断的技术创新，发达国家，也包括发展中国家的城市产业结构转型还会呈现出更多的新特点和新趋势。

第三节　创新驱动下的城市产业结构升级

作为城市转型的根本动力，实现产业结构有效升级是推进城镇化和解决城市发展中遇到的经济社会问题的主要途径，是城市保持繁荣，减缓衰退的基础条件。发达城镇化中后期城市产业结构的不断升级是破解其城市发展问题的关键路径。在这个路径中，技术的创新带来了产业的有机更新；制度的创新保证了城市产业的顺利转型；多元化产业区域转移路径创新拓展了其转型的广度和深度。

一、技术创新是城市产业结构升级的根本

新技术的产生能够带来新的产业生命周期，进而使得城市生命周期也进入一个新的阶段。所以从根本上来看，城市产业结构的升级是技术创新的结果。综观发达国家城镇化中后期城市产业结构转型的道路也可以发现，技术创新对产业结构变迁的影响是最根本、最有效的。

（一）科技革命是城市产业结构升级的最佳机遇

综合考虑几个发达国家的城市产业结构转型之路就会发现，每一次科技革命都是城市产业结构实现对旧有产业的技术升级和新的技术带动新产业产生的重大机遇。而且随着每一次科技革命催生的技术能级的不同，越往后的科技革命对于城市产业技术升级的影响越大。举例来看，第三次科技革命对所有发达国家城镇化中后期的城市产业结构升级的影响都是决定性的，以计算机为代表的高新技术产业几乎为所有正处于工业、制造业危机的发达国家城市带来了新鲜血液。作为老牌的工业国家，英国在20世纪之后就出现了被不同国家赶超的局面，及至20世纪的中叶其衰退的局面也没有停止，直到第三次科技革命才真正带来了其传统产业更新升级的机遇。而日本、韩国等国家的发展则是直接得益于第三次科技革命带来的新技术，从而促使它们建立起了多元化、多层次的产业结构体系。所以说，技术革命对于任何一个国家的城市发展来说都是一个转型的机遇。

根据康德拉季耶夫长波理论的启示，经历了一段时期的产业衰退之后，世界经济就会因为新技术的出现而再次走入繁荣的一个周期。而从世界技术发展的现状来看，虽然全球经济普遍增速放缓，但是一般来看，大的危机酝酿着大的机遇。日前以推动第四次科技革命发生的国际科技大会在不断召开，在互联网、新能源等领域内的技术革新使得人们开始相信第四次科技革命已经呼之欲出，这对于正处在转型时期的中国来说是一个巨大的机遇，对于当前正处于城镇化中期阶段的中国城市来说更是一个机遇。

（二）技术创新是产业结构升级的必由之路

技术创新的重要性对任何一个国家都毋庸多言。如果比较发达国家城镇化中后期城市产业结构升级的道路可以发现，技术创新是城市产业发展的最基本要件，是驱动城市繁荣的关键动力，也是城市摆脱衰退周期率的最有效手段。

新的技术知识的外溢效应，在推动产生新的产业的同时，也在加速传统产业的更新。首先，处于城镇化中期的发达国家的城市产业有相当大一部分是资本密集型的产业。按照工业化和城镇化的发展方向，这些产业本身并不是城镇化成熟阶段的主导产业，应该被改造，但是这些产业本身牵连着与国民经济发展相关的就业等问题。而从发达国家改造传统产业的路径上来看，通过以新的技术逐渐替代旧有技术，实现产业的整体改造，以新的技术生发新的产业吸引人口的有效就业，同时利用新技术作为培养生产性服务业的主要手段，在实现了传统产业结构优化的同时，延伸了产业链，也避免了由于盲目淘汰落后产能带来的一系列社会问题。其次，技术创新带来战略新兴产业。创新是进步的灵魂，是国家兴旺发达的不竭动力。这句话同样适用于发达国家城镇化中后期城市产业结构转型的过程。第三次科技革命以新兴电子计算机、航空航天技术为代表的高新技术催生了美国西海岸高新技术产业、德国的制造业、日本和韩国的电子科技产业，使得这些国家或者地区的城市产业结构从资本密集型为主直接过渡到了高附加值的技术密集型产业。而且，正是在不断的技术创新的推动下，新兴知识、技术密集型制造业开始催生出日益强大的生产性服务业，并且在此基础上触发了城市的产业结构进一步往生活性服务业转变的过程，最终实现了城市产业结构的优化。

世界上绝大部分的创新产生于城市之中，人们在城市之间的交流能够产生新的想法，并且城市能够为创新提供实验和检验的场所。但是对于一个城市而言，技术的创新固然重要，更重要的还是要注重科学技术到科研成果的转化。一个只有创新能力却没有创新转化能力的城市也很难保持长久的繁荣,所以对于一个城市来说,不仅仅要有创新的精神,同时要具有使得科研成果能够在当地转化的能力。❶

二、制度创新支撑城市产业结构转型升级

制度是经济增长和发展的关键要素,制度通过激励、约束、产权界定和降低交易费用,影响投资、创新和效率来影响经济增长。在现代制度经济学的视角中,与城市产业结构转型相关的制度安排不仅仅反映在一个国家的城市发展政策上,而且还会通过产业结构的转换制度安排和经济要素流动的制度安排促进或者延缓城镇化进程。如果没有必要的制度安排和变迁,即使出现了产业结构的升级和经济要素的流动,也可能会导致"无城市化的工业化""非城市化的非农化"。

(一)城市产业结构转型中的政府职能转型

转型本身需要一个开明的、有胆识的和有创新精神的公共部门,并且愿意支付一定数量的公共资金。实际上,营商环境好的政府往往能够创造更好的城市经济。发达国家尽管都是注重市场机制的国家,但也并不意味着城市政府在城市产业结构转型中地位的不重要。相反,政府在城市产业结构调整中,不仅营造了产业结构更加合理、高级的宏观和微观经济环境,更通过具体的政策,引导产业结构实现更加的优化。严格来说,政府的总体规划是城市产业结构转型的发起者,有了政府的科学规划,城市产业结构转型才能不走或者少走弯路错路。

(1)城市政府是城市产业结构转型的引领者。政府要做城市产业结构转型的引导者,也应该是城市产业结构转型整体目标的制定者。例如德国汉堡的城市产业结构转型就得益于政府最初就设立了城市转型发展的愿景性目标。这个目标体系不仅关注城市的经济转型,同时关注汉堡的空间布局、城市对外关系的确立、都市改造和城市的可持续发展。通过这个目标体系,汉堡从更长远的角度开始关注未来的发展潜力。❷ 而作为政府主导型城镇化的典型国家,日本的政府在

---

❶ 倪鹏飞,彼得·卡尔·克拉索:《全球城市竞争力报告(2011~2012)》,社会科学文献出版社,2012,第168页。
❷ 左学金:《世界城市空间转型与产业转型比较研究》,社会科学文献出版社,2011,第152页。

推动城市发展中的作用更加明显。从20世纪60年代开始每十年左右修订的三大都市圈发展规划，至今已经修订了5次。规划从土地利用、产业结构调整、城市再开发、人口劳动力协调发展等方面做出了详细的规定，同时制定了一系列的配套政策。

（2）政府是产业结构转型平台的搭建者。当政府建立公平环境时候，往往一个国家或地区的经济会更上一层楼。在产业结构转型的过程中，政府需要成为一个协调者的角色，集中于对功能的协调来制定目标而避免目标的冲突。比如对于人口的就业安置等等都需要政府政策进行引导。政府需要建立不同的培训中心，提供服务来解决转型的阵痛，同时政府应该营造良好的服务环境和政策、基础设施环境，让城市的转型能够更加顺利地开展下去。比如撒切尔政府的自由化政策从某种意义上来说就是英国城市产业结构转型的契机。而为了支持创意产业的发展，伦敦发展局每年投入3亿多英镑支持创意企业的成长和创意团体的发展。❶

从生产力和生产关系的互动关系来看，城市产业结构转型的过程实际上往往也伴随着政府职能转变的过程，这也恰恰印证了城市的转型本身就是一个制度变迁过程的论断。当政府发挥积极、主动的扶持作用时，工业化和城市生产力就会进步得更快。因此，在促进城市产业结构升级时，政府要更多地适应新的经济社会发展变迁的现实条件来调整自己的角色定位并发挥好自身的功能。

（二）完善与城市产业结构转型相关的具体政策

城市保持繁荣需要必要的软件支撑，比如人力资本、金融物质基础等，因此城市的发展是包含有金融、税收、人才、环境等公共政策的软环境支持的过程。而城市产业结构的转型与这些政策的配套转型息息相关。发达国家城市产业结构转型升级的过程中，具体制度的转型起到了很大的促进作用。

（1）财税政策提供了城市产业结构转型的物质基础。投资和物质资本的积累是经济增长的驱动力，财政金融的发展是促进经济增长的关键因素。财政税收政策的导向作用对城市产业结构转型起到了重要的支持作用。从发达国家城市产业结构转型的路径来看，税收政策的优惠同样也是产业转型的要件，对于房产税、企业所得税、商业房租税进行减免，可以在促进产业结构升级的基础上，带

---

❶ 李明超：《创意城市与英国创意产业的兴起》，《公共管理学报》2008年第4期。

动新兴产业的不断产生。比如韩国在引导城市产业往地方城市分散的过程中，对于那些迁出首尔地区的产业进行一定的税收优惠。而从财政机制上来看，财政的直接支持是保障新兴产业兴起的必要条件。比如，为了鼓励更多的新兴产业项目落地，法国政府在土地的出让、贷款贴息等方面也提出了一系列的优惠政策，每年安排给对企业补贴的土地整治资金就达到了4000万欧元。[1] 德国的联邦政府通过中小企业的核心创新计划，为中小企业的创新提供直接的资金支持和研发补助。在日本20世纪60年代的高速增长期，日本开发银行对促进生产集中、企业合并和建立批量体制的企业给予重点的贷款支持。例如1963年至1967年执行的"体制金融"对改善产业结构、处理衰退产业过剩设备的计划提供长期低息贷款。[2]

（2）教育人才制度创新是产业结构优化的力量源泉。现代经济学理论认为，劳动力是经济增长的最基本因素之一，人力资本对城市经济增长和繁荣的作用越来越重要。因为创新是一个系统的过程，与产业结构升级有关的创新本身是一个包含有理论创新、技术创新、制度创新的过程，而这些过程与教育体制创新带来的人才有效供给，进而促进产业技术升级具有密不可分的关系。纵观发达国家那些成功实现产业结构转型的城市，大学和城市、人才和技术的结合都是其转型的动力来源。几乎每一个成功实现产业结构转型的城市都有一所或者几所大学在支撑着它们。所有的大学和研究院都有可能把新的创意和观点转化成为现实的生产力。当然，人才的培养关键还是看教育，提高全民的教育水平，不仅能够保证产业发展所需人才的不断供给，同时也能够刺激新型服务业发展中消费需求的有效生成。比如德国十分重视其基础教育，从某种角度上来看基础教育是保证德国制造业不断维持创新优势，激发第三产业不断发展的重要支撑要件。"双元制"的教育是其始终能够以科技创新维持经济平稳发展的基础。此外，对于国外人才的有效引进也是国外城市产业结构转型的经验。美国的移民法吸引的国外高科技人才为其西部地区高科技产业的发展做出了非常大的贡献。从整体上来看，人口和人力资本的状况是城市繁荣的驱动力和重要表现。一个城市是否具有能够引进先进人才的体制机制能力，能够从根本上决定一个城市是否能够站在转型的前沿阵

---

[1] 牛瑾：《英法德资源型城市产业转型之路》，《中国中小企业》2012第1期。
[2] 李拥军，高学东：《对日本战后四十年钢铁产业政策的分析》，《中国钢铁业》2008年第10期。

地上。而能否真正地引导一个城市将人才和教育的成果迅速地转化为生产力，则更能决定一个城市未来发展的方向。

（三）城市产业结构转型中的多元化参与机制

发达国家经过长时间的制度转型，基本已经建立起来了多元主体共同参与城市治理的体制机制。其中，政府、企业和其他社会力量在推动经济社会发展的过程中已经形成了较好的互补机制，尤其是到了城镇化发展的中后期阶段，这种协调互补的机制也反映到了其城市产业结构转型的过程中。例如，美国匹兹堡的产业转型中，城市政府只是将工作的重点集中于共同利益，而将一些困难的工作交给独立的、非政府的市民组织解决。合作关系是主流政策的补充，它能够创造新的就业，提供培训、社会服务和设施，扶持地方企业以及支持地方社区与遭受排斥的社会群体。[1] 此外，产业转型中多元主体的参与也是资金多元化筹集渠道建立的过程，是在国家财力支持的基础上建立多元化、多层次资金筹措机制，解决产业结构升级中物质资本积累问题的重要途径。可以想见，有多元主体共同参与的产业转型路径，有一个更加多元化的支撑机制，包括发展技术、资金、人才等生产要素的有效供给和补充；另外则是有一个很好的兜底机制，使得转型可能带来的社会问题能够有更宽广的渠道加以解决。

三、城市产业结构升级需要坚持路径创新

城市产业结构转型是一个系统的过程，需要更多地考虑与产业结构转型相关的民生问题、基础设施配套、空间集聚、生态和文化问题。在发达国家城市产业结构转型中，坚持继承、综合、开放的转型道路也是其成功的经验。

（一）建立有效的城市产业升级接替机制

同样根据康德拉季耶夫的长波经济理论，城市的产业追随经济社会的发展必然也会出现繁荣和衰退的可能，而衰退产业带来的失业人口如果不能被新的产业所接纳或者没有有效的社会保障机制兜底，可能会带来城市社会问题。此外，根据罗斯托的主导产业部门理论也可以看出，经济起飞中的城市产业结构的升级除了要进行必要的经济制度的变革之外，还需要必要的资本积累和建立起能够带动

---

[1] 朱华晟：《匹兹堡地区的产业重构》，《城市问题》2011年第5期。

经济增长的部门。这些都能论证：城镇化中后期的城市产业结构升级，必须要建立一个有效的城市产业继替机制。

从具体的路径来看，城市产业结构的优化升级虽然是工业化和城镇化持续推进的必然要求，但是产业结构转型并不是对原有城市产业简单的"去工业化"，而是应该在特定的产业发展基础之上渐进的转型过程。对于传统产业的发展要做到：对于高能耗、无前景、落后的产业下定决心进行淘汰；对于那些依然有一定的市场竞争力、有比较优势和市场潜力的产业进行保留和改造，提高其附加值；然后再通过对新兴产业的不断培育，以新的产业作为引擎，以改造后的传统产业作为支撑，构建出新型的多元化产业体系。在这一点上，德国多特蒙德的转型最有说服力。基于传统的采煤、钢铁和运输业的产业基础，多特蒙德将原采煤产业逐步转化为以高科技为支撑的新兴能源产业，把原来的钢铁产业逐步发展成了基础材料科学，原来的运输业过渡到了现代化的物流业。[1] 实际上，德国城市产业结构转型有一个更加明显的特点就是其第二产业和第三产业服务的"捆绑"升级，通过"捆绑"建立的产业转型衔接机制较好地避免了转型带来的社会问题。

产业承继机制要达到的效果是使得基于原有产业兴起的城市要素，包括产业本身、行业、社会组织与原有的空间能够在城市原有事物的基础上实现新生，同时进一步扬弃原有的缺点。[2] 通过城市产业的继替，原有产业的就业人口能够在新的产业形成过程中有效得到安置吸纳，避免城市产业结构转型带来的结构性失业问题。另外一个好处就是能够在原有的产业基础上开拓产业升级的路径，避免产业升级过快带来的产业"空心化"危机。

（二）产业结构转型要保持产业类型和组织方式的多元化

城市产业结构转型的多元化包含有两个层次：一个是要保持城市产业类型的多元化；另一个则是保持城市企业类型的多元化。

（1）以产业类型多元化规避转型风险。根据当前发达国家城市产业结构转型的经验来看，一个具有更加综合的产业体系的城市其综合竞争能力和转型的潜力越大。因为单一产业结构的城市转型本身面临的阵痛会很大，而保持产业类型

---

[1] 王晶，王兰，保罗·布兰克-巴茨：《鲁尔区的城市转型：多特蒙德和埃森的经验》，《国际城市规划》2013年第6期。
[2] 左学金：《世界城市空间转型与产业转型比较研究》，社会科学文献出版社，2011，第43页。

的多元化则可能是规避单一产业衰退带来的风险的必要措施。美国的底特律就是因为过于依赖单一的汽车产业才酿成了破产的悲剧，而拉丁美洲地区则是因为始终没有找到能够接替"进口替代战略"的产业而走入了"中等收入陷阱"。实际上，从发达国家成功的经验来看，拓宽产业领域，一方面利用新的技术来改造传统产业，延长产业链，提升产品附加值；另一方面，通过发展新兴的高科技产业，发展与新型经济相适应的生产性服务业和社会服务业，进而使得产业结构能够往更加多样化的角度发展，才能实现城市的可持续发展。

（2）多元化的产业组织形式增强产业结构转型的覆盖面。企业类型的多样化能够增强技术创新的能力和转化力，同时能够形成更好的多元化产业体系。德国城市产业结构转型中，正是利用大量的中小型企业吸纳传统产业结构调整带来的失业人员，并且通过中小企业建立的企业技术创新的中心，培育新的创新型企业，实现了产业结构升级的"小马拉大车"。同样实现中小企业不断发展的还有东京，中小企业的存在反映了在超高商务成本的环境下日本企业存活的特殊形式，同时也反映了东京制造业产业内部分工的专业化。所以保证大量中小企业的存在，对于促进城市产业的创新和人口的吸纳具有不可替代的作用。从某种意义上说，产业组织的规模一边趋向于技术的集中，一边趋向于企业类型的多元化是城市产业结构转型的表现形式。

（三）构建开放化的城市产业结构转型格局

城市作为一个动态的开放系统，要通过一个良好的信息、技术、资源的交换机制才能获得持续发展的条件。从自身优势的开发到相关环境的创造，再到对外部市场的利用都是保证城市产业结构升级的重要因素。

（1）利用自身优势，结合外部市场，实现城市产业结构的升级。首先，在城市产业结构转型的过程中要根据自身城市产业的比较优势而进行合理的定位，选择最具有竞争力的产业。比如英国的曼彻斯特、格拉斯哥，美国纽约的产业转型都对其原工业时期交通枢纽的地位依赖性较强。实际上，任何城市的产业结构转型都必须立足自身的综合比较优势，才能形成适合自身城市发展的主导产业和发展方向，进而形成具有自身特色的产业支撑体系。其次，城市产业结构的转型也要立足于世界经济格局和分工体系。综观发达国家城市产业结构转型的经验可以看出，大部分的城市产业结构转型与世界范围内的产业革命有密切的联系。在当前世界经济全球化的背景下，产业结构的升级在遵循既有规律的基础上，更多的可能实现跳跃式的发展。因此要重视世界技术革命的新取向,重视全球化市场结构的变迁。再次,到了城镇化发展的中后期,产业区域转移作为城市产业结构升级的一个重要方面,本身就是一个技术、资本、产品输出的过程,而在这其中掌握有效的技术,成立具有国际影响力的跨国公司,实现产业价值链在全球范围内的配置是发达国家城市,尤其是一些全球性城市比如纽约、汉堡、伦敦、东京等转型的重要途径。

(2) 产业结构转型与其他要素转型配套。城市的繁荣与它的区位、空间规划、生态人文环境等有密切的联系。首先,产业结构转型离不开配套的基础设施。基础设施是实现经济主体联系和交易的物质载体,基础设施的质量能够决定新的产业发展的人才、资源的集聚能力。通过高质量的城市规划设计打造出具有特色的城市物质空间环境,提供创意阶层需要的公共服务设施等都是城市产业结构转型的必要条件。比如纽约高线公园的设计,为周边正在发展的创意产业提供了具有吸引力的空间。❶ 21 世纪初期,500 万的鲁尔区居民至少拥有 5 家歌剧院、5 家芭蕾舞团、6 个交响乐团和音乐厅和 200 家博物馆,很明显这些设施对于推动鲁尔区的转型发挥了重大作用。❷ 此外,作为资源沟通桥梁的交通设施的建设也是城市产业转型中必须重视的硬件环境。日本的城市发展规划始终遵循着"交通先行"的原则,并建立起来了全国范围内的网格化交通运输体系,促进了城市各区域、周边城市之间人口流动和区域间产业布局的调整。其次,城市产业结构转型要与城市的空间规划配套。集聚是城市经济发展的最基本特征,经济活动在城市空间区域内的有效集聚能够降低交易和创新的成本,从而刺激经济的增长。但是城市空间规划不是说要素集聚的越多越好,而是要形成与产业规模相适应的空间规划布局,形成产业和城市空间利用相互促进的机制。再次,城市要创造有利的社会条件促进产业结构转型。社会环境对经济增长和繁荣的影响是间接且重要的,城市社会的稳定关乎城市是否能够吸引投资和人才的集中,进而带来创新动力。因此,是否具有良好的生活环境、是否拥有更加开放、和谐、有利的城市就业环境往往能够影响人才的选择意向。此外,文化作为一种非正式制度,能够通过个人行为来影响价值观和偏好,宽松、开放、自由的文化往往能够营造更好

---

❶ 王兰:《纽约城市转型发展与多元规划》,《国际城市规划》2013 年第 6 期。
❷ [德] 拉尔夫·艾伯特,弗里德里希·纳德,克劳兹·R. 昆斯曼:《鲁尔区的文化与创意产业》,刘佳燕译,《国际城市规划》2007 年第 3 期。

的创新氛围。因此，重视城市的人文建设也是城市发展的重要内容。最后，人类活动需要的自然环境，越是高端的人才和技术产业对于生态环境的要求越高，因此，一个城市的自然生态环境是否适合人们健康生活是影响城市人才吸引能力的关键。从发达国家城市产业结构转型的经验来看，加强生态建设，创造良好的生态发展环境是推动城市经济发展的要点之一。

总体来看，城镇化中后期城市产业结构转型是保持发达国家城市经济持续繁荣的基础性条件。通过新技术带来的产业结构升级机遇，发达国家城市的传统产业得到了有效的技术升级改造并诞生了大量技术、知识密集型产业，从而实现了制造业的转型升级。而新的技术也带来了服务业的不断成长壮大，促使发达国家的城市产业实现了从"工业经济"到"服务经济"的转型。同时，城镇化中后期发达国家城市产业结构升级的过程也与发达国家的制度创新和路径创新有着紧密的联系。通过相关软硬件的配套和对内外部需求市场的有效开拓，发达国家城市产业结构转型成了推动其城市系统整体转型的动力。

第四章　空间转型实现城市扩容与功能优化

工业革命带来大量的农村人口涌入城市，这种人口的流动不仅仅改变了社会历史的进程，同时也深刻地冲击着发达国家历史上原有的城市空间结构和面貌。产业经济的带动落实到城市空间上就是大量城市的空间和建筑形态不需要再有封建时代的繁文缛节，而是呈现出单一的向外扩张的形态。[1] 城市空间是城市各种活动的载体，工业企业大量进驻城市，企业和人口的递增，城市规模的迅速扩张引起城市布局变化。除了美国这种以不断开疆辟土的方式实现人口迁移的城镇化模式之外，欧亚大陆地区在农耕文明时代建立起来的城市街区、巷道、公共设施、居住格局已经难以满足新兴经济时代的要求。尤其是随着新的交通运输工具的使用，城市旧有的空间储备很快会耗尽，住房和公共设施对土地大量占用、城市街道显得过于狭窄、城市住房过于拥挤以及由此带来的城市问题成了城市治理的重要内容，重新对城市空间进行布局以适应时代需求成为必然之事。而随着工业化和城镇化的推进，城市主导产业类型的整体变迁反映在空间结构上也使得城市空间不仅实现的是扩容的过程，更需要通过空间的规划使其功能更加优化。

第一节　城市增长与城市空间转型

一、城市空间与城市空间结构

城市空间是各种自然和社会经济因素综合作用的结果，是一个跨地理学、城

---

[1] 张冠增：《西方城市建设史纲》，中国建筑工业出版社，2011，第183页。

市规划学、社会学、经济学等众多学科的研究领域。在理解城市空间转型之前,我们先对本章所描述的城市空间的含义和内容进行界定。

(一) 空间与城市空间

空间作为城市存在的最基本形式,根据不同的学科定义,其也有不同的定义。一般来看,空间的概念主要是从哲学、地理学、经济学和数学领域来阐述的。诺伯格·舒尔兹(Norberg Schultz)在总结了各个学科对于空间的描述之后界定的空间概念为:肉体行为的实用空间,即把人统一在自然"有机"的环境中;直接定位的直觉空间;环境方面为人形成稳定形象的存在空间,即把人类归属于整个社会文化;物理世界的认识空间;纯理论的抽象空间,即作为描述其他空间的工具。[1] 实际上,舒尔兹的概念一方面表达了空间概念的多样性,另一方面也反映了空间概念本身定义的不明确性。

人类的活动是在空间内进行,城市的一切活动都要有一个空间的载体。因此,空间定义的多元化意味着城市空间定义的复杂性和城市空间内容的多样性。"城市空间"一词最初是建筑学对城市设计使用的"建筑空间"外延出来的定义,经过认识的逐渐深化,城市空间的概念逐渐增加了地理学的空间要素与心理学中知觉等概念衍生出来的"场所"概念,这样城市空间的不同分析范式就出现了。在综合了建筑学、地理学、社会学、心理学等学科的内容之后,富利(Foley)认为,城市空间概念有三个结构层面、两种属性、"形式"和"过程"两个方面、具有时间特性。[2] 三个结构层面是城市包括三种因素,物质环境、功能活动和文化价值;两种属性是指空间属性和非空间属性;形式是指空间分布的模式与格局,过程是指空间的作用模式;时间特性即城市空间具有历史演化规律。韦伯(Webber)在富利的框架内认为,城市空间的形式主要是物质要素和活动要素的空间分布模式;过程是指要素之间的相互作用,表现为城市中的各种"流",如人流、信息流、交通流等。[3]

(二) 城市空间结构

城市作为人类聚居的主要形态之一,尽管其内部构成及其表现形态纷繁复

---

[1] 黄亚平:《城市空间理论与空间分析》,东南大学出版社,2002,第8页。
[2] 周春山:《城市空间结构与形态》,科学出版社,2007,第3页。
[3] 宣国富:《转型期中国大城市社会空间结构研究》,东南大学出版社,2010,第11页。

杂，但是其空间组织模式本质上是取决于其物质空间环境与在这个环境中人的社会、经济、文化活动的相互作用。如果把城市作为一定地域范围内集中的社会、经济、文化活动的有机统一体，那么城市空间实际上就是这些活动进行的载体，是城市地域范围内一切城市要素的分布及其相互作用，并随时间动态发展的系统或者集合。❶ 伯恩（Bourne）基于富利等人的研究分析框架，给出的城市空间结构定义是：它包括城市形态和城市相互作用。其中城市形态指的是城市各个要素（包括物质设施、社会群体、经济活动和公共机构）的空间分布模式。城市的相互作用是指城市要素之间的相互关系，它们将个体土地利用、群体活动的形式和行为，整合为一个个功能各异的实体，也称为子系统。城市形态和各个子系统相连接，整合成为一个城市系统。❷ 这个论述不仅指出了城市空间结构的构成要素和空间形态，也指出了城市各个要素之间的作用及其形成机制。实际上，结合"城市空间"和"城市空间结构"的定义可以发现，城市空间至少包含有城市地理空间和城市的社会空间两个重要结构。哈维（Harvey）在 Bourne 研究的基础上提出城市的研究不能仅仅局限于单一学科的视野，城市理论必须研究城市空间形态和作为内在机制的社会过程的相互关系。我国的城市地理学对城市空间的解读更多的是体现城市空间的物质属性，随着学者们对城市空间认识的逐渐深化，对城市空间结构的内容也逐渐深化。例如有的学者将城市空间结构分为城市物质空间、经济空间和社会空间等。

（三）城市物质空间结构

尽管对于城市空间结构的划分因为学科不同而内容不同，根据对城市空间的分析，城市空间至少包含物质和社会两个维度，在本研究中，我们对于城市物质空间和社会空间的两个维度都会涉及。但是本章中所指的城市空间结构是指城市的物质空间结构，是城市各个组成物质要素的平面和立体表现形式，是城市物质构成要素的空间组合格局，也是复杂的人类经济、社会活动和文化活动在历史发展中的物质形态，是人类各种活动和自然因素作用的综合反映，是城市功能组织方式在空间上的具体表征。❸

---

❶ 黄亚平：《城市空间理论与空间分析》，东南大学出版社，2002，第15页。
❷ 靳美娟，张志斌：《国内外城市空间结构研究综述》，《热带地理》2006年第2期。
❸ 宣国富：《转型期中国大城市社会空间结构研究》，东南大学出版社，2010，第11页。

城市物质空间的发展壮大具有生命体生长发育的特征，城市的空间规模的扩张和组织方式的调整是城市空间结构演化的两个主要方面。❶ 如果单纯地从城市的地理物质空间成长的内容来看，城市随着时代的演进会表现出一定的形态变迁，而形态变迁的过程本身又是城市物质空间结构内部要素组合的过程。所以如果把城市的物质空间呈现给我们的视觉特征分为整体和部分，整体是城市物质空间形态，部分组合则是以城市土地利用为依据，以功能不同的子系统的物质性内容为基础的城市内部地域空间结构。从城市物质空间转型的角度来看，城市空间形态的变迁与经济因素、地理因素等具有重要关系，而其中技术发展带来的影响是最根本的。城市内部地域结构的变化一方面表现为是经济社会因素对社会空间地域资源分配的反映；另一方面则是通过把城市"规则化"的城市规划来实现。

二、城市增长与城市空间转型规律

工业化与城镇化的互动给城市空间结构带来了工业经济时代所具有的特征，同时随着城市空间形态演变的是不同的发展环境下如何协调城市空间内部地域结构来优化城市整体功能的需求。

（一）经济发展与城市空间形态演进

在城市发展史中，社会经济尤其是产业结构和经济发展水平的高低对城市空间形态的变迁起着决定性的作用。目前，人类社会的经济结构经历了三次变化：从农业经济过渡到工业经济（资源经济）；从工业经济（资源经济）过渡到第三产业经济；第三产业经济发展进入到知识经济。而对应着三个阶段的变化，城市空间先后经历了城市化—郊区化—逆城市化—新的集聚和分散化的发展过程。❷

如果以当前的视角具体来看，农业经济时代的城市是建立在生产力水平较为低下的基础之上的，外部环境的变化很少能够对农业经济时代的城市产生颠覆性的变化，城市和农村之间具有明确的界限以代表两者的对立，其城市扩展与形态变化速度缓慢，城市形态具有静态封闭性。而工业经济的诞生是对农业经济时代

---

❶ 王国平：《城市学总论》，人民出版社，2013，第407页。
❷ 黄亚平：《城市空间理论与空间分析》，东南大学出版社，2002，第164页。

第四章 空间转型实现城市扩容与功能优化

静态封闭城市空间的颠覆。工业经济的发展第一次带来了城市的剧变,工业化的巨大威力对于城市宏观环境的影响更多地体现在城市规模的扩张上。蒸汽机和煤炭使得人口集中于城市,内燃机的发明则使住宅区迁出市中心区。工业经济国家来自农村的新移民一般在原有城市周围建设新的居住区而在工厂做工,城市空间迅速地向外围扩展,城市外围的扩展保持着与建成区接壤的,逐渐渐次的向外"滚雪球式"推进。[1] 后工业经济时代则是现代城市空间格局形成的关键时期。这个时期,制造业由于机械化水平的再提高减少了劳动力需求,城市的主要功能从产品加工集散地而逐渐发展成为服务和信息交汇中心。现代小汽车带来了郊区化出现,分散开始成了城市空间发展的主流。再往后,以新技术为代表的现代工业,形成了更强的扩散力,在这样的过程中,城市中心地区无论从人口数量还是商业优势来看都已经被郊区所替代,城市从单中心结构开始往多中心结构演变。1970年之后,随着新的科技革命带来的产业转型、经济水平的提高和交通运输方式的根本改变,欧美国家城市空间又出现了郊区化的纵深结果——逆城市化现象。[2] 逆城市化形成了城市周围密度更加松散的"边缘城市"。在逆城市化阶段,城市是以聚敛和发散两种形式并存而繁衍扩展的,扩散的终极结果就是城市圈的形成,也就是戈特曼(Gottman)所说的"大都市区""都市连绵带"。进入21世纪之后,以网络化、全球化、商务电子化和知识产权化为代表的知识经济给城市发展又带来了变化。从城市功能上来看,城市的功能进一步由聚集型到分散性转化,城市物质生产形态从大工厂制转变为以小企业生产方式为主,与此对应,城市居住功能也从成片集中开始往郊区甚至农村社区转型,城市功能的边界模糊化,居住和工业区可以兼容化,距离已经不能成为影响城市功能作用发挥的因素了。而网络信息化的发展,进一步加速城市空间扩散化的趋势,城市作为各种信息的复合体,靠个人或者少数人很难做出决策,因此,多功能、高质量的协调合作需求让城市中心区的功能得到了增强[3],再城市化和城市更新的进程开始。随着城市内部产业结构的进一步转型和城市更新的完成,城市内部中心形成了以第三产业和住宅用地为主要形式的用地结构,而一些复垦后的城市内部土地用作绿

---

[1] 黄亚平:《城市空间理论与空间分析》,东南大学出版社,2002,第122页。
[2] 对于逆城市化学术界有两种观点,有的学者认为逆城市化是郊区化纵深发展的结果,也有学者认为逆城市化是城市增长极限到来的表现。根据后来的城市发展趋势来看,前面的观点得到了更多的肯定。
[3] 黄亚平:《城市空间理论与空间分析》,东南大学出版社,2002,第128页。

地开发，城市内部的功能完成了变迁，城乡之间的界线模糊，城市空间形态的"否定之否定"完成。

（二）城市增长模型和城市内部空间优化

从城市发展史，尤其是发达国家工业化开始之后的城市发展史可以看出，作为城市物质空间内容的城市空间形态和城市内部地域结构的优化各自有其变迁的过程。

（1）城市空间增长规律。在西方学者的眼中，城镇化进程从开始到演变成当前的城市空间形态遵循着从城市化、郊区化、逆城市化和再城市化逐渐演变的过程。例如，彼得·霍尔的城市空间增长理论将城市空间形态的演变分为了六个阶段：第一个阶段是流失中的绝对集中阶段。城镇化进程中大量的人口来到大城市，中小城市人口、城市郊区和农村地区人口流失，大城市人口集中。第二个阶段是绝对集中，工业化遍及了大多数的城市。乡村人口继续往城市集中，各个都市区人口都在增加，人口往中心城市集中。第三个阶段是城镇化的高速发展阶段。都市区人口依然迅速增长，且中心城市人口的增速依然快于郊区。第四个阶段是城市演变发生转折的重要时点。都市区人口在增长的同时，中心区人口增速减缓，郊区人口增加，中心区在都市区人口中占的比重下降。第五个阶段则是绝对分散时期。即在都市区增长的过程中，中心城市的离心力量超过向心力量，郊区人口增多，中心人口绝对量下降。第六个阶段则是大都市区人口继续外迁，除了部分被郊区吸收以外，人口更多地被非都市区吸收，都市区人口整体人口减少，非都市区人口超过城市地区，出现了逆城市化。彼得·霍尔的模型是在1984年世界城市发展的趋势上判定出来的。实际上，20世纪80年代之后，为了缓和中心城市衰退，发达国家城市普遍采取了以内城的更新来吸引人口回流的措施。所以，从理论上来看，城镇化进程中城市空间形态的演变的过程是一个城市化—郊区化—逆城市化—再城市化的过程。虽然目前国内有学者认为，国外的城市空间演变理论存在问题，并且指出逆城市化和再城市化还是属于郊区化的范畴，但是从发达国家城市空间形态的演变来看，发达国家的城市空间形态自从工业化进程以来，其城市空间形态主要经历了城市化—郊区化—逆城市化—再城市化这四个阶段。

（2）城市规划与城市内部空间结构优化。城市的空间形态演变模型是城市产业发展、技术进步等因素作为动力对城市外部空间形态形成一定影响而带来的城市空间形态变迁的过程。城市空间增长是产业转型推动的产物，这意味着其一方面可能带来无序的扩张，另一方面当城市发展到了一定的阶段时会因为地理环境、技术水平甚至其自身内部结构的限制而产生增长的阻力，这就自然而然地产生了人为因素对城市发展的干预，也就是通常所说的城市规划。城市规划是对城市发展的一种人为的引导、调控，是使得城市"规则化"并且不断满足城市人居环境需求的一种有效的城市发展方式。随着城市发展在世界体系中的作用越来越重要，城市规划成了城市增长的重要外部影响因素。从国外，尤其是发达国家城市规划变迁的规律上可以看出，20世纪早期的城市规划强调城市的物质开发，以扩展城市为导向兼顾城市的其他要素。二战之后的城市建设更多地开始强调重建和建设功能分区的新城。而到了20世纪六七十年代，生态、社会可持续发展问题的突出开始敦促城市规划往注重生态人文角度发展。20世纪80年代在"新公共管理运动"的影响下，城市空间规划开始强调公私合作，政府逐渐减少干预。到了20世纪90年代之后，新经济时代人口、经济组织形式的影响使得更加注重环境、社会公平、文化传承与创新的协调型规划成了城市规划的主要方向。

可以这样认为，城市空间转型是一个包含有城市自发增长和城市规划调控相结合的过程，在这个过程中城市依靠技术进步带来的产业升级不断地推动着城市的空间形态往大都市区、城市群、都市连绵带的形态上演进。此外，由于城市发展本身是为了满足人的生存居住要求，所以通过人为的调控规划，城市朝着更能满足多样化的生存空间需求的方向发展。从总体上来看，在解决城镇化中后期的城市发展问题的路径上，发达国家采用的手段基本类似——改善已有的城市内部环境和兴建新的环境良好的郊外居住区和新城。[1] 发达国家的城市地理空间结构的变迁就是在这两种转型力量的作用下，形成了当前的城市空间形式。

三、城镇化中后期城市空间转型

城镇化中后期是工业化从中后期进入后工业化的时代，城市的空间形态开始更多地从集聚往分散演进，从郊区化往逆城市化、再城市化演进。而根据世界城市规划变迁的过程可以看出，在二战之前，尽管随着城市空间形态的扩张，大量

---

[1] 张冠增：《西方城市建设史纲》，中国建筑工业出版社，2011，第353页。

的城市规划理论期望通过城市控制或者疏散的方式来控制城市无序扩张带来的问题,但是两次世界大战迟滞了这个过程,尤其是迟滞了大部分发达国家的城市规划进程。二战之后,很多规划方式得到应用,城市内部功能结构也因为城市规划思想的变迁而逐渐发生变化。总的来看城镇化中后期城市空间变迁规律为:面对着城镇化中期阶段都市圈市的迅速扩张,城市规划加强对"增长极"城市的管控,实现其城市功能的有效疏散需要先解决城市空间发展问题。而随着城镇化的进一步推进,以空间分散为主要特征的郊区化使得城市的空间规划也必须不断的转型。例如西方国家在二战之前诞生的城市规划思想和理念包括埃比尼泽·霍华德(Ebenezer Howard)的"田园城市"理论、埃列尔·萨里宁(Eliel Saarinen)的"有机疏散"理论、勒·柯布西耶(Le Corbusier)的现代主义规划理念等都开始在发达国家二战后的郊区化新城建设中有了明显的体现。而当郊区化进入了纵深阶段之后,逆城市化的出现对城市空间整体功能协调的要求更加明显,多中心网络结构下的"边缘城市"需要更加的注重生态改善、社会和谐和公众参与。随着城镇化进入成熟阶段,后工业化经济时代的再城市化过程,由于城市产业结构、人口结构的变化而更加强调城市空间功能混合和城市空间集约利用。到了21世纪之后,城市空间形态的继续演变使得实现城市空间布局更加人性化、合理化的规划过程仍然在继续,并且随着城市人口对于城市空间转型的要求而更加趋向注重人本主义。所以,总体来看,城镇化中后期的城市空间转型一方面通过空间形态的演进实现了城市的扩容,另一方面通过空间规划的变迁实现了内部功能的逐渐优化。

第二节　发达国家城镇化中后期城市空间转型路径

城镇化中后期是城市形成网络状城市空间结构的最主要时期。由于主要的发达国家的城镇化起步时间不同,无法在城市规模和空间布局上形成一个统一的模式。一般是在不同的历史起点、自然地理条件、城市规划理论和实践的演进、经济发展阶段,甚至历史事件影响中形成了自身的城市体系和格局。这种多样化和动态化特征使得我们需要从宏观的共性特征上来寻找它们在城镇化中后期的城市空间转型规律。一般来看,发达国家城镇化中后期城市空间转型表现为都市圈中心化蔓延时期的城市控制、郊区化和逆城市化时期城市规划人本主义的回归和再城市化时期的城市更新。

一、中心化与城市控制

从发达国家城市发展的总体规律来看，城镇化率超过50%之后的一段时间内，城市扩张仍然是城市发展的主要方向，城市人口和建成区面积不断增加的特征并没有消失，尤其是一个国家范围内要形成一个或者多个优先增长的城市或者都市圈。从发达国家城市空间规划路径来看，对这种城市蔓延进行控制，同时疏散"增长极"城市的功能到其他区域是要先解决的城市空间发展问题。

（一）绿带规划控制城市蔓延

城市蔓延，尤其是首位城市和大城市的蔓延成了城镇化中期之后发达国家城市发展的主要现象。例如，尽管一战之后英国的城镇化率已经非常高，但是各个城市空间不断蔓延的趋势还在进行。到了1922年，曼彻斯特的区域规划会议的重要议题之一还在强调要控制曼彻斯特的城市蔓延和保护农村土地用于生产。事实上，二战之前的发达国家城市尽管出现了不少新的城市规划理念和实践，但是限制大城市的过度蔓延依然是对城镇化进入中期快速发展阶段的城市的主要空间规划路径。

比如，同样是1926年的伦敦区域规划，其中非常重要的一个议题也是要在伦敦的区域内设置绿带控制城市蔓延。1940年"巴罗报告"的出台标志着英国对于大城市人口资源高度集聚进行控制的起点，而分散城市的功能成为城市发展的主要目标。1942年，"巴罗委员会"遵循着"调查—分析—规划方案"编制出来的规划，确立了建设新城的思想，同时也要在以伦敦中心半径48公里的范围内建设4个同心圆圈，即内圈、近郊圈、绿带圈和外圈。在近郊圈内不再增加人口，而在绿带圈内建设一个宽约16公里的绿带，阻止伦敦1939年的边界继续扩张。同样，二战后的日本东京"帝都再建方策"，提出为了控制东京及其卫星城市的增长，而将主要城市的中间地带划分为农业地区，在中心城市周围建设楔形或者环状绿地。同时借鉴了"大伦敦规划"，为了缓解人口往东京继续迁移的趋势，1957年日本制定了首都区域发展规划，规划了一个郊区的绿带来控制城市膨胀。[1] 韩国为了控制大城市区域的扩张，在1971年修订了《城市规划法》，规定设立限制开发的绿化带。到1976年，韩国的绿化带总面积达到了5317平方公里，占了国土面积5.4%和同期城市规划面积的36%，建立绿化带的最主要目的就是防止失控的城市蔓延和保护城市自然生态环境。

所以总体来看，面临着城镇化中期阶段都市圈迅速扩张的现象，对其加以控制是一种必要的措施。但是实际上，随着郊区化的不断推进，以绿带来控制城市蔓延的措施并没法真正的控制大都市区形成的步伐，尤其是随着郊区化的进一步推进，城市空间呈现出更复杂的演进形态。

（二）以均衡化为目标的城市疏散

发达国家防止都市圈蔓延的措施，除了使用绿带控制之外，还通过引导产业和人口的迁移或者建立副中心的方式，疏散城市的部分功能，进而保持城市的相对均衡发展。由于城镇化中期优势资源过于集中于大城市和超大城市的现象在发达国家出现，尤其是在法国、日本和韩国体现得最为明显。因此这些国家在20世纪50年代都开始了分散城市布局，开发落后地区的国土和区域规划过程。

疏散的方式包括往城市近郊疏散和往其他区域城市疏散。"大伦敦规划"的内圈和外圈建设都体现了疏散中心城市功能的内容。比如在靠近伦敦中心地区的伦敦郡和部分临近地区，准备在这里疏散伦敦100万人口和工作岗位。而外圈作为乡村外环，规划八个卫星城市，安置从伦敦外迁出来的人口。20世纪60年代，法国的国家城市规划以限制巴黎地区的工业和人口的发展为目标，以几个平衡区域作为支点，形成巴黎地区相互联系又各具特色的区域，提出了有关开发落后地区的政策，这两个政策就是著名的"领土整治"和"工业分散"政策。前面提及的日本控制城市蔓延的政策实际上并没能起到限制其城市空间增长的作用，为此日本从1962年开始制定"全国综合开发计划"，并颁布了《新工业城市建设法》引导工业迁往较小城镇。日本的每一次国土规划都对应了当时及其后面一段时期的国家发展方向，比如1969年的规划，开始注重改变经济过分集中于太平洋地带的现象，1977年的"综合计划"开始以注重社会福利、改善人民生活、保护环境、开发落后地区为主要目标。实际上，从发展的结果来看，发达国家通过城市疏散所起到的积极效果更多还是体现在了实现大中小城市和城乡协调发

---

[1] 冯奎，郑明媚：《中外都市圈与中小城市发展》，中国发展出版社，2013，第16、136~137页。

展上。

从城市控制的角度来看，防止城市盲目增长，同时通过疏散大城市的功能进而实现人口和资源在不同地区或者不同等级城市之间进行均衡布局，是实现城市空间结构功能均衡化发展的必然要求。

二、城市分散与规划人本主义回归

"分散"是城镇化中后期典型发达国家城市空间发展的最主要特征。20世纪20年代汽车大量使用带来的郊区化开启了发达国家城市分散的过程，并且郊区化的深度推进引起了城市空间上更大限度的分散过程，即逆城市化。从实践上来看，发达国家的城市分散以不同时代的新城建设为主要内容而不断推进。而从理论上来看，以爱彼尼泽·霍华德的"田园城市"发展理念、伊利尔·沙里宁的"有机疏散"理论等为起点，发达国家城市规划理念不断变迁，并逐渐从注重物质规划往注重人本主义转变，实现了城市空间规划的转型。

（一）战后新城与城市功能分区

作为应对二战后"房荒"和控制大城市空间蔓延的主要措施，建设新城和卫星城是发达国家城镇化中后期尤其是在二战之后郊区化推进过程中城市建设的主要方式。只是战后重建的规划思想已经不再是19世纪末到20世纪初期单纯地从病理、美学的视角来观察城市了，而是强调从分散和理性的角度来看待城市。在以勒·柯布西耶（Le Corbusier）为代表的功能主义城市规划家的推动下，1933年颁布的《雅典宪章》明确提出了城市功能分区的要求，并且指出城市中的诸多功能可以划分为居住、工作、游憩和交通四个基本分类。《雅典宪章》明确城市功能分区的思想影响了二战后西方国家包括东亚的城市规划，也从整体上影响了战后一段时期发达国家轰轰烈烈的新城建设。

作为城市规划的先行者，第一次世界大战之前，英国按照"花园城市"理论建立起来的卫星城市已经遍布了英国各个地区，尤其是在伦敦和伦敦附近地区。二战后，英国的城市规划理论、新城建设实践再度走在其他国家前列。1946年英国首先颁布了《新城法》，其新城建设的选址、利用地形、装点自然景色、塑造建筑群空间造型等方面都有独特成就，而且在20世纪40年代后半期关于控制大城市规模、探索大城市理想结构、完善城市交通设施、改善城市环境等方面英国都提供了不少有益的经验。❶但是战后英国第一代新城建设的过程更主要还是受《雅典宪章》功能理性主义的影响,尽管有类似佩里(Perry)的"邻里单位"和其他注重城市人文、生态的思想在城市规划领域提出,但是理性主义功能分区的影响依然较大。也正是因为功能理性主义过于明显,战后发达国家建设的第一代新城由于要素集聚能力、规划不足等原因,一般因为规模过小、不能提供就业机会以及公共服务设施不足等原因,没有能够真正地起到疏散大城市人口和缓解大城市困境的作用。❷随着城市分散的继续推进和城市规划系统论的产生,城市形态在扩张的同时城市内部功能需要更加趋向系统综合。

(二) 第二代新城与城市生态人文学的诞生

20世纪50年代中期之后发达国家普遍进入了第二代新城建设的过程。

第一代新城的缺点成了第二代新城建设的前车之鉴。而由于功能主义的新建筑运动对于解决城市发展混乱状态显得捉襟见肘,促使着城市规划理念开始把城市作为一个环境整体来考虑,力求全面的解决城市问题。而且,20世纪50年代之后,环境学进一步延伸到了城市学领域,环境社会学、社会生态学等学科也开始对城市规划进行渗透。以《杜恩宣言》提出城市建设以人为核心的"人际结合"思想为标志,城市规划开始要求提升城市的环境质量。这样,城市空间设计的理念开始强调人与自然的和谐,开始突出强调对城市人的关注和对城市社会的关注。

20世纪50年代之后发达国家的城市建设已经明显地体现出了生态和人文特色。比如20世纪50年代末期英国的伦敦新城建设的目标就转变为既能生活又能工作和保持内部平衡以及自给自足❸,并且出现了布局紧凑、人口密度较高和公共设施健全的特点。同样,20世纪50年代大阪外围建立的千里新城,规模较大,各项设施较为健全,城市氛围较浓。美国20世纪60年代初期的民权运动也迫使美国联邦政府将城市政策重点转向为解决城市危机问题,尤其是城市中存在的种族和阶级不平等问题,标志着美国城市规划从此开始关注社会领域问题。此外,从20世纪50年代开始,发达国家的大部分城市规划开始更加重视古建筑对于城

---

❶ 沈玉麟:《外国城市建设史》,中国建筑工业出版社,1989,第148页。
❷ 沈玉麟:《外国城市建设史》,中国建筑工业出版社,1989,第159页。
❸ 冯奎,郑明媚:《中外都市圈与中小城市发展》,中国发展出版社,2013,第17页。

市多样性塑造的重要作用，德国、法国都开始了对古建筑成片成区的保护。

从发达国家城市规划理念的演变来看，城市环境学的兴起作为承接新建筑运动和人文主义理念转型的重要过渡理念，对于20世纪50年代之后的城市空间布局从注重物质到注重综合性要素起到了承上启下的关键作用。

（三）城市规划人本主义的回归

20世纪的六七十年代是全球范围内郊区化的高潮。这个时期以新城功能的完善和副中心的逐渐形成为特点，人口、商业、工业、办公事务部门的先后外迁使得郊区人口出现了超过城区人口的趋势。而这个时期发达国家城市规划学科迎来了新的转折并成了一门更综合的学科。传统的精英主义城市规划原理已经越来越不能适应新的城市规划实践，发达国家的城市规划开始以多元主义的视角来批判精英主义的道路，关注社会公正、社会多元性、城市设计人性化、城市空间背后的制度性的后现代城市规划思潮兴起。美国的简·雅各布斯（Jane Jacobs）就是倡导城市规划多样化的学者。她反对将城市视作几个功能单一区域组成组合，而是主张实现多种功能在街区内的综合使用和相互配合，同时强调人本主义的规划思潮，特别强调城市规划设计中人的参与。总之，发达国家的城市规划开始更多地从注重物质到注重以系统论来协调城市发展的进程。以此为开端，城市的空间结构转型开始富有更多的内涵。这个时期也逐渐形成了拥有多种就业形式、服务设施健全、平衡而不是单一阶层、交通便捷、居民规划参与度高等特征的新型城市中心。

20世纪60年代英国建设的第三代新城，提出在远郊区建立与中心城区吸引力对抗的"反磁力吸引"城市。1962年之后一段时间，法国郊区化的趋势开始增强，借鉴英国新城建设经验，巴黎的新城建设占地较广、乡村气息浓，且生态环境也非常好。作为新技术实验的地区，这个时期法国的新城在公共交通、环境保护、电缆电视、大规模供热方面都有了突破。而20世纪70年代建立在巴黎周围的五座新城赛尔基-蓬杜瓦兹，马恩-拉瓦莱，默龙-色纳等不仅兼具了人性化的设计，同时也完善了功能区，因此具有功能化的特征。20世纪70年代初期，美国的费城、底特律、克利夫兰、波士顿、巴尔的摩、华盛顿等城市80%左右的新建住宅都分布在了郊区[1]，而且美国的新一代郊区新城的建设不仅实现了市

---

[1] 周春山：《城市空间结构与形态》，科学出版社，2007，第71页。

场化运作，同时逐渐地体现了新城规划的建筑类型多样化、功能日益完善、产业和人口的融合、预留城市开放空间等特征。1976年日本的新城规划中，有意识地增加了产业的集聚，开始形成了新城发展的良性循环，并且在后期建设成了集工商业、教育、休闲和居住功能为一体的独立性副中心。

从发达国家城镇化中后期城市规划的理论和实践转型上都可以看出，城市空间发展的人本化趋势在以分散为主要空间形态特征的郊区化和逆城市化时期体现得非常明显。由于城市规划理念升级带来的对城市空间结构功能要求的提升，发达国家的城市空间结构在呈现出形态上的分散和多核心结构之外，从内部结构规划上更加注重经济、生态、社会、人文因素等综合环境对城市的影响，这些从整体上促进了发达国家城市空间结构转型的道路，并且为城市更新和未来城市的建设积累了有益经验。

三、再城市化与城市更新

20世纪七八十年代是发达国家尤其是欧美发达国家经济社会生活的重要转折期，对于其城市建设来说也是一个转折点。这个时期，所有发达国家尤其是欧美国家也由于石油危机使得国家干预主义出现了危机，城市"涓滴效应"近乎释放完毕，鉴于城市中心区的衰退和财政危机的现实，发达国家纷纷停止了新城建设步伐。同时随着人们对于城市环境的重视，中产阶级雅皮士对于城市中心区的热衷等促使着发达国家的政府必须寻找更加积极有效的合作开发方式来实现城市的复兴。以《马丘比丘宪章》对《雅典宪章》功能理性主义的批判继承为代表，发达国家城市规划的理念更加趋向于实现城市功能混合、集约和科学化。比如开始更多关注城市整体风貌的保护、开始关注城市住居功能的再混合、更加关注生态环境、更加重视"步行城市"的建设、更加注重城市社会问题的解决、更加注重公民对于自身居住环境的设计和深度参与。整体来看，发达国家的城市规划开始从最初的注重空间规划转变为注重社会文化的"后现代主义规划"，人本主义成为城市规划思想的核心[1]，发达国家的城市空间转型进入了更深层次的提升阶段。

---

[1] 张京祥：《西方城市规划思想史纲》，东南大学出版社，2005，第183页。

(一) 城市更新中的公私合作伙伴关系

20世纪70年代之后世界范围内的经济社会的转型集中体现在了发达国家的城市更新过程中，其中以"私有化改革""新公共管理运动"等倡导的建立城市建设的公私合作伙伴关系对城市规划的影响较为深刻。

20世纪80年代，英国的城市更新更多地开始体现为通过城市开发公司、特别工作组和一些私人慈善组织组建的开发内城的机构来共同参与城市的更新。与英国建立起来了广泛的公私合作伙伴关系不同，法国的城市更新中建立起来了一种以公共政策为主导的市场经济开发模式——SEM混合经济公司。这个公司一方面享有公共职能部门的权限，另一方面又具有私人公司的灵活性，不受公共财务烦琐的规定的约束。❶ 同样也是对城市中心地区进行更新，美国波士顿的昆西市场和纽约的时代广场，都采取了公私合作的方式，即政府向开发商提出一定的吸引和开发要求，邀请开发商投资开发城市。❷ 这种市场化运作实际上可以看作是整个发达国家城市更新中都采用过的方式。此外，从发达国家城市基础设施建设的市场化改革上也可以看出城市空间增长中市场化运作的重要性。无论是英国后期引进外资的城市基础设施建设机制，还是法国的特许经营制度、美国的市政债券制度，在政府分权的大背景下建立公私合作关系进行城市空间的治理成了发达国家的共识。

市场化机制的引入是20世纪70年代之后发达国家经济社会体制转型时期的制度变迁在城市空间转型领域的折射。通过建立这种公私合作的关系，发达国家一方面解决了城市更新的资金、技术需求等方面的问题；另一方面也实现了城市更新过程中多元利益主体对于城市空间利益诉求的有效表达。

(二) 系统性规划实现城市功能混合

20世纪末期，西方尤其是发达国家的城市更新已经从注重贫民窟的清理转向了对社区邻里环境的综合整治和社区邻里活力的恢复振兴。城市更新由单纯的物质规划开始往社会规划、经济规划和物质环境规划相结合的综合性规划迈进。城市更新过程成了各种不同的政策纲领的结合，城市更新手段也从外科手术式的

---

❶ [法] 米歇尔·米绍，张杰，邹欢：《法国城市规划40年》，社会科学文献出版社，2007，第8页。

❷ 张冠增：《西方城市建设史纲》，中国建筑工业出版社，2011，第376页。

推倒重建，转向小规模、分阶段和适时的谨慎渐进式操作，城市再生（Urban Regeneration）概念取代了传统的城市更新的概念。❶ 与此同时，发达国家关注的城市规划议题主要有五个方面：城市经济衰退；社会不公正现象与机会平等；全球生态危机和可持续发展；城市环境的美学品质；地方民主管理与"公共规划"。❷ 因此，随着城市规划理念开始往注重城市综合性功能的发挥演进，发达国家的城市空间整体功能进一步得到了提升。

首先，产业和城市的融合是城市更新的最主要内容。比如20世纪90年代之后，为了能够更加积极有效地应对中心城市衰退带来的工业用地荒废和中心城区基础设施浪费的现象，德国的城市规划再次利用了促使传统的居民和工业用地混合的方法。其次，实现不同收入和不同社会阶层的人的居住混合也成了城市更新的重要内容。在美国，为了缓解纽约曼哈顿区的内城衰退而进行的罗斯福岛的建设，就突出强调了要为不同收入和种族的人提供不同类型的住宅，以实现新城不同人居住的混合以缓解社会阶层的分化。再次，注重城市空间转型与城市文化发展的融合。从发达国家城市更新的过程中还可以看出，其后期的城市空间转型开始通过文化城市的塑造来提升城市的整体宜居水准，注重传统历史文化遗产和城市复兴策略的结合。最后，城市更新过程中开始更多强调城市生态环境的保护、绿地的建设和城市基础设施的建设。比如德国后期的城市更新尤其是对传统工业区的更新把城市的环境保护作为一项重要的议题，更加注重城市景观的塑造和城市的便利性。此外，城镇化后期的规划理念开始从突出精英规划转向为强调公众的深度参与。比如1973年联合国世界环境会议宣言提出"环境是人民创造的"，为城市规划中的公众参与提供了政治保障。而《马丘比丘宪章》承认了公众参与对于城市规划的极端重要性。这样，发达国家城市规划中的公民参与进入了实质性参与阶段。

总结发现，城镇化后期阶段发达国家的城市更新更多地开始与其城市产业服务化、产业创意化转型进行匹配，城市内城空间的复兴过程逐渐与城市产业的转型形成了一种良性互动。与此同时，通过注重城市更新和城市社会、文化、生态的结合，发达国家城市不仅实现了经济的繁荣，同时还实现了城市社会问题的解

---

❶ 张京祥：《西方城市规划思想史纲》，东南大学出版社，2005，第198页。
❷ ［英］尼格尔·泰勒：《1945年后西方城市规划理论的流变》，李白、陈贞译，中国建筑工业出版社，2006，第138~143页。

决和城市生态环境的改善。目前，随着城市规划理念和技术的升级，发达国家的城市功能更趋综合。比如城市综合体，即将城市中的商业、办公、居住、酒店、展览、餐饮、会议、文娱和交通等城市生活空间的三项以上进行组合，并在各个部分之间建立一种相互依存和互助的能动关系，从而形成一个多功能、高效率的综合体的概念开始在日本出现。这种综合体目前来看除了功能综合之外，其增添的文化功能，可体验性、可持续发展能力使得城市功能综合有了新的发展趋向。

（三）城市空间注重"管治"和紧凑集约发展

当城镇化发展到后期阶段，发达国家多中心网络化的城市空间体系基本已经形成。而随着全球化的推进，城市区域空间的弹性变大，相应的适应新的城市空间发展需求的区域性规划和强调城市集约紧凑增长的新城市主义开始成为城市空间发展的两种导向。

从新区域主义的发展来看，1990年之后，发达国家特别是欧洲地区国家的城市在欧盟一体化和大都市区连片发展的趋势下，强调加强区域之间的规划成了一种普遍现象。例如，欧盟15国为了促进持续发展、增强全球竞争力、共同实现区域和城市空间的集约增长而在1993年开始了"欧洲空间展望"计划，希望通过各种区域性的规划，使得各个城市、国家从单一的竞争关系转变为策略性的联盟。之后很多欧盟的议程和会议，也无不在强调加强区域之间的管理和合作，加快推动建立一种能够增强全球性竞争能力的区域发展路径。20世纪80年代之后出现了对郊区化不断蔓延带来的城市增长模式的反思，强调注重"终结郊区化蔓延""以人为中心""紧凑城市"和"精明增长"的新城市主义规划成了发达国家城市空间发展的方向。新城市主义倡导建立灵活小网络的城市空间结构，建立高密度的城市邻里社区。例如，美国的"精明增长"城市规划特别强调推行公共交通以实现城市增长的集约化。安德鲁斯·杜安伊（Andres Duane）和伊丽莎白·兹伊贝克（Elizabeth Zyberk）夫妇的"传统邻里开发模式"和彼得·卡尔索普（Peter Carl Thorpe）的"公交主导发展模式"都是强调城市的精明集约增长。[1] 新城市主义强调"步行城市"，公共设施建造的可达性，城市紧凑，功能复合公共空间的营造等。此外，新城市主义突出关注城市生态环境保护和公民对于城市规划各个阶段的实质参与。

---

[1] 张京祥：《西方城市规划思想史纲》，东南大学出版社，2005，第225、228页。

如果从城市更新的结果上来看,通过城市更新城市中心地区从产业上来看重新成了商业和技术企业的聚居地;从人口上来看,再次吸引了大量的高素质人口,城市中心重新成了知识经济时代的战略增长点。日本三大都市圈的例证很好地证明了通过城市更新之后城市人口回流的特征(见表4.1)。

表4.1　日本三大都市的城市中心区人口演变　　　（单位:千人）

地区	年份						
	1960	1970	1980	1990	1995	2000	2009
东京都中心3区	545	402	339	266	244	268	357
大阪市中心3区	353	247	206	204	197	211	244
名古屋市中心3区	483	455	366	347	335	328	327

资料来源:[日]福田和晓·藤井正:《新版图说大都市圈》,王雷译,中国建筑工业出版社,2015,第9页。

另外,在发达国家城市更新的过程中,政策的支持也是非常重要的一个环节。例如,英国的城市更新最大的特点就是通过立法的方式加强对城市更新和恢复内城功能工作的监督和管理,同时对于内城功能严重衰退的地区实行特殊的政府资助和税收优惠政策。美国也采取了各种优惠措施鼓励房地产开发商对旧城区进行改造。总之,从发达国家城镇化中后期城市空间转型的道路来看,城市空间转型受经济发展水平、城市规划理论演进、城市居民需求不断多元化的影响而呈现出从注重物质到注重社会、人文等多要素的过程。而且,随着当前计算机和信息技术的广泛应用,新技术的利用也成了城市规划中非常重要的内容,发达国家的城市空间转型过程也还在不断发展。当然也可以发现,由于时代经济条件的变迁,城市化—郊区化—逆城市化—再城市化的城市空间增长阶段并不意味着城市的空间转型一定就遵循着这样一个线性的发展路径,而更多的可能体现出多种空间增长类型同步发展的过程,比如逆城市化出现的时候中心城区也可能在进行再城市化的城市更新。

第三节　实现城市空间的协调、科学、集约化发展

从发达国家城市空间转型的历程可以看出，城镇化中后期是城市成为国家发展最重要空间载体，人口和资源汇聚对城市空间形成巨大压力，城市外部空间形态和城市内部要素作用变迁都逐渐加快的过程。但是无论从城市外部形态还是内部功能结构优化来看，任何国家的城市都不存在呈现单一的空间总体特征的状态。这主要是因为：城市空间承载内容的复杂性；工业化城镇化发展水平的差异在传递到不同层级城市中呈现出不同的特征；具体城市的地理、历史、人文环境本身也是影响城市空间结构的重要因素，尤其是地理环境；城市不同群体对于城市空间利益目标的不同；不同时期的城市空间规划技术和理念对于城市空间结构调整带来的影响不同。但是总体来看，城镇化中后期发达国家的城市空间转型一方面表现为城市空间形态的不断扩张以实现城市扩容，另一方面城市的整体功能趋向于人本化，并逐渐实现发展的科学化和空间的集约化。

一、形成空间利益共享的规划体系

城市作为人类生存的物质载体，其本身的空间发展一定程度上反映了不同群体的人对于城市空间的需求。随着工业化进程逐渐往后工业化推进，城市人口异质性增强，城市人口对于城市空间利益共享的需求会越来越明显，这都需要城镇化中后期城市的空间发展以协调多重关系来满足多元化、多层次的利益诉求。

（一）构建空间利益共享的多元参与机制

工业化中后期开始，城市居民对于城市空间的诉求变得更加清晰且明显，例如"后工业经济时代的主要特征是雇佣高技术、高工资的人才，这些人本身具有的知识和信息量导致他们在对居住决策的选择中，对于能够支持他们想要得到的生活方式的居住舒适性的偏好是考虑最多的要素。"[1] 正是基于这种诉求，城市

---

[1] [美] 布赖恩·贝利：《比较城市化——20世纪的不同道路》，顾朝林译，商务印书馆，2008，第56页。

首先就需要以多元化的空间规划参与体系来保证市民城市空间利益诉求的满足。

每一个城市人口对于城市空间都有不同类型的利益诉求，城市的空间功能应该是在大部分空间利益认同的基础上尽可能实现空间利益分配公平的过程。从发达国家城镇化中后期城市空间转型的过程中发现，无论是城市更新、城市基础设施的市场化改革、城市"精明增长"或者城市某一项具体的规划，以政府作为主要的城市空间发展引导者，城市开发公司、社会资本运作，社区和城市居民的参与，无一不在体现着城市空间转型中政府、市场和社会力量共同参与城市空间利益公平分配的过程。这一点在英国的城市更新中体现最为明显。因为英国的城市更新是政府规划局，一些具体从事某一方面的、大规模的、较长实践的城市开发工作的特殊临时性机构，如新城开发公司、开发委员会、城市开发公司、企业区开发局和住宅联合开发公司，地方的私人机构和慈善组织共同参与改造的过程。❶而这其中城市公民的参与过程是实现城市空间利益共享的最重要体现。从城市人文生态学开始强调公民对于城市空间规划的参与到新城市主义突出城市居民对于城市空间规划的实质性参与，城市市民的城市空间发展的权利在不断地得到重视和体现。

多元化的城市空间参与体制的形成即适应了城镇化中后期城市市民复杂多样的空间利益诉求，也加速了城市空间发展以人为本目标的实现，并且有效实现了城市空间功能的协调。

（二）城市空间发展要从注重物质开发到注重功能混合

城市居民对于城市空间的诉求除了促进形成了多元化的城市规划参与体制外，也促进了城市空间规划理念开始从注重物质利益的获得到注重生态、人文、社会等综合性因素。

城市空间发展注重综合性要素，体现在二战后发达国家的新城建设逐渐从注重功能分区到注重多种功能的集中配套建设，也体现在新城市主义对于城市集约空间利用的同时更加注重城市的人文、生态、便利性等。比如，整体来看，20世纪70年发达国家的新城建设开始注重新城综合设施的配套和功能的健全，注重产业发展和城市建设的融合，以把新城建设成为真正具有独立健全功能的副中心。而从规划理念上来看，20世纪70年代之后发达国家的城市空间规划又加入

---

❶ 郝娟：《西欧城市规划理论与实践》，天津大学出版社，1997，第11~12页。

了生态、人文等要素。在20世纪80年代的城市更新中，发达国家的城市规划依然注重历史遗存的保护，强调城市规划公民的多阶段参与，强调塑造城市公共空间等。此外，随着当前互联网信息技术的迅猛发展，城市空间结构调整又增加了信息化的内容，"智慧城市"等新理念的不断出现使得城市空间经济、社会、人文、生态发展功能的整合更加明显。实际上整体来看，这样的一个过程是适应城镇化中后期城市空间承载内容增多，功能相互协调，塑造城市作为人类家园的要求。所以，城市空间规划的理念和内容必须随着时代的推移而与时俱进。

城市空间扩张从"见物不见人"到最后注重城市综合性功能的发挥基本满足了发达国家城镇化中后期城市居民日益增长的城市空间利益诉求，与此同时城市空间综合性要素的考虑，也在一定程度上解决了城镇化中期的城市空间发展失序的问题，缓解了发达国家的"城市病"。

（三）注重城市区域空间的协调发展

城市空间利益的共享不仅仅是指城市内部功能的优化，同时也包括随着城市空间形态的扩张而带来的城市区域之间利益的共享。城镇化中期阶段，都市圈城市的蔓延扩张一方面带来了资源往都市圈集中的城市发展压力，另一方面则使得其他城市的空间发展受到限制，从而在一个国家或者地区范围内形成城市空间资源分布不匹配的局面。另外，随着城市空间形态的演变，知识经济时代的城市最终会形成多中心网络化的城市群，城市群发展要求有效的协调其体系内的城市分工。因此控制城市蔓延，疏散大城市功能，同时满足城镇化中后期多中心网络化空间形态特征下城市分工协作关系成了城市空间发展的必然要求。

首先，要对大城市尤其是超大城市的功能进行有效的疏散。比如英国、日本等国通过建立绿带的方式实现对城市无序蔓延的控制，同时疏散大城市的人口和部分功能到城市的郊区或者是其他的城市，形成了城市群内人口、生产、功能的梯度发展格局，能够更好地实现城市发展成果在城市和区域内的共享。其次，从发达国家的城镇化中后期城市空间形态演变趋势来看，大都市区的形成是城市空间发展的必然结果，而大都市区的城市空间增长发展已经不能再用单纯的一个城市发展视角来定位，需要形成多个城市中心协调，竞争合作，公共基础设施和基本公共服务供给等的协调有序，以能够形成一种更适合于大都市区形态需求的空间治理体系，所以建立一种区域协调竞争机制成了发达国家工业化后期尤其是当前城市空间发展的趋势。

从探索如何建立一种适合城镇化中后期的城市空间发展路径上来看，想要形成一种布局合理的城市空间发展体系，实际上就是在寻找一个可以协调资源在不同等级城市和区域之间分配的方法，同时也是如何引导多核心网络化城市格局发挥自身比较优势的过程。从发展目标上来看，就是要使得全国范围内的城市逐渐形成合理的分工，从而形成较强的综合竞争力，最终实现一国内城市整体竞争力的提升，甚至产生影响世界经济、政治秩序的全球城市。

二、增强城市空间转型的科学性

城市空间转型一方面与城市的产业类型及产业人口的集聚规模有关，另一方面，城市空间发展也是一个人们按照自身需求不断把城市"规则化"的过程。但是这个"规则化"的过程不是一个绝对的主观行为，需要对城市的空间发展规律有一定的了解，需要对于城市居民的利益诉求有所考虑等，也就是说这个"规则化"的过程是需要科学定位的过程。从发达国家中后期城市空间转型的过程及其结果来看，城市的空间转型也是一个城市发展科学性增强，进而更加体现城市发展以人为本目标的过程。这里的科学性意味着城市空间转型的方向上要体现前瞻性，过程中体现制度的支撑作用，技术上体现先进性等。

（一）城市空间规划要注重前瞻性

科学的城市空间转型不仅仅体现在其满足城市发展多样性的需求上，同时体现在其对于城市发展规律的科学定位上。进入了城镇化中后期之后，城市空间增长必须不断地满足越来越多的城市人口和城市集聚效应下的新的产业组织形式对于城市空间的需求，因此制定科学有效的规划政策是任何一个国家任何一座城市进行城市建设都要考虑的前提条件，而科学有效的城市规划的本质要义首先要体现规划的前瞻性。

城市空间规划发展的前瞻性对于城市发展的最主要作用体现在：首先，前瞻性规划可能是塑造城市空间形态最主要的外部因素。例如在日本、韩国城镇化中后期的城市空间转型中，"基础设施建设先行"的规划理念成了塑造两国当前城市体系的最关键的因素。其次，详细完备且多元化的城市空间发展前瞻性规划是回避城市空间规划不可持续的最主要方式。这一点在法国、德国等国家的城市空间规划体系中最为常见。通过长久的讨论、研讨后的城市空间规划战略从执行过程和执行效果上来看，从预留城市发展空间保证城市的可持续发展方面，都具有非常有益的价值。比如日本 1968 年制定了《都市规划法》，将城市的街区划分为了市街化区域和市街化调整区域，市街化区域是 10 年内很有可能开发的区域，因此可以有开发的优先权，而调整区域的开发则具有严格的限制。此外，该法律还规定了地域地区制度，即市街地区必须在规划时划出相关的区域，并且根据有关的建筑法列出建筑计划。这样就既防止了土地的开发失调和无效利用，又保持了市区建设的整体性和平衡性。❶ 当然，城市空间转型的前瞻性最主要还是要有一个度的问题，过于具有前瞻性的规划也许会更多地体现出不实际性，反而会造成城市资源的浪费或者城市空间与经济发展规模的不匹配，进而导致城市集聚能力减弱。

前瞻性的规划意味着要对城市的空间发展规律进行清晰的定位，要清楚地把握城市的基础建设条件。而通过科学的前瞻性城市规划路径，能够增强城市发展的预测性并且能够尽可能地避免城市未来空间扩展带来的一系列矛盾和问题。

（三）以制度保障城市空间转型顺利实现

从城市空间结构的主要内容来看，城市空间中的物质要素不仅包含公共性要素，也包括不少具有自然垄断性和正外部性特征的物质要素。因此城镇化中后期的城市空间转型还体现在要建立科学的制度以保证城市空间转型能够顺利地实现上。

（1）城市空间转型需要制度转型的支撑。城市空间转型作为一种把城市"规则化"的过程，需要相应的制度转型来保证"规则化"过程的顺利进行。而从发达国家的城镇化中后期的城市空间转型来看，随着城市空间规模的扩大和城市内部功能空间优化需求的提升，制度转型以实现城市空间发展的需求成了必然趋势。具体来看：第一，理清政府和市场、社会力量在城市空间发展中的定位问题，以建立多元合作的规划模式取代城市规划的"精英主义"。在这个过程中，政府角色定位的转变最为明显。首先，政府适度的放权，建立与市场力量、社会力量合作的关系最为重要，这也是政府履行管理职能，把握城市空间转型发展规律的重要表现之一。其次，政府作为城市空间规划实践的主体之一，担负城市空间规划决策制定者且协调相关部门共同参与城市空间转型的角色。比如，虽然英

---

❶ 杜建人：《日本城市研究》，上海交通大学出版社，1996，第 90 页。

国环境事务大臣对于城市规划拥有绝对的权力，但是针对英国不同的地区很少有不同的管理体制和规划体系，同时农业部负责对农业用地方面的规划和保护，而交通部则负责娱乐、购物中心区的选点规划，这样的规划更多的是对综合因素的考虑而不是按照已经成型的地图去堆积木。第二，用法律来保障城市空间发展的效果。首先，这种效果体现在法律对于城市空间转型的导向、监督作用上。当前发达国家通过城镇化中后期的摸索，都已经形成了比较完备的城市规划及其与之相关的法律体系。比如几乎所有的发达国家在进行城市基础设施建设融资，政府购买民间资本提供的基本公共服务的时候都具有非常明确的法律导向、监督机制。其次，法律的作用在于保证城市空间发展利用的程序正义上。从总体来看，发达国家的城市规划在相关法律的支撑下具有相当严格的审批、执行程序，比如英国的环境大臣审批制度等。再次，从法律保护城市空间发展的结果上来看，欧洲大部分发达国家通过协议的方式和配以相关的法律来阻止土地投机，既保证了城市空间扩张、城市基础设施建设、绿地建设所需要的土地，同时又抑制了土地的投机防止了城市地价的上涨。

综观发达国家城市空间转型中政府职能转变及其空间规划法制保障的过程就会发现，政府职能转变和法治化是制度变迁在发达国家城市空间转型中的具体体现，制度对于城市空间转型来看起到明显的规范导向作用。

(2) 建立健全与城市空间转型相关的具体制度。与城市空间转型相关的具体制度除了宏观上的区域协调制度和构建多元化的城市空间转型治理体制之外，最主要的是指土地制度、财税体制等。首先，要建立与城市空间转型相关的土地制度。土地与城市空间发展的过程息息相关，土地的使用方式是城市扩张和城市功能优化的最重要载体。因此，只有一个能够促进土地可持续利用的土地制度才能保证城市自身实现可持续发展。从发达国家的经验来看，有几项具体的土地制度值得借鉴。在郊区化和城市更新进行的过程中，法国和北欧的一些国家建立了与自身城市建设发展相关的土地银行制度，来保证城市土地能够得到有效的供给。而英国对于城市更新过程中需要拆迁的居民则是采取了给予与相关部门认证的土地市场价格为基准的拆迁补偿费用，这个价格随着市场价格而波动。而城市内部空间的布局同样需要有效的土地制度的支撑，例如，为了促进韩国城市公园绿地政策的实施，韩国制定了用途地域地区制度和公园绿地制度，保障绿地空间所需要的土地的有效供给。土地制度发挥的主要作用概括来看，一是保证城市空间发展的土地有效供给,实现城市可持续发展;二是能够在城市空间转型实现土地价值增加的过程中维护市民的利益,减少社会矛盾的发生。其次,城市空间规划要有相关的财税体制的配套。财税制度对于城市空间规划的作用体现在物质保障与激励上。无论是城市空间形态的演变还是城市内部空间的优化,与城市空间建设相关的财税体制都能起到重要的关联作用。比如从城市更新的角度来看,通过税收优惠引入的多元化主体参与保障了城市更新的顺利进行。而城市基础设施建设中多元投融资体制的建立也与发达国家的财税体制改革具有密切的关系。比如美国的国内收入法律规定了旨在鼓励外资投向基础设施建设的特殊性激励措施,有些条款允许全部减免外国投资者的资产收益税。日本则是通过地方税的转移支付方式,实现了不同发展水平地区之间的基础设施水平的平衡。同时日本还对基础设施建设企业实行低税率,比如20世纪70年代,日本基础设施企业的税率比欧美发达国家的税率同期要低10%。❶

土地和财政制度是保证城市空间转型成功的最重要制度,实际上从城市空间规划人才的培养机制等制度上来看,具体制度的发展构成了城市空间转型的助推力量。但是,需要强调的是,制度的改革是一个渐进的过程,不是一个奉行"拿来主义"就能解决问题的过程,发达国家的土地和财税制度是建立在发达国家的具体国情之上的,不可能完全适合我国的城市发展状况。我们应该吸取的理念是在最大限度的维护人民群众城市空间增长利益的同时完善城市空间功能。

(三)善于利用新的技术理念实现城市空间转型

技术革命对于城市空间转型的影响不仅仅体现在其催生了新的产业并需要城市空间形态的不断调整来适应新产业发展的需求,同时技术革命本身带来的新技术也会促进城市空间规划理念、技术的转型,进而能够不断地重塑城市空间的形态和实现城市空间功能的优化组合。

从发达国家城镇化中后期城市空间发展的过程来看,不同的时代城市空间规划的理念和技术手段是不同的。比如1980年之后,随着计算机和信息技术的引用,地理信息系统、遥感和卫星定位系统在美国的城市和区域规划中被不断地采用,这促成了美国很多大学的城市规划体系开始不同程度上与地理系或者地理研究中心合作,共同研究城市问题。同时美国的地方规划部门也开始广泛地使用计

---

❶ 张红樱,张诗雨:《国外城市治理变革与经验》,中国言实出版社,2012,第121、126页。

算机模型和地理信息系统来作为城市规划的主要依据。[1] 进入21世纪的当下，受到互联网技术迅猛发展的影响，"智慧城市"建设又在很多发达国家的城市建设中被提到了日程上。可以想见，与城市空间功能更加优化，城市生活更加便捷的"智能城市"将成为一种必然趋势。

所以，在城市空间逐渐发展的过程中，善于更新、创新现有技术和理论，同时善于借鉴已有的城市空间规划技术和理念，实现城市空间转型的与时俱进，也是实现城市功能持续优化的重要路径。

三、实现城市空间的集约高效利用

城市的发展是一个增长的过程，但是不是一个无限制扩张的过程，从城市的总体发展态势来看，城市空间扩张到了一定的程度之后，实现城市的集约且紧凑增长是实现城市空间资源有效利用，协调城市空间功能，缓解城市扩张带来的"城市病"的重要举措。从发达国家城镇化中后期的城市转型中也可以看出，提倡城市的内外部"精明增长"，实现城市资源的集约高效化利用是城市空间增长的一种趋势。

（一）实现城市精明且紧凑增长

"紧凑型城市"由丹齐格（George B. Dantzig）和萨蒂（Thomas I. Saaty）在1973年出版的《紧缩城市——适于居住的城市环境计划》中首次提出来的概念，是对全球范围内出现了城市郊区化带来的城市蔓延和城市土地低密度利用问题解决方法的探讨。美国"精明增长"理论是对"紧凑型城市"理念的一种继承。从共性上来看，它们都强调城市集约发展的要求以应对发达国家城镇化中后期郊区化过度蔓延带来的城市空间发展问题。从具体特征上来看，紧凑且精明的城市空间增长模式应该是：合理的划定城市的边界，使用现有的城市存量空间实现城市的再生和更新；城市的建设相对的集中且具有高密度，土地的集约混合利用，所有与生活相关的单元紧凑，减少能源和其他成本的消耗；建立以公共交通为导向，辅助步行或者自行车的出行方式；形成的是一种紧凑和功能混用的城市形态。

---

[1] 陈雪明：《美国城市规划的历史沿革和未来发展趋势》，《国外城市规划》2003年第18期。

实现城市的集约且紧凑增长，最明显的功能在于其能最大限度地利用城市的空间，节约城市的土地，实现城市土地的高效利用。再者，紧凑且精明增长更多地强调城市功能的混合，这种混合在实现了产业和城市融合的同时，保护了城市的生态环境，以共建邻里社区为目标，还缓和了城市社会问题。所以，从发展目标导向上来看，实现城市的集约且精明增长是实现城市可持续增长，缓解城镇化中后期"城市病"的有益举措。

（二）建立集约高效的城市空间利用体系

城市空间的集约化利用，除了有一定的科学规划技术和理念之外，还需要更多具体的辅助措施来实现城市空间的合理开发利用。

（1）提高城市土地利用效率。尽管在发达国家的制度下，土地私有是一种共性，但是发达国家的城市土地利用在总量有限、产权明确、城市增长的三重压力下依然建立起来了符合自身国情、自身发展阶段的土地利用格局。以城市功能逐渐完善、更加生态化、更加以人为本作为城市空间规划的目标导向，建立土地储备或者以立法的形式实现城市空间不断增长的土地有效供给，同时实现土地的高效率利用是发达国家实现城市紧凑增长的主要措施。例如，日本中央政府允许每个城市采取土地利用措施，增加市中心容积率，在市中心兴建中高层公寓的方式来实现城市发展的社会效应和环境效益。而韩国城市由于受制于复杂的地形条件，城市空间高效率利用体现在城市建设的方方面面，也就形成了当前可以看到的韩国城市道路密集，城市建筑错落有致的城市意象。

（2）形成更加紧凑且功能混合的城市。城市的基础设施建设对于引导城市人流、产业流、信息流分布所具有的重要导向作用决定了合理布局城市基础设施的重要性。在塑造城市空间形态的过程中，注重发挥城市内部、城市之间的交通网络的建设，是协调广域城市空间功能的基础条件。而在城市内部塑造以轨道交通、公共交通为主的交通网络体系，是实现城市功能优化、缓解"城市病"的最主要路径。从发达国家的城市空间转型来看，越到城市发展的后期，建立公共交通为导向的城市空间增长模式越能成为主要的城市空间规划方向。从其他城市基础设施的构建上来看，建立健全以社区、区域为主导的城市基础设施布局体系，也是提升城市人口容量，提升城市人居化水平的措施。此外以建设"步行城市"为目标，城市功能能够在一定区域内实现有效混合，从而实现了资源节约、环境保护、人文建设等的有机结合，缓解了城市空间资源分布失序的问题。

（3）注重开发城市多维空间。城市空间的集约利用也包括对城市多维空间的开发和利用。从地下管网的建设，到立体城市的建设，再到地下空间的商业化运营实现对城市空间的立体高效开发，都是实现城市精明紧凑增长，高效利用城市空间的重要举措。比如当前日本的地下城市管网建设已经相当的完善，而日本更是城市地下空间利用的佼佼者。从1957年建成了世界上第一条地下商业街大阪唯波地下街之后，日本的地下商业街建设步伐未曾减慢。至今，日本的地下商业街已从单纯的商业性质演变为包括多种包括城市交通、商业及其他设施共同组成的相互依存的地下综合体。而且日本在立法、规划、设计、经营管理等方面已形成一套较健全的地下街开发利用体系。可以说，日本已经成为地下商业最发达的国家，其合理的地下空间规划、丰富的业态组合以及多元化的店铺促成了其地下商业的繁荣。

总的来看，如果说城市的产业结构转型是城市发展的动力机制，是一个吸纳人来到城市并定居的过程，那么城市的空间转型就是城市扩大人口和资源容量并且提升其人居环境的过程。因为尽管从城市的形态来看，城市的空间扩张带来的城市问题非常多，但是城市从聚集到分散到最后形成网格化结构，实际上本身就是城市自身解压，缓解"城市病"的调节过程。而伴随着城市内部空间规划布局渐趋混合，城市在扩容的同时实现自身机体的调节，城市成了一个除了具备就业机会的空间载体之外，还成为兼具宜居、休闲、娱乐功能的地方，城市的整体功能和环境都得到了不断改善。从发达国家城镇化中后期的城市空间转型来看，从中期阶段大都市区初成且城市空间布局相对失衡的状态，到最后实现城市空间布局相对合理的状态，是城市空间容量在扩大的同时，城市内部功能开始从注重物质到注重功能混合，实现城市科学、集约和人本化发展的过程。

第五章 社会治理转型提升城市发展质量

城市社会系统是城市系统中最复杂的系统。在美国芝加哥学派的城市社会学里，城市绝不是一种与人类无关的外在物，也不只是住宅区的组合。相反，城市本身是包含了人性的真正特性，它是人类的一种通范的表现形式。[1]城镇化最直接的体现在于大量的农村人口在比较利益的驱动下来到城市里生存，而人的本质是社会关系的总和，所以我们通常所理解的城镇化最本质的内容不仅仅是指一个人来到城市的简单空间位移过程，而更深层次的是一种人的广泛的权利获取的过程。但是城镇化本身又是受市场经济推动的过程，资源分配的多寡影响着服务获得的结果。越多的人口来到城市，人口的异质性增强带来的服务需求越具有多样化，只有来到城市的人的社会需求能够得到有效满足，城市社会才能稳定，才能真正意味着人口城市"化"的实现。城镇化中后期阶段是城市人口占有社会成员人口大多数的阶段，城市社会异质性逐渐增强，城市社会治理体系在经济发展的推动下也在进行着不断的重构，这种重构对于城市社会的重要组织结构——家庭、邻里和社区，对于维护整体社会稳定具有重要的意义。因此，如何进行城市的社会治理转型，理顺城市主体的关系，成为城市转型的关键环节。

第一节 城市社会治理与城市转型

如果把城市作为一个系统来看，因为城市社会具有开放性、流动性、复杂性

---

[1] [美] R.E. 帕克，E.N. 伯吉斯，R.D. 麦肯齐：《城市社会学——芝加哥学派城市研究》，宋俊岭、郑也夫译，商务印书馆，2012，第7页。

和异质性等特点,并且处在不断的动态变化之中,城市社会系统就成了当代城市最活跃的组成部分,城市社会空间的变迁也成为城市发展中最复杂的过程之一。而与此相对应,进入城市社会就意味着要在这种动态多元的城市发展过程中找到维持城市社会系统稳定的方式,协调城市利益主体之间的关系。

一、城市社会结构与城市发展

正是由于城市社会是城市系统中最活跃的组成部分,因此城市社会结构的稳定对于城市发展具有重要的作用。

(一)城市社会及其特征

理解城市社会是理解城市社会治理的前提。在《中国大百科全书·社会学卷》中城市被界定为"大量异质性居民聚居,以非农职业为主,具有综合功能的社会共同体"[1]。城市作为一个社会共同体,与和其相对应的农村社会构成了现代地缘社会的基本类型。但是城市社会与农村社会具有明显的区别。与农村社会相比,城市社会是"人口数量较大、人口密度较高的聚居空间,大多数的居民从事非农业生产,居民的职业、收入和生活方式的异质性较强。千差万别、个性鲜活的人们在巨大的城市空间中相聚互动"[2]。从社会学的角度的来看,尽管每个城市各具特色,但是透过现象可以发现城市社会的几个主要特征:第一,异质性。城市社会的异质性是城市社会的最基本特征,不同的人口由于不同的利益诉求来到了城市,随着社会分工的进一步细化而产生更强的异质性。例如由于职业分工产生职业群体结构,由于收入不同产生的不同的收入阶层,由于不同的文化产生的种族结构等。第二,流动性。由于城市本身是一个开放的系统,城市系统自身内部与城市外部都在不断地进行着交换,因此流动性也是城市社会的特征。城市社会的流动性反映着城市社会的发展水平。水平流动促进城市资源的合理分配;垂直流动有利于合理调整人口结构和产业结构。第三,复杂性。城市社会与农村社会以血缘、业缘和地缘为纽带的社会关系不同,城市社会之中人与人之间的关系以业缘为纽带,同时还存在其他以趣缘、志缘为特征的关系纽带等,这些

---

[1] 张红樱,张诗雨:《国外城市治理变革与经验》,中国言实出版社,2012,第5页。
[2] 王国平:《城市学总论》,人民出版社,2013,第871页。

纽带的多样性导致了城市社会的复杂性。第四，开放性。城市社会不是一个封闭的系统，作为一个经济-社会聚集体，城市内部系统之间和城市作为一个系统与外部其他系统都需要进行交换，这样才能促进城市的发展，保持城市的升级和活力。[1] 由城市社会的几个特征可以看出，城市社会系统是复杂的动态发展系统。

(二) 城市社会结构与城市发展的辩证关系

城市的社会结构实质上是城市的各个阶层、各种群体的利益的实现程度以及它们之间的利益关系状况。以社会结构的概念来推导，城市社会结构是指城市社会各个要素之间形成的一种相对稳定的联系，也就是城市的各个阶层、各种群体的利益实现程度和它们之间的利益关系呈现出的一种相对稳定的状态。城市结构一经形成会对城市社会产生一定的影响。一般来看，城市社会结构对于城市发展的影响从两个方面来分析：城市的社会结构合理，功能协调，则会促进城市的良性发展；而如果城市结构不合理，则可能会对城市的发展产生消极的作用。具体来看，首先，城市中各个社会阶层、群体利益的实现程度与它们的社会行为的积极性具有明显关联，它们的利益实现程度越高，其产生积极性的行为就越大，反之则越低。其次，各个阶层、群体成员的社会行为对城市社会组织活动产生制约，它们的社会利益实现的程度越高，其参与城市社会组织的积极性越强，进而能够促进城市社会组织的迅速发展，消极的行为则会导致组织发展缓慢。最后，从城市社会组织的领域来看，城市发展依托于各种城市社会组织的发展，如果各个社会组织发展迅速且功能协调，那么城市可以良性发展，否则会出现大量城市社会问题。

因此可以说，城市社会结构要保持一种稳定的、持久的社会关系，实现城市功能协调，就是要把握城市发展与城市社会结构之间相互作用的规律，促进城市社会结构的合理化，进而维护城市社会稳定，实现城市发展。这种促进城市社会结构合理化，协调城市不同阶层、群体等之间利益关系的过程就是城市社会治理。

---

[1] 王国平：《城市学总论》，人民出版社，2013，第875页。引用著作中对城市社会结构特点的排序依次是开放性、流动性、复杂性和异质性。引用时候对具体特点的顺序有调整。

二、治理与城市社会治理

城市社会和城市社会结构的异质性、动态性和复杂性等特征决定了城市社会治理也是一个复杂的过程。由于城市社会结构要素众多,城市不同群体利益诉求的不同,城市社会治理本身就应该是一个多元主体共同参与的过程。一般来看,随着城市扩散力量逐渐增强,社会组织关系的复杂和多元化,使得城市的管理中心下移,管理的组织更加优化,城市的社会组织要朝着公众共同参与管理和社区自治的方向转化。

(一)城市社会治理是治理在城市社会领域的折射

治理理论虽然是20世纪后期的产物,但是其提倡的多元治理共同参与社会治理的理念对于城镇化中后期实现城市的管理中心下移,管理组织优化和实现城市社会组织朝着公众共同参与管理的方向发展具有重要的指导意义。

(1)治理:主体、方式和目标。"治理"是20世纪六七十年代世界范围内经济政治转型的产物,如果从治理的缘起上来看,治理的出现主要是因为在它之前的"精英管理"的政策理念显示出来了明显不足及其局限性,比如对社会对话疏于重视,在地方分权中缺少活力等。众所周知,20世纪70年代、80年代是世界经济政治秩序变迁的重要时代,国际秩序改变的同时世界各国的秩序也在发生着变化[1],对于发达国家、发展中国家都是如此。在这个背景下,传统的以"统治"为特征的政策过程逐渐地显出弊端,一种倡导合作共治的政策需求不断地出现,这就是治理理念。目前来看,"治理"的定义很多,全球委员会给"治理"所下的定义较为全面,即治理是"或公或私的个人和机构经营管理相同事务的诸多方式的总和。它是使相互冲突或不同的利益得以调和并且采取联合行动的持续的过程。它包括有权迫使人们服从的正式机构和规章制度,以及种种非正式安排。而凡此种种均由人民和机构或者同意,或者认为符合他们的利益而授予其权力"[2]。从治理的理论中我们可以提炼出治理的一些主要特征:一,主体多元,包括或公或私的部门,即政府、市场和社会组织等。二,方式多元,包括制

---

[1] [法]让—皮埃尔·戈丹:《何谓治理》,钟震宇译,社会科学文献出版社,2010,第4页。
[2] 俞可平:《治理与善治》,社会科学文献出版社,2000,第270~271页。

度的和非制度的要素。正式制度是指人们有意识创造出来并通过国家等组织正式确立的成文规则，包括宪法、成文法、正式合约等；非正式制度则是指人们在长期的社会交往中逐步形成，并得到社会认可的一系列约束性规则，包括价值信念、伦理道德、文化传统、风俗习惯、意识形态等。三，以联合行动的方式协调解决冲突。实际上，治理就是主张多元主体之间的对话，主张政府力量、市场力量和社会力量的协调互补，以最大限度利用资源完成公共目标。

（2）城市社会治理。城市社会作为宏观社会大系统的重要组成部分，意味着也可以用治理的方式来实现对其管理。因此城市社会治理可以看作是治理在城市管理领域的折射。实际上，早在治理理论正式诞生之前，城市社会治理就一直在进行。比如为了维护社会稳定，一些发达国家在面对城镇化快速推进过程中的社会分化问题时就建立一定的社会保障制度，以及大量的社会组织开始提供社会服务等，这些都是城市社会治理的方式。实际上，无论城市作为哪一种类型的载体，都是治理的一个方面，尤其是到了城镇化的中期阶段之后，城市社会治理由于城市社会异质性的增强更会成为治理的重要事项。如果把治理的特征传递到城市社会治理上，总体上看，城市社会治理的内容具体可以分为：首先要有一个多元化参与的治理主体。从城市社会群体、城市社会组织、城市社会互动等角度来看，城市治理的主体主要包括城市政府、城市企业和城市的社会力量等。而城市社会治理所采用的方式也包含有制度和非制度的要素，既有正式制度改革的过程，也有非正式制度在维护城市社会稳定中发挥作用的过程。最后从解决问题的路径上来看，确定应该建立多元主体共同参与协调解决城市社会问题的过程，以实现城市社会的和谐稳定。可以说，正是通过利益的协调和资源的再分配，作为社会关系总和的人才能真正实现对城市社会的融入。本章所要讲述的城市社会治理主要是从城市政府、市场力量、城市社会自治力量的角度进行阐述的。其中城市社会自治力量包括市民居住空间载体的社区、城市社会组织和公民自身的参与。

（二）城市社会治理目标——赋权与自治

在明确城市社会治理的目标导向之前，我们需要明确一个前提，任何一个国家的城市治理方式都有自身的特点，这些特点根植于一个国家的历史文化传统、地理特征、基本政治制度的特点。另外一个原因，则是时代变迁带来治理理论的升级，因此也带来了治理方式的不断创新，进而实现了治理方式的多元。所以从城市社会治理的具体表现来看不同国家或者地区可能表现出不同类型的治理模式。

但是，如果我们用一个更加宽泛的概念和更加宏观的角度来理解城市社会治理的目标就会发现，城市发展本身带来城市社会分化的过程。这个分化的过程体现在异质性增强带来的文化多元、居住空间分化、社会阶层分化，即固有的社会网络强化的过程，比如，一些新的社会阶层不断出现。但是，如果从城市社会治理的角度来看，尤其是从城市社会治理的主体发展的角度来看，城市社会治理实现的是一个多元主体共同参与然后逐渐实现城市利益和广泛的权利在不同城市群体、阶层等之间合理分配的过程。如果再从城市人的角度来看，这个过程显示的就是城市空间——社会关系下的人在不断争取与自身相关的社会利益关系的时候，也会不断地参与供给自身利益诉求的城市社会治理过程中，也就是一边是外部主体在给城市市民赋权，一边是城市市民参与自治的过程，这种赋权和自治的逐渐匹配一方面使得城市社会治理主体的利益诉求能够得到满足，一方面还逐渐地实现了城市社会治理的多元参与。因此城市社会领域的"否定之否定"就有可能实现从城镇化开始之前的一种相对稳定的社会形态最后升华到城镇化进入了成熟阶段之后的城市社会结构相对持久和稳定的状态。只是从当前我们看到的发达国家的城市社会现状来看，城市社会转型的"否定之否定"由于城市社会系统的多样性，而显得比城市产业转型、城市空间转型要更加的复杂，进程也更缓慢一些。

三、城镇化中后期城市社会治理转型

在梳理发达国家城镇化中期阶段的城市社会现状时，我们发现，发达国家在城镇化快速发展阶段基本上都建立起来了一定的城市社会治理方式来应对城市社会中出现的效率和公平失衡的问题。但是，城镇化越往后推进，城市社会一方面因为人口的增多而呈现出异质性增强的特征；另一方面城市社会治理体系也在不断地完善以解决城市社会问题。

（一）经济发展与城市异质性增强

在社会学的视角下，城市社会最重要的特征就是异质性。例如社会学家沃思（Louis Wirth）将城市定义为：相对巨大的、密集的以及具有不同社会异质性的

个体的永久居住地。异质性增强成了城市社会随着工业化的逐渐推进带来的最主要城市社会变化。

前工业经济时代,城市本身是依附于周边农村地区为生,其一般是建立在宗教、贵族权力和少量商品经济条件下的物资集散地,但是即使是在这样的时代里,城市的社会结构空间分化已经很明显,城市的中心住着的是城市精英,大部分的职业且社会地位混合的阶层在城市外围,而社会底层则是在城市边缘维生。而随着工业社会到来,传统文化价值系统下的城市社会布局有了大的变化,随着资本家和工人的分化形成,加上社会分工进一步细化,城市开始出现了明显的功能分区,以财富的多寡作为衡量对象,社会地位为居所的区位所体现。[1] 在19世纪的西方国家城市里,社会隔离的圈层结构已经出现,根据财富的多寡,人们逐渐形成了一个从内到外财富逐渐增多,住宅空间越大的社会分层。也正是在这样的一个世纪里,在恶劣的城市居住环境中,邻里关系变得冷漠化,城市空间不再被作为积极的、促进人们相互交流的场所,而是一个冷漠的、消极的、能让资本家压榨更多利益的实用性空间。[2] 而且工业城市吸纳的人口并不仅仅是某国领域内的农业人口,工业化对于劳动力的要求只有价格低廉而没有姓名种族之分,所以外国移民也是人口的一部分,这很显然也带来了城市社会文化的多元性和差异性,而文化的差异往往不是经济调节就能弥合的。随着知识经济的兴起,劳动分工的进一步细化,社会群体的数量和类别也会越来越多,城市人口之间的差异也会越来越大,社会异质性增强,城市居民面对的外界刺激越来越多,而每个人能够反映的社会变化是一定的,所以面对这种差异性和多样性,对人的能力的专业化要求产生,而专业化要求的产生会带来社会角色、团体和利益的不同,这就会产生基于经济、文化、社会地位、居住空间等不同分化。城市居民如果对这些异质性反应不够灵敏,会出现紧张、焦虑等城市适应不良的表现,这是越进入城镇化后期阶段越可能出现的问题。后工业化经济正在迅速地改变城市的结构,并且从经济、社会、知识、技术等方面重塑城市社会空间。可以说,后工业城市的社会空间肌理呈现出的是高度碎片化的特征,且并不存在固定的空间模式,人们的生活差异极有可能被拉大。[3] 在异质性继续增强的背景下出现城市社会空间分化

---

[1] 李志刚,顾朝林:《中国城市社会空间结构转型》,东南大学出版社,2011,第26页。
[2] 张冠增:《西方城市建设史纲》,中国建筑工业出版社,2011,第187页。
[3] 李志刚,顾朝林:《中国城市社会空间结构转型》,东南大学出版社,2011,第29、34页。

是必然现象。昂利·列斐伏尔（Henri Lefebvre）在其著名的《空间的再生产》中指出城市的空间是社会的产物，任何一种关系都在努力地生产着与自身相适应的空间，以确保自身的存活。由于每一种的社会状态的存活都依赖于对空间的占有和不断生产以得到适应自己的空间，因此在"空间－社会关系"的分析模式下，城市的社会空间演化出不同的特征。很明显，这种空间异质性增强带来的城市空间碎片化及带来的城市社会空间资源的争夺进而引发冲突是任何一个国家和社会都不想面对的。因此，城镇化中后期对着工业化进程逐渐进入后工业化时代，城市社会空间的分化必然带来城市社会治理转型的过程。

（二）城镇化中后期的城市社会治理转型

前面对发达国家城镇化中期阶段的城市社会发展状况的描述可以发现，甫进入城市社会的城市在城市社会空间领域内呈现出非常明显的分化趋势，这种分化在有些国家的特定时期成了引起社会剧烈冲突的最直接导火索，比如无产阶级革命的爆发和后来蔓延美国城市社会的激烈种族冲突。为了缓和冲突，发达国家一般都建立起来了以"精英模式"为主导的城市社会治理体制，建立相应的社会保障制度以保证城市社会基本公共服务的供给，来缓和城市社会矛盾，实现社会稳定。从发达国家城镇化中后期的城市社会治理转型历程可以看出，这种"经营模式"主导的城市社会治理体制在很长的一段时间内是发达国家城市治理的主要模式。

但是20世纪七八十年代全球经济秩序的大变革带来了发达国家经济政治领域内普遍的制度变革过程，这个过程同样直接传递到了城市治理的领域内。在这次世界经济秩序变迁的过程中，社会力量也开始着手实现对以往政府力量和市场力量相结合的"抗争"的过程，逐渐成为治理体系中重要力量，这是此次变革的最突出特点。加上随着城市社会异质性在新的时代下更趋复杂，城市市民意识的觉醒也必然会带来城市治理方式的转型，使得政府开始向市场和社会赋权，城市管理中心的下移，城市社会朝着更注重公众参与和社会自治的方向发展。总体来看，城市社会的治理方式开始从"精英管理"模式逐渐地向多元合作的治理模式迈进，进而形成了当前发达国家的城市社会治理的形式。

从城镇化中后期的城市社会治理转型规律来看，一方面"精英模式"的城市社会治理体制在向多元化的城市社会治理体系转型，另一方面通过一种赋权和自治的互动关系，城市内部不同利益群体、阶层的利益诉求得到了满足，城市社会领域内的矛盾和问题得到解决，城市社会结构保持相对的稳定，进而维护了整个社会的稳定。

第二节　发达国家城镇化中后期城市社会治理转型路径

城市社会治理的转型是一个系统的工程，尽管我们研究的城市社会治理已经是城市治理的狭义视角了，但是它仍然是一个多元主体共同转型才不断实现城市社会结构变迁的过程。由于城市社会治理的转型更多的是体现在城市社会治理主体转型的过程中，因此可以分别从政府、市场、社会力量三个主体转型的过程来分析发达国家城镇化中后期的城市社会治理转型路径。

一、政府职能转型实现赋权

无论采取哪一种城市社会治理模式，城市政府都是治理中最重要的角色。随着城镇化进入中后期，城市社会异质性的增强使得发达国家传统的政府主导的"精英模式"治理出现了效率低下等问题，这也促使着城市政府开始实现职能的转变，以应对新的城市社会发展需求。

（一）建立与市场、社会的合作伙伴关系

从发达国家各级城市政府的社会治理转型路径来看，在城镇化中后期，尤其是20世纪70年代的经济危机之后，发达国家建立起来的"从摇篮到坟墓"的福利制度带来了政府日益增加的财政负担和管理压力，这促使着城市政府开始尝试建立与市场部门、社会部门的公私伙伴关系改变自身处境，以实现城市社会公共服务和产品多元化的供给。这种公私伙伴关系的主要特点是：城市政府将大量的与城市政府相关的服务和职能内容直接交给或者通过公开竞争、购买的方式交付私人部门或者非政府组织承担。同时政府会通过设立最基层、自治性的社区结构，将部分职能细分给它们。这种建立政府、市场和社会之间的合作伙伴关系的方式在欧美城市政府转型中体现得最为明显，尤其是"新公共管理运动"推动"私有化改革"之后。此外，尽管日本和韩国的城镇化起步相对较晚，但是日本和韩国的高速城镇化时期的城市社会治理也采用了这种公私伙伴关系。比如20

世纪的80年代实行民营化改革是日本战后经济体制改革的一大特征。日本通过民营化，适应了市场化、自由化的国际潮流，不但减轻了政府的管理成本，卸掉了沉重的财政包袱，而且通过引入竞争机制，改善了相关行业的经营效率和服务质量，提高了社会的整体福利。[1]

城市政府通过建立公私伙伴关系，其自身的作用成了宏观经济的引导者而不是指挥者；从公共服务供给的角度来看，政府成了一个安排者、促进者和管理者，公共服务的生产更多地依靠公民、社区和私人部门；从管理方式上来看，政府也不再是通过管制或者命令的方式指挥公众行动，或者只是建立一套惩戒规则和激励措施来引导人们的行为，而是政府同私人部门或者社会力量协同行动，寻找解决问题的方案。[2]

(二) 统筹与自治转型中的府际关系调整

新的城市社会发展现实不仅要求政府建立与市场、社会力量的协作关系，同时政府自身的职能也在不断地调整定位以适应新的城市社会发展状况。

(1) 城市政府、部门之间的竞争性合作趋向。从城市政治学的角度来看，城镇化中后期人口加速流动带来的经济发展、社会结构变迁和区域分布特征使得城市政府之间的关系成为了需要处理的核心问题，因为"跨越特性使得碎片化的地方政府有了集体行动的必要性，以有效的管理区域性问题、尽量减少负外部性并使得规模经济最大化"[3]。从具体的影响来看，首先，城市人口的增加或者新设立的城市需要成立更多的政府机构，同时需要对城市政府的机构进行新的环境和条件适应性改革。其次，城镇化中后期城市空间结构形态的分散化可能带来城市机构之间管理区域的交叉，这种交叉容易引起管理权限的不清以及机构功能发挥不足等问题。所以解决这些问题需要一种政府之间或者部门之间的良性合作关系。无论是主张采取"大都市区政府模式""多中心治理模式"，还是主张采用"新区域主义模式"，政府之间采取制度性的集体行动，倡导建立一种适宜的合作关系成了发达国家城市政府的一种转型方向。从实践上来看，美国城市发展模式从城市化过渡到了大都市区化之后的竞争性合作机制较为明显。首先从城市政府

---

[1] 杨栋梁：《日本近现代经济史》，世界知识出版社，2009，第387页。
[2] 黄小晶：《城市化进程中的政府行为》，中国财政经济出版社，2006，第204页。
[3] 理查德·C. 沃克：《大都市治理——冲突、竞争与合作》，许源源、江胜珍译，重庆大学出版社，2012，第2页。

的管理体制上来看,20世纪20年代开始的"议会-经理制"经过"特别区制度"的过渡然后上升到"大都市区的管理制度"。其中贯穿整个过程的最显著的一种发展趋势是根据不同类型的城市规模建立适合城市自身规模的城市管理体制,其操作方法上的演变最终就是形成一种竞争性合作的机制,也就是美国城市政府之间当前较多采用的地方合同、大都市区规划、政府间议事机构、地方税收分享计划等。从英国的城镇化发展历程来看,经历了20世纪70年代大规模的地方政府行政合并之后,英国的城市政府之间也更加重视彼此之间和城市政府部门之间的界限和部门壁垒,加强政府之间的合作,以解决共同面对的公共问题;展开各种层次和全方位的深度合作,提升政府的治理水平和能力。德国则是在涉及特殊地域或者特殊服务类别的时候,加强部门之间就服务的生产与供应协商,以保证供应效率和避免浪费。比如进行跨州的莱茵河污染防治过程,就是通过城市政府之间的契约生产、补贴或购买承担供应责任完成的。[1] 从城镇化中后期的城市发展趋势来看,建立一种城市和区域之间的竞争性统筹合作机制,是协调城市功能,满足城市基本公共服务供给的现实要求。

(2)分权化下地方政府自主决策权的获得。分权化下的地方自治是与区域统筹合作相对应的一种治理方式。这里的分权化涉及的城市政府是指与中央政府概念相区别的地方政府范畴。总体来看,地方政府自主决策权的高低往往能够决定城市公共物品供给的效率以及地方政府在国家城市治理体系中的能级和地位。从大部分发达国家的政府转型路径上来看,地方政府随着城市发展进入一定时期后,实现分权,提升地方政府决策自主权,建立从统治到协调的国家权力和地方协调机制是主流。从法国地方分权的结果来看,尽管通过分权中央政府不再对地方政府进行行政等级的分配,但是通过"社会发展合同"和中央政府制定社会发展目标的方式,使得地方和社会的活力被激发了出来。而作为拥有地方自治传统的美国,尽管在《美国城市政府》一书中奥斯特罗姆夫妇指出,美国中央政府"针对州和地方政府的行动所制定的联邦规制过去30年的时间里稳步增长,至今没有显示出来减弱的迹象"[2],但是美国的地方城市政府发展的最根本特征

---

[1] 靳永翥:《德国地方政府公共服务体制改革与机制创新探微》,《中国行政管理》2008年第1期。
[2] [美]文森特·奥斯特罗姆,罗伯特·比什,埃莉诺·奥斯特罗姆:《美国地方政府》,井敏、陈幽泓译,北京大学出版社,2004,第57页。

还是地方区域自治，表现出更多的城市治理的分散化特征。❶

与分权相对应的则是地方中央集权化的模式。例如英国的地方政府和中央的关系延续着"双重政体"体制下的中央和地方的关系，也就是相对的中央政府集权化。韩国的政府体制改革始于20世纪的90年代，1991年开始，韩国地方议会选举制度开始重新建立；1995年地方行政长官才由当地居民选举产生。这种制度使得地方政府有了一定的地方决策权，但是由于韩国中央政府集权依然有强大的制度惯性，一些重大决策仍然掌握在中央政府手中。

评估地方政府分权或者集权的优劣并不可能有一个确切的定论。因为不同的治理方式更多的是历史制度的惯性、国家政体甚至也包括地方政府自身的发展阶段和水平带来的。以英国为例，从目前来看，英国的中央和地方的分权始终体现的是中央权力的集中，但是实际上这是适应英国社会结构变化所采取的应然措施，是多种物质的、功能性和实践性压力所带来的不可避免的结果。因为经济规模的扩大，地方政府税收的减少，家长制结构的消失，人口变化以及类似失业等的社会问题才使得英国中央集权的财政和控制成了趋势。❷ 从根本上说，无论是分权还是集权，中央政府有必要通过建立一种更加有效地与地方城市之间的市场化、标准化且带有激励性质的领域，比如制定发展目标并采取激励的措施，来调动地方政府进行社会治理的积极性，让地方政府更有治理的动力。

（三）政府自身机构改革的科学化民主化

进入城镇化中后期之后，发达国家的城市政府更需要实现自身机构职能改革、改善政府运作方式以保证城市社会的和谐与稳定。

（1）政府机构专业化改革。城镇化带来的城市社会异质性增强同样引起了发达国家城市政府内部结构的改革。城市政府改革的目标就是逐渐建立起功能提升、服务到位、成本适度、运营效率相对较高的城市政府机构。从具体改革内容上看，表现为公务员制度的改革和城市政府体制改革的科学化。首先，从公务员制度改革上来看，公务员制度改革的目标导向是建立起与新的服务需求相匹配的放松规制和弹性化的管理制度。为此很多国家都废除了过多、过严的人事管理法

---

❶ 李金龙，雷娟：《国外大都市区治理模式及其对中国的有益启示》，《财经问题研究》2010第8期。

❷ 杨山鸽：《后福利国家背景下的中央与地方关系——英、法、日三国的比较研究》，博士论文，复旦大学国际关系与公共事务学院，2006年，第93页。

律规章，赋予基层组织和每个公务员更多的自主权，变监督为良性的鞭策，以调动他们的主观能动性。比如在施罗德执政时期，德国的政府发展目标转变为采取"新治理"改革模式。在这个模式中，城市政府更加注重以人为本的公务员制度改革，从公务员的培训、建立额外奖励增加积极性、部分工作时间制等方面提升公务员的能力。[1] 其次，行政改革的科学化是为了提高提升城市政府工作效率，提升政府基本公共物品供给的质量。例如1988年，英国政府开始推行全面转换管理和责任机制的"改进政府管理：下一步行动方案"。方案的核心是决策与执行分离，主要形式是政府核心部门制定政策，建立独立执行机构，执行机构自主负责从机构编制到预算管理的具体内容并负责大部分的公共服务项目，执行机构首席执行官对部长负责。这个改革运动不仅减少了部长的工作负荷，同时确立了对执行机构主要目标的管理并对其绩效进行评价。这个改革运动体现了政府行政改革中上下级部门从隶属关系到契约关系的转变；控制机制从投入、过程控制到结果控制的转变；权力运作从层级节制的传统集权模式到分权制度化的转变。

（2）行政体制改革更加注重民主参与。从城市社会治理转型来看，注重民众参与积极性的提升，是保持城市政府能够更大限度接收民意、提升服务水平的关键环节。整体来看，城镇化推进带来的城市政治建设普遍地与发达国家的民主参与浪潮接轨，这种接轨促进了"政府再造"过程中的公民参与。例如日本在世界第三次民主浪潮的带动下，相继出台了《有关地方分权的大纲方针》《特定非营利活动法人促进法》《公共服务改革法》等法律，在促进中央和地方城市政府行政改革的同时，推进市民参与城市社会治理活动。此外，日本各个地方的城市政府建立不同组织机构，如市民参与推进局，颁布相应的条例，开办"县民之声"或者"市民之声"，成立市民参与研究会等，在制度和组织上对公民参与给予保障。[2] 通过这种参与式的城市治理模式，发达国家的城市政府能够对市民的利益诉求做出更加及时的反应。

（3）政府政策更加注重服务质量。在维护城市社会稳定的领域内，不断提供符合城市人口特征的各种公共服务是政府必须履行的职能。伴随着城镇化中后期城市人口增长和城市人口对于城市公共服务供给诉求不断增加的现实，城市政

---

[1] 靳永翥：《德国地方政府公共服务体制改革与机制创新探微》，《中国行政管理》2008年第1期。
[2] 刘智勇：《日本地方政府公民行政参与制度化建设的经验与启示——以日本神户市、名古屋市为例》，《日本问题研究》2009年第1期。

府政策改革的趋向不断地往提供更多元、更有质量的服务上转型。例如美国克林顿总统签署了《设立顾客服务标准》的第 12862 号行政令，要求联邦政府部门制定顾客服务标准。1992 年的英国梅杰政府发起"公民宪章"运动，用宪章的形式把公共部门服务的内容、标准、程序、违诺责任等公之于众，接受公众的监督，以提高服务水平和质量。公民宪章运动体现了以公民为中心，以公民满意为目标，依靠公民评价和公民监督提高公共服务质量的理念。应该说，越到城镇化的中后期，发达国家的城市政府政策就越倾向于以人本化的目标来满足城市人口的多元利益诉求。

总体来看，城镇化中后期发达国家城市政府通过建立与市场、社会力量的合作伙伴关系、政府府际关系的适应性转型、自身职能结构的改革等措施一方面提高了自身的运营效率，降低了治理成本，另一方面提供了更高质量的能够满足城市社会发展需求的公共服务内容，从而协调了城市各个利益主体、阶层之间的关系，维护了城市社会的相对稳定。

二、市场力量社会责任提升

市场，有时也被称作私人部门，是城市社会治理转型中不可或缺的力量。在一些理论学派的观点中，市场力量由于其注重效率的提升和竞争机制的使用而先天的优越于传统的公共部门的管理。[1] 实际上，除了强调效率和竞争的优势外，从市场力量的作用来看，私人部门作为社会资源分配参与者同时作为资源的拥有者，有能力也有必要同政府和社会力量一起提供城市社会公共产品和服务。从城镇化中后期发达国家的市场力量参与社会治理转型的路径来看：一方面，它继续同政府、社会力量一起形成公私合作的治理关系；另一方面，由于社会力量的增强，私人部门不断地与社会力量结合，提升其社会责任。

（一）市场力量是公私合作伙伴关系的主要参与力量

市场力量作为城市社会治理中的主体之一，是由发达国家市场经济的特征决定的。企业最根本的价值目标在于营利，而城市居民需求的基本公共服务和产品

---

[1] ［美］B. 盖伊·彼得斯：《政府未来的治理模式》，吴红爱、夏宏图译，张成福校，中国人民大学出版社，2013，第 18 页。

同样也是企业可以获利的途径，因此市场通过与政府合作或者竞争来提供公共服务和产品在发达国家的城市社会治理体系中并不鲜见。而城镇化进入中后期之后，城市政府迫切需要从"超级保姆"的角色中解脱出来，同时城市利益群体分化催生了更多的基本公共服务需求，这些都进一步促使市场力量利用其效率和竞争优势来承担从政府职能转变中分出来的公共服务供给职能。因此总的来看，市场力量在发达国家城市社会治理中的作用并没有因为社会力量的大量参与而减弱，相反，提倡建立"企业型政府"和"以市场为本的公共行政"成为一种客观要求。

当前在美国崇尚自治的社区治理模式中，社区企业就在其中发挥了非常大作用。社区化的小企业发展中心，可以在社区内为个人创办小企业融资；社区化的小企业投资公司向所在社区的小企业提供创业资本贷款；社区开发公司为所在社区成长中的小企业提供诸如土地、厂房等主要固定资产方面的长期债务融资；社区微型贷款中心，主要为所在社区的少数民族、妇女、退伍军人创办和经营小企业提供小额融资服务。目前，美国小企业占美国全部企业数量的99%，52%的就业人口在小企业，而社区企业是美国小企业的主体。[1] 此外，从发达国家的城市基础设施建设上更能看出市场化运作所起的巨大的作用。20世纪70年代之后，在政府财政负担加重的情况下，英国的城市基础设施开始了市场化的改革，鼓励市场、企业参与建设。20世纪90年代后，英国更开始将基础设施从公共部门转向民间。此外，与其他一些发达国家不同的是，外资也可以通过这种竞标的方式参与英国城市基本公共服务设施的竞标，而且英国政府对外资进入采取的是与国内资本同等的待遇，几乎全部放开投资领域。[2]

很多理论学派认为政府力量的庞大规模和复杂性带来的公共服务供给效率的低下，必然要求市场模式来弥补这种缺陷。实际上作为一种与公共部门之间形成一定的合作和竞争关系的市场力量，会因为城市社会发展中社会利益诉求的增多而承担更多的公共服务产品供给的任务。

（二）市场力量社会责任意识增强

市场力量对于利益诉求的嗅觉是最灵敏的。城镇化中后期阶段城市社会需求

---

[1] 李江涛：《走向善治——新型城市化背景下的城市治理》，广州出版社，2013，第146页。
[2] 程立茹，高懿：《城市基础设施建设引资经验及策略研究》，《人民论坛》2012第3期。

的增加使得市场力量迅速意识到企业综合竞争能力的获得不能只在于获得成本效益。随着市民社会的建成和社会力量的不断崛起，企业开始通过履行社会责任的方式与城市社会力量进行有效互动。

城镇化中后期阶段，发达国家的企业，尤其是一些大型的跨国公司，在充分尊重社会力量的同时，通过社区公益捐助活动等方式来提供有关的社会公共服务和物品，以期望提升自身的社会形象。例如，在美国有不少的大型企业通过参与社区的慈善捐助来树立良好的形象，同时在美国的社区还可以看到很多的企业出于社会责任感而在社区内进行职业教育培训。而在德国，政府为了保障住房的有效供给构建了建房储蓄体系。这个体系中除了国家对建房储蓄者进行奖励之外，企业作为利益相关人，也给予雇员一定的储蓄津贴。[1] 应该说，在西方发达国家中，企业履行社会责任已经不仅仅是一种理念更是一种实践。尽管企业往往还是以营利为目的，但是随着企业社会责任的增强，以政府、市场和社会三种力量交织的城市社会治理体系会在实现自身职能责任担当的同时提供更加高效便捷的公共服务和物品，这也符合城市社会治理的目标。

从市场力量参与城镇化中后期城市社会治理的角度来看，一方面，市场力量与政府的转型相结合，通过建立公私合作伙伴关系的方式继续在多元化的城市社会治理体系中发挥重要的作用；另一方面，伴随着城市社会力量的崛起，市场力量开始更加关注社会力量的利益诉求，以满足社会诉求为目标，为自己进一步的盈利创造有利的条件。

三、城市社会自治力量能级提升

从城镇化中后期城市社会发展的状况来看，随着社会分工的进一步细化，城市社会自我治理的能力也在不断被赋权的过程中实现着功能能级的提升。城市社会力量主要包括城市社区、城市社会组织和城市市民。在城镇化推进的过程中，这三种主要社会力量的转型共同推动了城市社会治理的转型。

（一）"社区的城市化"与"城市的社区化"

城市社区是社会自治的基本单位，是城市最基本的细胞，是城市经济、政

---

[1] 国家建设部编写组：《国外城市化发展概况》，中国建筑工业出版社，2003，第94页。

治、文化、社会和生态等内容整体集合的反映单元,也是城市社会治理最重要的载体。早在发达国家开始工业化、城镇化进程的时候,社区管理就成了政府解决城市贫困的主要渠道。19世纪后期在法国、美国、德国不断出现的社区睦邻组织,以及其他一些以住区会所运动为主要形式的社会活动实际上是社区发挥服务和教育目的以期重建城市生活的雏形。但是西方发达国家的城市社区建设在20世纪60年代之前都还是处于过渡时期,无论是基础设施、公共卫生、居民环境还是社会治安、精神文化等内容都因为跟不上快速发展的城市化节奏而呈现出明显的滞后性。[1] 随着发达国家进入城镇化后期,社区在城市社会中作用开始变得更加重要起来。

(1) 社区治理自主化水平提升。城市社区的自主化主要是指发达国家的城市社区越来越能在提供服务方面获得较大的自主权。这种自主化主要表现为城市政府希望使人民获得授权,提高社区居民自助、互助的能力,由社区自己寻找或开发资源,解决社区内问题,满足社区日益增长的需求,提高居民生活质量。[2] 一般来看,城市社区自主化获取的途径主要是政府将大部分社会服务内容逐渐地交付给社区内的非营利组织、志愿团体等,让社区最大限度地成为社会服务供给的核心力量。对于具有社区自治传统的欧美国家而言,城市政府改革取向的基层落脚点就是职能下沉到社区的一个过程,通过制定促进社区自主发展的法律和政策,为社区提供拨款,为社区提供相关的咨询和帮助。这样,一方面起到减轻政府负担作用,另一方面也强化了社区对城市人口利益诉求的整合,实现了公民经济、政治、文化、社会、生态等参与的社区化,增强了城市居民对于社区的依赖性,强化了社区作为城市基层社会单位的自治性特征。比如美国在20世纪80年代之前还是一个依靠美国联邦政府和地方城市政府担负城市社区发展重任的国家[3],但是,自从"新公共管理运动"在西方兴起以来,老布什政府开始推行"信任为本的社区自主策略"。这个运动宣布,要减少联邦层面疏远又缺少人情味的计划,代之以各种非营利组织和社区组织来提供细致的服务。[4] 而从美国社

---

[1] 孙其昂,叶方兴,孙旭友:《发达国家城市社区管理模式及其对我国的启示》,《南京工业大学学报(社会科学版)》2013年第1期。
[2] 周文建,宁丰:《城市社区建设概论》,中国社会出版社,2001,第404页。
[3] 谢芳:《美国社区》,中国社会出版社,2003,第43页。
[4] 郑晓东:《美国城市社区自治的现状与趋势》,《浙江学刊》2008年第5期。

区治理的演变趋势来看,则是要演变成为"公民治理"的模式,即一种民主与科学同构的基本逻辑,使公民和代议者和公共服务职业者等形成合作治理的格局去回应公共性不足等问题。[1] 英国则是签订了"政府与社区关系协定"(COMPACT协定)明确了政府与民间的伙伴关系。政府通过把有服务需求的人放在社区里,让社区内组织或者志愿部门提供服务,自己则只对服务的质量进行监督。实现社区的自主化是实现城市基层自治的重要步骤,在此基础上,城市社会的自治力量开始在社区发育并逐渐成长。

(2)城市社区服务水平不断提升。城市社区提供社会服务是社区天然具有的功能,而城镇化进程的推进直接带来了城市市民对于服务供给和服务内容方式的多样化诉求。城镇化中后期,社区内部第三部门数量增多,在增加了社区服务内容的同时还提升了社区服务的质量。比如美国的社区服务就经历了明显的功能增加的过程。在20世纪70年代之前,约翰逊总统时期成立的社区发展公司,强调社区履行的功能是将失业、失学的青年组织起来参与城市更新的过程,主要供给的是住房和社会服务。随着保守党里根政府的"私有化改革",在中产阶级也在"滞涨"经济中束手无策的情况下,大量的市民自发组织起来建立自助的、非营利组织,这个时期的社区服务功能也开始趋向多元化,比如协助警察预防犯罪,维护社区治安,打扫卫生,种植苗木,收集垃圾,帮助贫困家庭建房和开展各种社区文化活动。[2] 此外,现在德国的社区里已经建立起来了基于民众需求的社区服务供给创新模式,比如在柏林建立的流动市民服务中心和移动服务中心。而且当前德国的社区在增加服务内容的同时,也增加了社区服务的针对性和科学化水平。随着城镇化的推进,城市社区提供更加多元化的服务是城市发展的必然要求,也是社区更多承载社会治理内容的重要体现。

(3)社区发展的市场化元素增加。前面提及市场力量的转型包括其通过参与社区事务而履行社会责任。实际上,社区企业在社区建设的过程中逐渐发挥着重要的作用。在企业和社区发展互动的过程中,社区一方面可以获得继续发展的资源,另一方面企业也认为通过社区的建设达到提升自己形象的目的。因此,在发达国家的城镇化中后期的城市社区治理中逐渐出现了大量的市场化因素。比

---

[1] 王琪,孙立坤:《民主与科学同构的逻辑:一个微观层次参与式民主的探讨》,《甘肃行政学院学报》2014年第3期。

[2] 谢芳:《美国社区》,中国社会出版社,2003,第46页。

如，具有较强的地区自治特色的德国城市社区，在具有了完备的社会自治结构的基础上，在当前的社区治理过程中逐渐地开始通过把社区组织从一个管理机构演变成为一个以税收优惠为特征的社会服务企业，由私人投资建立针对市民需求的各种公共基础设施，然后由社会福利协会管理，政府免收税费。此外，德国还创造了商厦和社区融合发展的社区服务运动运营模式，让城市居民在商厦里就获得公共服务。归根结底，社区服务的市场化运营能够增强社区公共服务供给的数量和质量，同时也能更好地联合社会力量和市场力量来实现城市基层社会的有效治理。

总体来看，发达国家城镇化中后期社区转型的总体目标就是通过发挥社区的作用，使得社区不仅仅是一个生活居住的地方，同时也成为一个拥有居住的认同感和归属感的精神家园，使得城市居民真正地依赖社区来满足经济、政治、文化、社会等需求。从发展趋势上来看，随着人们对城市社区的依赖性逐渐增强，建设功能更加齐全的城市社区成为时代所需。

(二) 城市社会组织功能能级提升

社会组织是城市社会的重要自治力量，主要是指活跃在政府、市场之外的一切志愿团体、社会中介组织和民间协会的集合。一般来看，社会组织具有非政府性、非营利性、志愿性、公益性等特征，并且组织形式多样，功能涉及提供公共服务、保护环境、消除贫困、提供社区建设服务、预防犯罪，等等。由于其构成的复杂性、边界模糊和功能多元，从而满足了社会多元化需求，激发了公民参与社会管理与服务的积极性。在发达国家进入了城镇化中后期阶段之后，面对城市快速发展带来的城市社会问题，社会组织作为重要的城市治理载体对于化解城市社会矛盾、实现社会自治发挥了重要作用。

(1) 社会组织类型增多，功能健全。在早期的工业化过程中，由于政府救济责任的分散，发达国家的一些市民机构、宗教慈善团体和社团一定程度上承担了济贫扶弱的功能。而随着城镇化推进带来城市社会问题的复杂化，社会组织自身也在不断增强其提供社会服务、缓解城市社会冲突的功能导向。以社区作为发展载体，以政府将部分公共服务交给社区非营利组织为契机，公众对社区依赖加强的同时对社会组织的依赖也在增强，这都强化了社会组织功能能级不断提升的过程。从美国社会组织的发展历程可以看出，城镇化中后期尤其是二战之后，经济的繁荣以及伴随的政府职能的改革，使得大量的社会组织在美国成立起来。目前美国社区内的社会组织提供的社会服务正在朝着建立一种无所不包的服务体系迈进并力求使得城市社区能够成为"老有所养、幼有所托、残有所助、贫有所济、难有所帮、学有所教、需有所供"的重要载体。❶ 社会组织发挥有效功能的领域在城镇化推进过程中可以被不断拓宽。例如针对城市移民越来越多的情况，城市社会组织也会承担起移民人口的网络资源构建的功能。在日本社会学家广田康生的《移民与社会》中就揭示了越境移民族群网络在拉丁美洲移民融入日本城市社会中的作用。当然，随着城镇化进程的不断推进，社会组织功能能级的提升也是一个循序渐进的过程，而且其在承接政府下放的社会公共服务方面会越来越成为重要的载体。社会组织功能能级的提升，一方面为非政府组织和政府机构的合作提供了城市社会问题的解决方案；另一方面在各自的职能范围内实现了服务供给功能的协调，进而从整体上维护了城市社会的稳定。

（2）城市社会组织弹性化改革。发达国家的城市社会组织一般具有专业化的特征，即社会组织自身对自己专注的领域非常熟悉。因此，当出现新的社会问题的时候，社会组织能够及时地调整自身运行的机制，提出更加切实可行的解决社会问题的办法，保持了在体制和运行方式上的弹性和适应性，也更容易以技术或者制度的创新来满足公众的需求。比如，20世纪70年代德国城市生态环境渐趋恶化，民众身受其害。在人们普遍关注城市生态环境的背景下，在德国的城市社区中出现了大量的民间环保组织。在这些组织的积极倡导之下，20世纪70年代之后关注和影响公共政策的倡导组织越来越活跃，德国各地都出现了市民自发成立的倡议会，用以监督、评议市政当局，维护市民的权益。社会组织的专业化改革也可能来自政府或者市场力量的支持，比如同欧美国家的社会组织相比，尽管日本的社会组织发展中与政府的互动存在着官办色彩，但是日本政府经常性的协助社会组织强化其专业性及其组织运营的能力。❷ 从社会组织运营机制改革的角度来看，这也是社会组织不断适应城镇化中后期城市社会变迁要求的表现。

"现代管理学之父"彼得·德鲁克（Peter Drucker）在《未来的社区》中明确提出了一个理念，即在21世纪的城市社区中，最需要就是非营利性社会部门组织的蓬勃发展，并且将社会组织建设与社区建设融合起来，才能解决已经陷入

---

❶ 中国现代国际关系研究院课题组：《外国非政府组织》，时事出版社，2010，第39页。
❷ 中国现代国际关系研究院课题组：《外国非政府组织》，时事出版社，2010，第118页。

"一团混乱"的城市问题。因此,充分发挥社会组织的作用,不断实现城市功能能级的提升是实现社会治理转型必须关注的领域。

(三) 公民参与的梯度升级

公民的参与是城市社会治理转型的表现形式和目标,实现了城市社会治理的公民有效参与,才意味着城市社会治理赋权和自治目标的实现。根据谢尔·阿恩斯坦(Sher Arnstein)公民参与的梯度理论,公民参与是一个梯度升级的过程,从第一个阶段的政府操纵与教育性治疗阶段,也称为非实质参与阶段,发展到第二阶段的给予信息、政策咨询和安抚的象征性参与阶段,然后再到较高层次的合作伙伴、授予决策权力和公民自主控制的完全公民参与形式。目前来看,发达国家的公民参与较为普遍的进入了高级阶段[1],但是与城市发展进程相对应,发达国家城镇化中后期市民参与表现为一个梯度升级的过程。

20世纪70年代之前发达国家的公民参与还是处于象征性参与到完全公民参与的过渡时期。比如20世纪60年代的时候,城镇化快速推进刺激了法国民众对"城市权"的重视,民众要求参与城市建设决策、建立参与型民主政治的呼声高涨,并且也直接催生了法国城市治理中的公民参与。同样以美国战后的治理为标志,从1949年开始到1960年,为了进行中心城市的更新,美国制定了"向贫困宣战"和"模仿城市"等分类援助项目。这些项目的特点是建立了从联邦政府到邻里社区机构的协调机制,并且在1964年的"经济机会法"中明确提出要保证贫困居民"尽可能有效的参与"社区发展项目,"模范城市"也在要求广泛的市民参与。[2] 但是从公民参与的结果来看,战后一段时期发达国家城市社会治理的公民参与成效并不都是好的。以美国为例,二战后到20世纪60年代末城市治理中的居民参与被联邦政府的管理机构设置了不少的限制。如果没有专业人士的帮助,贫困居民或者少数族裔很难完成申请,即使是成功地完成了参与而对于其后面的操作也无法产生实质性的影响。造成这种现象的原因有的是地方政府的抵制,也由于相关的利益集团对资源分配的强大影响,从而可能使得低收入的族群

---

[1] 吴思红:《国外城市民主治理中公众参与机制及其启示》,《湖北行政学院学报》2010年第1期。
[2] 王旭,罗思东:《美国新城市化时期的地方政府——区域统筹与地方自治的博弈》,厦门大学出版社,2010,第226页。

较少能够从社会进步中得到好处。❶

与最早的公民参与不同，20世纪70年代之后，发达国家的公民参与呈现了新的特点：首先，公民不仅仅参与政策的制定，而且还参与政策的实际操作，进入公共项目的实际管理过程；其次，扩大了参与政策过程的公民的范围，将低收入阶层市民也纳入了参与的过程。这就对公民参与的组织化程度提出了更高的要求。❷20世纪70年代之后，美国尼克松政府的新联邦主义是开启新的城市治理公民参与的发端。1974年的《住房与社区发展法》中明确规定申请者应该确认他们在项目申请与实施的过程中为公民的参与提供充足的机会。法国从20世纪80年代一直延伸至今的"公共咨询"政策，实际上也是在将治理的过程专门从治理的参与扩展到事前、事中和事后的一种全面参与机制。英国的"公民宪章运动"，为了促进政府部门的公共服务尽快实现"顾客至上"的目标，将公共部门的服务内容、标准绩效管理等以宪章的形式公之于众，让公民能够监督公共部门的运行状况。这样的监督意味着公民不仅可以投诉服务的质量，本级政府还可以组织公民对服务进行评价性投票。❸ 所以，从发达国家公民参与的角度来看，70年代之后，有组织的公民参与已经成为城市政治当中的制度化因素。而且随着信息技术对治理手段的影响不断增强，公民参与社会治理的程度有了一个深度的提升。

从公民通过有效参与城市治理来融入城市社会来看，公民参与不是一个目的性的范畴，而应该是一个注重效果的范畴。也不能仅仅将公民参与理解为提高行政效率、降低城市公共服务压力的一种手段，而应该更多的立足于公民权利意识的养成和良好的城市社会治理体制构建的目标上。

第三节　构建多元主体共治的城市社会治理体系

城镇化率超过50%之后是"城市病"的暴发阶段，也是城镇化基本实现的

---

❶ 王旭，罗思东：《美国新城市化时期的地方政府——区域统筹与地方自治的博弈》，厦门大学出版社，2010，第226~227页。

❷ 王旭，罗思东：《美国新城市化时期的地方政府——区域统筹与地方自治的博弈》，厦门大学出版社，2010，第228页。

❸ 吴思红：《国外城市民主治理中公众参与机制及其启示》，《湖北行政学院学报》2010年第1期。

第五章　社会治理转型提升城市发展质量

阶段，这个革命性的城市发展阶段，标志着一个传统的农村社会实现了往城市社会的转型。与此同时，由于城市系统与功能由单一化开始逐渐往复杂化和多样化转化，城市社会治理的方式也需要实现从传统到现代的转型。从农村社会到城市社会转型的角度来看，与传统农村社会的"礼俗社会"特征不同，城市社会的最基本特征是"法理社会"，因此城市社会的治理需要更多地依靠制度和规则来治理，"法治"会成为城市社会治理的核心。而面对着城市系统职能复杂化和多样化的转型，对城市的权力进行再分配，以赋权和自治为导向，打破传统的公共和私有领域界限，推动建立一种多元主体共同构成的开放互动治理体系是城市社会治理的必然要求。

一、以理念创新理顺治理主体关系

综观发达国家城镇化中后期的城市治理历程可以发现，对于渐趋多元化和复杂化的城市社会来说，以往那种没有打破行政部门固有的权力边界的治理方式，一方面面临着执行效率低下的问题，另一方面也可能带来服务质量不高的问题。在发达国家完善城市社会治理的过程中，树立合作的理念，架构出一套政府与市场、政府与社会之间的伙伴治理机制，实现公私协同治理，是其城市社会治理转型的重要特征。

（一）树立城市社会治理"善治"理念

无论从产业结构转型、空间规划还是社会转型来看，城镇化中后期都是城市转型的关键时期。首先，城市社会异质性的增强带来的日益增长的对城市社会公共服务和物品供给的需求已经不是任何单一的政府力量、市场力量或者社会力量能够满足的。其次，市场经济和法治理念的进一步发展加速资源配置方式从传统的"累积－集中"的"精英治理"模式到现代的"弥散－辐射"的模式转变。与此相关，政府的公共权力边界会发生明显的变化，传统的"封闭""孤立""自上而下"的城市社会治理路径会被现代化"开放""参与""合作""自下而上"的治理模式取代。❶所以整体上来看，城镇化中后期首先就要从理念上明确"善治"的重要性，要树立城市社会治理是多元主体共同参与治理的过程的理

---

❶ 屠启宇：《国际城市发展报告（2014）》，社会科学文献出版社，2014，第278页。

念，树立平等、协商、合作的现代治理理念。只有明确了理念的创新才有可能带来行动上的创新。这种理念的创新具体来看包含以下几个层面：第一个层次是政府面对着内外部环境的变化而进行的职能转变的创新，也就是政府从传统的"封闭－单向式"管理体制向"开放－参与式"政府转变；第二个层次应该是市场力量和社会力量在新的城市社会背景下如何重新定位自身功能的理念创新；第三个层次则是如何使作为被治理者的城市市民从思想、观念和行为方式等方面实现从传统到现代的转型。

从发达国家城镇化中后期的城市发展历程来看，20世纪70年代之后欧美国家普遍治理方式的转型激发了这些国家城市社会治理转型的过程，并加速其形成了当前多元主体共治的城市社会治理体系。因此，从促进城市转型的角度来看，在明确了城镇化中后期城市社会领域变化趋势的前提下，树立城市社会治理的"善治"理念，才能为更好地做好城市社会工作做好铺垫。

(二) 以法治理念界定治理主体关系

城市社会相对于传统农村社会而言，它更多的是一个"法理社会"，更多地强调制度和法律在理顺社会关系上的作用。而在城市社会形成并且逐渐成为社会主体形态的过程中，就是要逐渐实现城市社会治理的法治化。具体来看，法治化治理体现为要以法治的形式来对城市治理主体之间的关系进行明确的界定，以法律的权威划定各自的活动边界，发挥各个治理主体的比较优势。这在发达国家的城市社会治理过程中也有非常明显的体现，只是由于各个国家的国情、制度传统的不同而具有不同的表现形式。

例如，在美国，法律时刻都是城市社会治理体制运作的最有效保障。大到国家的宪法，小到社区管理条例，美国从来没有停止修补法律漏洞的步伐。不断地完善法律体系，不断弥补法律当中的漏洞，在美国城市治理活动中占有重要席位，而且任何一个关于城市治理法律的制定，过程都非常严密，以切实保障城市居民生活的有法可依。[1] 从城市治理有法可依的效果来看，通过颁布系统或者具体的法规，可以对城市利益相关者的权利和义务有一个明确的界定，有利于发挥各个利益主体的比较优势。例如，政府无论何时都应该是社会治理多元主体关系中的主导者角色，而且其承担的角色应该是城市社会治理的引导者、公共服务的

---

[1] 李江涛：《走向善治——新型城市化背景下的城市治理》，广州出版社，2013，第154页。

供给者和公共服务质量的监督者。而社会力量的定位相对要复杂一些，其权限的划分应该是增强社会力量在法律政策允许的范围内实现自我服务、自我管理、自我监督的能力和水平。从树立城市社会治理"法治"理念的目标上来看，就是要以法治来保证城市社会治理的程序正义和结果正义。

当然，从中国城镇化中后期城市转型的路径上来看，治理理论诞生于发达国家，是建构在发达国家政治、经济、文化和社会制度之上的。我们认可多元治理主体共治的城市社会治理模式能够解决城镇化中后期遇到的城市问题，但是也不能忽视中国的具体国情和制度特色。结合中国的国情来看，中国的城市社会治理当前应该还是要发挥政府主导作用，实行"一主多元"的治理体系。理由有以下几点：首先，中国作为当前世界上人口最多的发展中国家，城镇化刚刚突破50%的门槛，从实行治理的角度来看，因为我们面临的内外部环境较为复杂，要维持社会稳定，政府作为治理主体主导的地位不能改变。其次，众所周知，我国的二元户籍制度和"单位制"的制度"惰性"在我国当前的城市社会治理体制中还有很大的体现。在全面深化改革，推进经济社会转型的过程，我国当前的城市社会治理还需要一个强有力的指导力量来把握方向，很明显，承担这个角色只能是政府。再次，尽管我国社会主义市场经济体制已经建立起来很久，但是市场体制本身固有的配置弊端依然存在，而且中国的社会自治力量发育还不成熟，因此当前只有政府力量才能承担我国城市社会大部分的治理任务。也是在这样分析的基础上可以认为，在当下我国实行"一主多元"的城市社会治理体制更符合我国的基本国情和城市发展状况。

二、以赋权为目标深化体制改革

从城镇化中后期城市社会治理要达到的目标上来看，第一步就是要实现城市权力的下放，而这就需要作为城市公共利益代表的城市政府实现以赋权为目标的体制机制改革。

（一）转变政府职能，深化体制改革

从政府在城市社会治理中的角色定位来看，政府责任转型的主要方向是"掌舵"而非"划桨"，政府应该是倡导者、监督者和执法者，而不是将精力专注于具体的治理事务。尤其针对城镇化中后期的城市政府来说，其要实现的就是对市场力量和社会力量赋权的同时完成自身从管理到服务的职能转变。从具体的操作路径上就是要有一定的改革实现放权，有一定的政策支持其他力量发挥治理作用，一定的监督机制保证社会服务和供给的质量。但是要突出强调的是，城市政府职能的转变不是简单地把"转变政府职能"理解为"弱化政府职能"，而是要使得政府在履行职能的时候有进有退，有强化有弱化。

首先，从政府的体制机制改革实现放权上来看，作为治理主体的城市政府在城市社会发展到后期要做到不断调整自身的职能定位，也包括进行适当的体制机制改革来适应城市社会异质性增强的事实。具体来看，就是要在必要的社会公共服务和物品供给的领域内建立有效的政府、市场和社会力量共同参与的机制，在保证城市基本公共服务供给的过程中实现对市场力量和社会力量的放权。比如，政府及其职能部门应该直接放弃办企业的职能，引导城市利益相关者共同参与，相互合作，尤其实现政企分开，改革公共行业、自然垄断行业的管理体制。再者应该加速街道社区的去行政化改革，着力培养服务类、公益类等社会组织，培养大量社会工作人才等强化城市社会自治力量的措施，然后政府可以通过委托、授权、承包等方式，把基本公共服务转移给非营利组织或者社会组织等，实现对社会力量的放权。

其次，从政府政策支持的角度来看，政府应该尽可能的出台适合不同时代和形势下的政策措施，对公共服务体系建设进行必要的宏观规划，以应对城市社会发展的需求。具体来看，要有必要的财政金融政策来鼓励市场力量和社会力量积极有效地参与社会治理；要建立"财权"和"事权"匹配的财政配给制度；要利用现代手段处理城市事务；合理利用杠杆机制鼓励多元主体参与；要对社会组织等社会力量等参与城市社会治理创造必要的政策条件，例如简化审批手续等。

此外，政府要切实发挥好公共服务和物品供给质量监督者的作用。从政府、市场和社会的主体功能来看，市场以利润最大化为目标和社会力量自身对于社会服务供给效度的无法有效掌握都需要切实有效地引入政府的监督机制。因此，政府应该建立健全社会服务绩效评估的机制，引入相关的激励和问责机制，同时增加基本公共服务供给在政府绩效评价中的权重[1]，才能在保证公共服务和物品供

---

[1] 王名：《社会组织与社会治理》，社会科学文献出版社，2014，第134页。

给数量的基础上实现服务质量的提升，进而满足城镇化中后期城市社会服务增长的需求。

总体来看，政府职能转变的目标就是要强化城市社会治理中与民生相关的公用服务供给职能，变"管理型"政府为"服务型"政府，变"无限政府"为"有限政府"，协调城市各方利益关系，最终实现城市社会事务治理的良性循环。

（二）改善府际关系，优化政府职能架构

随着城镇化逐渐推进，与政府自身职能架构相关的问题会不断凸显出来，政府府际关系和自身职能的优化以适应新的城市社会发展的需求成为政府转型重要内容。

首先，建立城市政府之间的跨界合作伙伴关系是城镇化中后期城市社会治理的发展趋势。通过地方政府之间达成一定的协议，构筑城市战略协作伙伴关系，进行基本公共服务提供的委托或者买卖，进行城市之间横向的交流和合作，实现资源整合和共享，可以使得政府之间的公共服务资源得到优化配置。例如，在美国城市的一些学区中，根据学生人数的多少来与其他的学区达成协议，实现城市之间，学区之间教育资源的有效配置和利用。实际上，往更深层次看，建立具有跨界职能的都市区政府协调机构，协调各个城市政府之间在基础设施、空间开发、环境保护和政策法规之间的利益冲突，构筑一种城市政府之间更好的对话协商机制，可以更好地适应城镇化中后期城市发展的要求。但是这种跨界合作一定要因地制宜，不能简单地"一刀切"。

其次，从中央政府和地方政府的关系来看，明确各级政府在社会公共服务供给中的责任，尤其是中央和地方在基本公共服务供给上的分工是理顺治理关系的重要方面。具体来看，应该发挥中央政府在政策制定、资源整合、协调关系等方面的突出作用，同时以适度的分权和政策激励来鼓励地方政府实现城市基层社会治理体制的创新，调动地方政府治理的积极性和主动性。而地方城市政府应该结合自身城市社会发展的现实要求，整合自身现有的资源，循序渐进实现治理体制机制的创新。

此外，政府应该从自身职能改革的角度优化其职能架构。从建立合理的政府职能架构的角度来看，要提高城市政府的行政效率、优化政府的行政层级，减少城市政府之间职能交叉、功能不清、责权不明、多头管理等现象。要在明确城市社会治理目标的基础上建构"扁平化"的政府架构，尽可能地精简政府职能机构，尽快建立分工明确，统一协调的政府部门职能管理办法。此外，从政府实现高效率运转的角度来看，要以科学合理的目标及其理念进行公务员制度改革，让城市治理人员能够以更好地为社会服务的目标来工作。

三、以自治为导向构建共同治理模式

发达国家城镇化中后期，尤其是20世纪末期进行的城市治理制度改革的经验表明，要实现"人民的城市由人民治理"，需要在强化市场力量和社会力量参与治理的基础上，以增强自治能力为导向构建城市社会共同治理的路径。

(一) 促进市场力量履行社会责任

对于市场力量来说，在城镇化中后期的城市治理过程中，其要转型的最明确的方向应该是同政府力量和社会力量一起承担社会治理的责任，积极参与到社会治理的过程中，为政府的权力下放和社会力量的自治搭桥。

具体来看，首先，市场力量需要在政府引导或者社会力量的需求导向下找到城市社会治理中的基本社会需求内容、与市场力量发挥作用相关的城市社会发展问题、市场力量解决城市社会问题的最佳途径，以促进市场力量有的放矢。其次，从市场力量参与社会治理的方式上来看，市场力量应该以创新的机制调动多方面、多领域的资源，让市场机制切实有效的发挥服务供给作用，配合政府职能转变的步伐，有效承接政府职能转变中的一些基本公共服务事项，提升社会整体基本公共服务供给的效率和质量。最后，市场力量要将履行社会责任作为在城镇化发展大背景下的主要转型方向。作为促进城市经济增长的主体力量，市场力量要努力在技术和制度创新的领域内实现经济效益增长的同时，做到效率与公平的匹配。比如要更多地在解决城市就业问题上创新思路，要在满足经济需求的同时兼顾社会生态责任，要以竞争为目标提供更高更优质的公共物品和服务，同时建立道德公平的交易市场，保证提供公用服务和物品的质量过关，促进社会公平正义在市场领域内有效实现。

实际上，在市场竞争机制的影响下，市场力量是最有创新潜力的社会治理领域，因此，其实现城市社会治理成本共担机制的渠道也可能更加的多元化。所以，从城镇化中后期城市转型的角度来看，应该以合理的体制机制激励市场力量的积极性和创造性，以满足多元利益主体的城市社会利益诉求。

(二) 以社会力量自治完善多元治理体系

从发达国家城镇化中后期的城市社会治理的角度来看，提高社会力量在社会服务供给中的参与水平，鼓励社会力量以自己的专长拓宽其服务领域、提供多样化的社会服务是发展的必然要求。

（1）坚持以社区自治为导向的治理体制改革。社区作为城市社会治理的主要载体，其在城市社会服务需求日趋增加的情况下逐渐实现自治是发展趋势。而如果从其整个宏观的发展路径上来看，首先，要增强社区的自主性，也就是增强其自我管理、自我服务的能力。要充分发挥城市社区中既有社会组织和团体的积极作用，推进公益类、慈善类、服务类社会组织走入社区。要创新社区发展的体制机制，比如保证社区资金的多元化渠道来源，重视社区人才队伍的建设，提升社区管理体制的科学化水平等，让社区能够最大限度地承接大部分的城市社会治理职能，把城市社会问题的解决和矛盾的化解放到社区这个层面上来。其次，城市社区应该在不断创新的基础上适应城镇化中后期城市社会发展的需要，增加社会服务供给的多样化、个性化，让社区成为凝聚社会共识，维护城市社会和谐稳定的缓冲地带。比如提供针对失业人员的就业培训、针对老龄化社会到来的养老服务、针对社区儿童的教育等。要以社区公共服务供给能力的提升来实现城市整体社会治理水平的提升。再次，要在城市社区治理中尽可能地引入市场化发展机制，通过引入竞争机制来提高社区公共服务和物品供给的质量和水平。最后，要从城市发展以人为本的角度增强社区居民的参与意识和民主意识，为社区居民参与社区治理提供制度化路径。

从我国城镇化中后期城市社区参与城市社会治理的角度来看，最关键的还是要在社区"去行政化"的过程中逐渐完善城市社区自我服务、自我管理等能力，要理清楚政府和社区自治的边界。在社区服务领域内，政府以政策供给来保证社区基本公共服务的供给，而从社区管理来看，要体现为"党委领导、政府负责、社会协同、公众参与、法制保障"的社会治理新格局[1]。总体来看，就是要在城镇化的中后期逐渐建立起来以社区共识和认同为基础的，充分发挥社区能动性和自主性的治理机制，构建社区参与网络，增强多元主体在社区领域内的信任和合作，以实现共同利益。

---

[1] 李友梅：《城市社会治理》，社会科学文献出版社，2014，第278页。

(2) 以社会组织建设夯实治理组织基础。社会组织作为城市社会治理中非常重要的力量，在新的城市社会发展环境中必须适应社会服务需求提升的现实，在加强组织建设的同时实现自身功能能级的不断提升。首先，应该从促进社会组织发展的角度进行体制创新，以体制机制的创新影响社会组织成立、改革和完善，让社会组织真正成为城市社会治理中不可或缺的角色。要针对城市政府不能有效管理和暂时无法管理的领域，积极鼓励和发展社会组织，发挥社会组织应有的功能。其次，要在明确治理主体责任的基础上，让社会组织在提供社会公共服务、促进社会治理体制创新上发挥比较优势，激发社会组织参与社会治理的活力。再次，社会组织要完善自身建设，树立自主意识，增强自我发展能力，重视社会责任和法治观念，以自身建设为契机加快形成城市社会治理多元主体互动的合力。另外，要在制度层面上推进各项改革，在具有正确的制度和政策引导的基础上，注重社会组织的规范化建设，要在激发社会组织创造力的同时，引入一定的激励机制，让社会组织能够在竞争的环境中提供更多更高效的服务。

(3) 积极鼓励城市社会治理中的公民参与。进入城镇化中后期之后，公民"城市性"的增强让城镇化的发展有了最为实质的意义。城镇化越往后推进公民自我管理的意识会更加强烈，而如何引导公民的有效参与，加强公民对现代文明、现代理念的认同和接受，自然成为城市社会治理的主要内容。首先，要认识到公民参与是一个循序渐进的过程，因此要从自治的视野内以有效的制度和政策来保证公民参与和民主化决策的实现，逐渐提高公民参与社会治理的层次。以提供针对市民需求的社会公共服务为契机，调动市民参与城市社会治理的积极性。其次，应该以提高公民的素质为抓手，为实现市民有效参与城市社会治理创造条件。在美国北卡罗来纳州的杜姆邻里学院，由政府建立传授与公众参与相关的知识，就是一种很好的以提高公民素质为方式进而提高公民参与水平的方式。再次，应该把促进公民参与与实现社区自治和社会组织建设结合起来，形成社会力量共同参与城市社会治理的局面。而从结果上来看，鼓励公民参与城市社会治理的最终目标是实现城市社会发展以人为本的价值导向。此外，在国外的城市社会治理中，采用现代信息技术手段，或者采用一些"碎片化"的教育手段，推动城市治理手段创新，提高服务效率和水平也是其特色。

如果总结发达国家城镇化中后期的城市社会治理转型过程就会发现，发达国家城市社会治理改革的方向就是"从强调城市管理向强调城市的治理，从强调集权、服从、高效、强制和规范等传统官僚制的城市管理,向主张地方分权化改革、强调公私伙伴关系、实行多中心的治理体制、主张城市治理的法治化、推进市民参与民主治理等的城市治理转变。"[1]但是我们也要认识到一个现实,进入城镇化中期阶段的中国城市社会治理,目标应该是在借鉴发达国家经验的基础上实现"弯道超车",但是前提是一定要把握我国既有国情和制度条件进行渐进式的改革。此外,相对于城市产业和城市空间规划的转型,由于城市社会系统的动态性和复杂性,城市社会治理的转型也带有复杂性特征。从发达国家的城市社会现状来看,也很难说它们已经成功完成了城市社会治理的转型,因此从提升城市发展质量的角度来看,城市社会治理转型要走的路还很长。

---

[1] 张红樱,张诗雨:《国外城市治理变革与经验》,中国言实出版社,2012,第12页。

第六章 镜鉴与启示：对城镇化中后期中国城市发展的思考

截止到 2018 年底，中国城镇化率的官方统计数字为 59.6%。按照城镇化阶段理论的通用划分标准，我国处于城镇化中期阶段亦即城镇化的加速发展阶段。2015 年 12 月 20 日到 21 日，时隔 37 年再次召开的中央城市工作会议肯定了改革开放以来城镇化不断推进过程中我国城市发展取得的成就，强调了在新的形势下中国城市转型的必要性，也拉开了我国城市改革发展的大幕。总的来看，正处于城镇化中期阶段的社会主义中国能否在新的时代背景下走出一条成功的、富有中国特色的城镇化道路不仅是关乎我国城市健康发展乃至我国整体经济社会稳定的重要工作，更是世界其他国家翘首以待的大事。所以在这样的背景下，中国当前及其以后的城市转型显得任重道远。

第一节 城镇化快速推进阶段的中国城市发展现状

当前处于城镇化快速发展阶段的中国城市，作为中国经济、政治、文化、社会和生态等多方面发展的空间载体，是我国改革发展大局的"主战场"。[1] 2015 年底召开的中央城市工作会议评价中国城镇化建设取得的成就是：举世瞩目、波澜壮阔。实际上，中国城市是中国发展引擎，并且在多个领域取得了傲人的发展成就。当前中国 80% 以上的国民收入、财政税收、就业岗位和科技创新成果产

---

[1] 范恒山，陶良虎：《中国城市化进程》，人民出版社，2009，第 65 页。

生于城市❶，所以从整体上来看，我国的城市发展在城镇化大背景下为我国的经济社会进步奠定了良好的基础。由于本书主要从路径的角度对解决当前城市发展问题进行分析，所以我们在肯定中国城市发展成就的基础上，主要从分析当前中国的城市产业、空间规模和社会治理方面还存在的问题——"城市病"入手，对中国的城市总体现状进行宏观描述。

一、产业结构转型与粗放的双重压力

中国城镇化进程的持续推进是建立在中国的工业化水平不断提升的基础之上的。以新世纪来看，2004~2014年的十一年中，我国的第二产业平均每年的增速为10.5%，第二产业虽然在GDP中的比重在下降，但是其作为支撑我国城市发展的主体力量依然发挥着重要作用。第三产业的不断崛起和发展，成为经济增长亮点。2013年，我国国民经济中第三产业的比重首次超过了第二产业，并且十年来始终保持着9%的平均增速❷，这意味着我国的产业结构正在不断的趋向高级化，我国城市开始往服务型经济发展的道路迈进。但是，当前中国经济发展内部面临着转方式调结构的要求，外部面临着全球经济增长预期不高和发达国家"再工业化"的挤压，加之当前全球化对城市产业资源、生态的约束力增强，未来中国的城市产业转型的压力依然很大。在这样的形势下，中国城市产业发展的特点是问题依然存在，转型的形势急迫。

（一）工业化后期城市产业结构"退二进三"的压力

《根据中国工业化进程报告（2014）》的说明，我国已经进入了工业化的后期，但是这并不是说我国的城市产业结构已经实现了"退二进三"的切换，从整体上来看，我国城市产业较多地依赖第二产业拉动的现象依然存在，城市第三产业比重还正处于不断增长的过程中。

（1）城市第二产业比重仍然较大且一般超过第三产业比重。根据国家统计局《中国城市统计年鉴（2014）》的数据显示，全国城市市辖区总体三产的比例

---

❶ 中国城市科学研究会：《中国城市规划发展报告2014~2015》，中国建筑工业出版社，2015，第4页。

❷ 孙一仰，焦晓云：《我国城镇化建设取得的成就与基本经验》，《技术经济与管理研究》2015年第10期。

分别为 8.19%、49.49% 和 42.32%。但是如果仔细分析每个城市的 GDP 比重就会发现，我国当前除了有少数城市的第二产业比例低于第三产业以外，我国大部分城市的第三产业比例都低于甚至远远低于第二产业的比例。从 2014 年数据统计的全国 286 个城市来看，只有 48 个城市的第三产业占 GDP 的比重超过了第二产业的比重，这其中还有甘肃、贵州等一些省份中第一产业比重依然很大的城市，比如毕节、张掖、定西等城市。可以说除了北京、上海等直辖市和少数一些省会城市、副省级城市、旅游城市的第三产业明显大于第二产业之外，全国大部分省份的城市产业还是以第二产业为主导。再者，从城市群的产业分工来看，截止到 2012 年底，长三角、珠三角、京津冀城市群第二产业比例降低，第三产业比例增大，且第三产业比例大于第二产业；山东半岛城市群第二产业在收缩，第三产业在扩张，但是第二产业仍大于第三产业，处于第二产业向第三产业转变阶段；而辽中南、中原、长江中游、川渝和关中城市群，第二产业所占的比例在大幅度上升，第三产业比例则比基期有所下降。这些城市群的第二产业在扩张，第三产业相对收缩，处于第二产业高速发展阶段。❶ 这些数据和比较，直接说明了我国城市产业结构转型的压力依然非常的大。

（2）产业内部结构待优化，产业结构雷同。从《中国城市统计年鉴（2014）》按照产业划分的单位从业人员数据上看，我国第二产业劳动力就业基本上呈现出与产业结构相类似的结构取向，即在第二产业的从业人员中，采矿业、制造业、建筑业等就业人口依然占有非常大的比例，有些城市就业人口在劳动和资本密集型产业就业的比例高达 70% 以上。与此同时，第三产业从业人口过低，而且劳动力在第三产业就业的结构也不合理，大部分的第三产业从业人员是从事以餐饮服务、批发零售、维修服务等服务门类。金融、公共管理和社会组织等服务业的就业人数相对较高，但是保险、通信、高新技术开发、信息服务和社区服务、社会保障和福利等第三产业门类还处于起步阶段。❷ 此外，我国城市产业还存在一个较大的结构性问题——产业结构雷同。以经济相对发达的长三角地区为例，大多数城市都把电子、汽车、机械、化工、医药作为了未来发展的主导产业。从 15 个长三角城市的工业行业完成产值情况来看，排在前 10 位的主要

---

❶ 杜龙政，常萼：《中国十大城市群产业结构及产业竞争力比较研究》，《胡言财经》2015 年 3 月 25 日。
❷ 蔡秀玲：《中国城镇化历程、成就与发展趋势》，《经济研究参考》2011 年第 63 期。

第六章 镜鉴与启示：对城镇化中后期中国城市发展的思考

工业大类中，上海与江苏同构率达到了90%，上海与浙江同构率达到70%，江苏与浙江的同构率达到80%。❶城市之间尤其是相近地区的城市之间的产业结构雷同不仅仅会加剧城市之间同类行业之间的竞争，在我国当前城市产业还是以第二产业为主导的情况下，重复建设在增加了过剩产能的同时还会加剧资源的浪费，更不利于区域分工合作。

（二）产业发展粗放，资源能耗大，城市生态问题凸显

由于我国的发展正处于从"要素驱动"到"创新驱动"的转型时期，由于对资源要素依赖的惯性，高投入、高能耗、高污染、低效益的"三高一低"企业在全国很多城市还存在，城市产业发展模式粗放的特征明显。据统计，2014年中国的石油消耗量达到了5.19亿吨，煤炭消费量约为35.1亿吨，其中2014年12月中国铁矿石进口量达到创纪录的8685万吨，在前几个五年计划实施期间，我国消耗了全球约40%的水泥和35%的钢铁。❷这些资源基本上都是在城市地区消耗的，尤其是城市产业发展的消耗。据统计，目前中国的城市区域内的能耗占了全国能耗的70%以上，城市工业二氧化硫、工业二氧化碳的排放量总量大且较难控制（见图6.1）。尤其是东南部城市密集带地区的城市资源环境约束的压力更大，这些地区的人口、资源与城市的综合承载能力矛盾凸显。现实来看，我国城市目前由于资源能耗较大一方面面临着空气污染等严重的城市生态问题，如从2006年到2015年，北京市每年的雾霾天数都超过30天，其中2010年和2013年超过50天；另一方面也带来了城市资源短缺的问题。

（三）城市产业发展不平衡现象存在

经济发展的区域、城乡差距也体现在了我国城市产业发展上，从区域、城市等级上来看，这种不平衡现象也较为明显。

（1）城市区域产业发展"东强西弱"。我国城市发展出现了典型的"中心-外围"效应、断裂效应和交通效应影响的产业化中心和非产业化外围的区域特征。即我国的城市产业格局形成了东部和中部地区一体化，形成自主发展区；东北和西部地区的地位相对下降的特征。❸从《城市竞争力蓝皮书（2015）》中也

---

❶ 何志扬：《城镇化道路的国际比较研究》，博士学位论文，武汉大学经济学系，2009，第194页。
❷ 中国城市科学研究会：《中国城市规划发展报告2014~2015》，中国建筑工业出版社，2015，第5页。
❸ 倪鹏飞：《中国城市竞争力报告 No.13——巨手：托起城市中国的新版图》，社会科学文献出版社，2015，第82页。

可以看出，2015年我国城市综合竞争力排名前十的城市（包括香港、台北、澳门）全部都在东南部沿海地区。而从全国区域的综合经济竞争力排名指数来看，由高到低依次为东南地区（包括香港、澳门）、环渤海地区、中部地区、东北地区、西南地区和西北地区。东南沿海地区依然集中了当前中国最具经济竞争力的城市，中国城市实践的竞争力分化状态凸显，并呈现"俱乐部趋同"的阶段特征。大量的生产要素、资源依然"孔雀东南飞"。东部地区集聚着大量优势产业、人才，而中西部地区的城市的综合发展潜力还有待挖掘。西部地区一些城市的产业结构依然有第一产业比重过高、第二产业结构不合理、第三产业尚在起步的特征。而作为传统的老工业基地的东北地区城市产业正在艰难转型，整个东北地区人口流失现象严重。

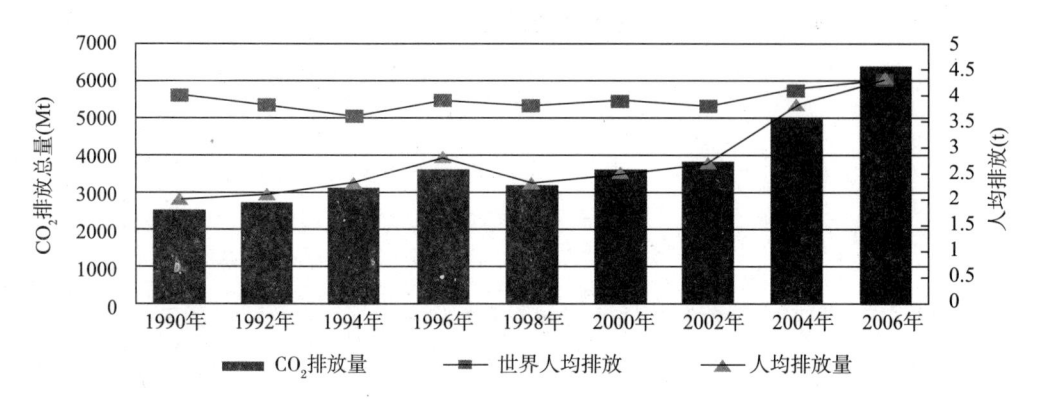

图6.1 中国温室气体排放总量与人均排放量变化趋势（1990~2006年）

资料来源：李迅，刘琰：《低碳、生态、绿色——中国城市转型发展的战略选择》，《城市规划学刊》2011年第2期。

（2）不同规模城镇发展差距较大。受制于城市行政等级的影响，我国大中小城市和小城镇之间的比较优势也在拉大，城市产业从类型到规模都出现了一定的差距。大中城市成了人口增长、产业发展的"领头羊"。目前我国部分东部特大城市和直辖市、省会城市、副省级城市等行政级别较高的城市，由于资源集聚能力强，其产业、人才吸引能力天然较强，经济竞争力和水平显著高于其他地级城市，城市的产业结构已经明显地呈现出了后现代化的特征。比如北京、上海的第三产业比重已经超过了70%。而于此相对应，中小城市产业和人口的集聚能力不足，三、四线城市相比于一、二线城市，经济总量较小，城镇产业体系不健全，城市自身集聚和扩散能力较弱，经济发展缺乏内在活力和带动农村地区发展

第六章 镜鉴与启示：对城镇化中后期中国城市发展的思考

的能力。❶ 小城镇产业和人口发展的潜力也没有充分发挥出来，乡镇企业发展势头减弱下的小城镇发展转型压力更大。整体来看，我国大中小城市产业协调发展的格局还在不断形成过程中。

城市产业区域和大中小城市产业分布的不均衡带来的是区域发展东强西弱的梯度发展格局。与此同时，由于大城市的吸纳能力依然较强，人口往东部地区大城市迁移的步伐稍有放缓，但是人口迁移还在进行。我国大城市尤其是东部地区大城市面临着人口膨胀、交通拥堵、住房紧张、环境污染、城市人均资源占有量不断下降、城市承载能力不足等问题。

（四）城市产业创新能力有待提升

改革开放之后中国城镇化道路，先后由以下几种主要的驱动力带动：首先是改革开放之后不久的乡镇企业为主导的"就近城镇化"模式，吸引了大量人口就近就地就业。其次是兴起于对外开放局面下的东南沿海利用外资发展的加工贸易制造业。这个发展模式带动了东南沿海广东、福建等地城市产业的结构化升级。第三种则是20世纪末期兴起以土地出让为主，发展房地产业的城镇化。现在看来，这几种模式都出现了发展的瓶颈，也凸显了我国城市产业创新力不强的问题。

（1）传统城市产业发展路径式微。首先，受制于财政和投资体制，中央政府采取了激励地方政府积极性的分税制，而这种制度在过去一段时间更多地表现为刺激了以土地财政为代表的"企业化"城市经营机制。政府通过征地卖地获得的土地收入，成为很多地方政府财政收入的来源。看似建立起来了一套完整的产业链条，但是这些链条是建立在两种土地使用权和房地产需求增长的基础上的。从根本上看，这种发展方式带来的是我国城市吸纳人口彻底在城市就业的能力不足，大量的农民工在有房子盖有路修的时候是工人，没房子盖没路修的时候就是农民。而且对土地的依赖，引发了地方政府负债，更容易使得地方政府陷入卖地再卖地的恶性循环。其次，利用外资和廉价劳动力优势，我国利用全球制造业转移的机遇成为"世界工厂"。但是2009年金融危机过后，世界经济的发展就表现出了增速疲软的现象，需求市场的萎靡打击了我国的制造业，而劳动力用工

---

❶ 倪鹏飞：《中国城市竞争力报告 No.13——巨手：托起城市中国的新版图》，社会科学文献出版社，2015，第159页。

成本上升带来的外资企业的产业区域转移使得中国制造业"雪上加霜"。目前，长三角和珠三角地区那些曾经以传统制造业为主的城市，比如东莞、佛山正在经历着转型，订单减少、人员流失带来了大量城市发展问题。

(2) 城市产业创新力不足。尽管《中国城市创新报告（2015）》显示了当前中国城市整体的创新能力在不断提高，但是受制于城市产业创新的基础薄弱、创新观念转换迟缓、粗放经济发展惯性强大等因素，我国城市产业创新仍然不强。整体来看，中国城市的创新能力与国外相比还有很大的差距，我国的城市关键技术对外依存度依然在50%左右。❶ 而从城市产业发展角度来看，城市企业创新能力不足、企业创新的主体地位也不牢固，自主品牌较少，研发投入不高、承受风险能力较弱，创新能力十分薄弱，城市产业创新的体制机制也不健全，城市产业创新的人才更是不足。根据《中国城市规划发展报告（2014~2015）》对我国城市创新城市建设的评估，我国约有98.85%的城市全社会R&D投入占GDP的比重达不到创新型城市建设标准的5%；约有98%的城市企业R&D投入占销售总收入的比重达不到创新型城市建设标准的5%；97.6%的城市高新技术产业产值占工业总产值比重达不到创新型城市建设标准的60%。❷ 2009年、2010年和2011年全国各城市产业创新指数分别介于0.0613~0.6147、0.0659~0.06116、0.0677~0.6339之间，只有北京、深圳、上海、苏州、广州、无锡、珠海的产业创新指数超过0.5的平均水平，但是没有超过0.75的平均水平，相对于发达国家的创新城市而言差距较大。❸ 此外，从我国城市产业创新的综合竞争力上来评价，创新城市更多地集中在了以深圳、北京、上海、苏州、无锡等为代表的东南部地区城市，全国城市的整体创新能力还需要大力提升。

整体来看，中国的城市产业转型面临的压力主要有以下几个方面：第二产业比例过高的现象依然在全国范围内的城市中出现；城市之间产业重复率大，造成了当前我国经济发展产能过剩的现象；由于产业发展方式粗放带来的城市生态污染问题；城市产业创新能力不足；城市产业发展的不平衡带来我国区域发展的不

---

❶ 周天勇，旷建伟：《中国城市创新报告（2014）》，社会科学文献出版社，2014，第43页。
❷ 中国城市科学研究会：《中国城市规划发展报告2014~2015》，中国建筑工业出版社，2015，第110页。
❸ 中国城市科学研究会：《中国城市规划发展报告2014~2015》，中国建筑工业出版社，2015，第112页。

平衡性。

二、空间承载力和开发强度失衡的城市扩张

根据国际经验，城镇化进入快速发展阶段，也是城市规模不断扩大，郊区化、逆城市化加速推进的阶段，中国也不例外。根据《城市建设统计年鉴（2014）》统计，截止到2013年底，我国城市建成区总面积为47855.28平方公里，城区面积183416.05平方公里。在城市建成区面积不断增加的同时，我国城市基础设施建设不断完善，城市维护建设财政性支出不断增加，城市市政公用建设投资也在不断增加。具体来看，城市的交通、道路桥梁、供水、供热、供气、排污、园林绿化等基础设施体系不断的提升，城市用水普及率、燃气普及率、污水处理率、城市人居公共交通拥有量等都有明显的提升，城市人口容纳能力不断增强，城市地区尤其是大城市成为传播我国现代化建设成就的重要窗口。同时产业集群的耦合机制对城市经济的带动使得城市之间的联系更加紧密，以城市群为主体的产业空间载体形式在我国也在不断形成。总体来看，城市扩张是当前中国城市空间发展的最主要特征，但是相对应的，中国的城市在以可看得见的速度实现着规模扩张和资源集聚的同时，城市的空间承载力与开发强度之间的矛盾也在凸显。

（一）土地城镇化快于人口城镇化

转型时期，中国城市空间扩张趋势非常明显，尤其是"房地产热"现象出现以来，以土地出让获得收益的方式助推了我国城市的蔓延式扩张现象。

（1）城市蔓延。城市"摊大饼式"的蔓延已经成为我国城市空间扩展的"通病"，城市固定资产投资的逐年增加导致了城市规模的无节制扩张。大规模的征地建设居民小区、新城、开发区、工业园和大学城等，使得建成区的人口密度低，基础设施建设摊子铺得过大，造成了我国土地资源的严重浪费（见表6.1）。根据《新型城镇化规划纲要（2014~2020）》的数据，2000~2011年，我国城镇建成区面积增长了76.4%，但是城镇人口的增长速度只有50.5%；农村人口在减少了1.33亿的同时，农村居民点用地却增加了3045亩，由此说明，我国存在明显的土地城镇化快于人口城镇化的现象。城市蔓延的结果不仅仅带来了土地资源的浪费，同时也威胁到我国的粮食安全和生态安全。此外，根据初步的预测，

"十三五"期间随着我国人均拥有汽车量的增加，中国城市郊区化的趋势会进一步的加强，城市蔓延的脚步还在加快，这对于土地资源保护来说，压力也只增不减。

表6.1 2002~2013年中国城市建设情况 （单位：平方公里）

年份	建成区面积	征地面积	年份	建成区面积	征地面积
2002	25972.55	2879.86	2008	36295.30	1344.60
2003	28308.00	1605.60	2009	38107.30	1504.70
2004	30406.19	1612.56	2010	40058.00	1641.60
2005	32520.72	1263.50	2011	43603.20	1841.50
2006	33659.80	1396.48	2012	45565.80	2161.50
2007	35469.70	1216.00	2013	47855.30	1831.60

资料来源：《中国统计年鉴》2003~2014年相关数据。

（2）城市空间资源分布失序。与土地城镇化快于人口城镇化相关的城市空间扩张后果就是我国城市生活、居住、就业空间资源分布失序带来的城市空间结构不合理现象。土地财政驱动下建立起来的新城、新区，产城融合度不高，配套的基础设施和公共服务不到位，大量的"空城""鬼城""卧城"在城市的边缘地带形成。这直接导致了城市人口空间分布的时序失衡，加剧了城市中心区和郊区的交通压力，带来了城市交通拥堵。

（二）城市空间扩张加快与基础设施建设的不配套

随着城市扩张过程一起出现的还有我国城市基础设施建设配套不足的问题。

（1）城市基础设施老化。根据《中国城市发展报告2014~2015》的数据，尽管我国城市的污水处理率达到了87.3%，但是还有部分城市的基础设施建设出现了设备老化、布局不平衡，运行的效率和效益有待提高的问题。其中城市排涝设施的不配套，导致了城市暴雨内涝现象突出。2012年全国有184座城市进水受淹或者内涝。[1]此外，尽管在2012年底，我国城市仅供水、排水、燃气、供热等四类地下设施管线已经超过148万千米，但是由于地下管线种类繁多，隐蔽性强，权属复杂，很多城市的地下管线出现现状不清、管理缺位等问题，地下管线

---

[1] 国际欧亚学院：《中国城市状况报告（2014~2015）》，中国城市出版社，2015，第69页。

第六章 镜鉴与启示：对城镇化中后期中国城市发展的思考

泄漏、破裂、爆炸事故时有发生，粗略统计，全国每年因为地下管线事故造成的直接经济损失以数十亿元计。[1]

（2）城市基础设施建设滞后于城市建设步伐。在当前我国快速推进的城镇化进程中，新城、工业园区、大学城、高科技开发区等建设基本上都是遵循着"征地—引资—建设"的套路。这其中由于城市基础设施建设融资渠道、方式的差异导致了大量的城市在规模不断扩张的同时，城市的新区建设出现了功能单一、基础设施建设不配套的现象。这就导致了新区对人口的吸纳能力并不强，新区建设并没有成为形成产业集群和优化城市空间布局的主要方式，反而成了造成城市拥堵、土地资源浪费的源头。根据发达国家的统计数据，一般城市基础设施的投入要占到国民生产总值的3%至5%之间，而在中国这个数字只有1%左右，由此也可以看出我国基础设施建设投入方面与发达国家的差距。

（三）城市空间规划能力有待提升

城市规划是协调城市空间功能的有效方式。随着城镇化的不断推进，我国的城市规划技术和水平都有了显著的提升，但是由于当前我国城市空间扩张的速度过快，规划缺乏科学性的现象仍然存在。比如，虽然当前中国的城市交通规划进入了高投入、快建设、立体化发展的阶段，但是随着我国城镇化的快速推进和城市人口的增多，加上我国交通规划的滞后性，我国城市的交通发展依然面临着土地、资源、环境的制约。尤其是机动车保有量的迅猛增长带来了交通拥堵、交通安全、城市停车难、空气污染等问题，也带来了安全、环保和资源等方面的隐患。此外，我国城市道路交通规划目前尚无法对城市快速发展过程中的人流、车流进行系统有效的规划，道路分级不明确，规划建设只注重城市的主干道的建设而忽视了城市次干道路网的规划建设。从城市生态人文规划上来看，我国城市对城市绿色规划还处于重视不够的状态。在城市建设和改造的过程中，没有预留城市绿地建设的空间，密集规划的楼房使得城市的绿化空间非常有限，放眼望去，水泥的灰色远远多于绿色。此外，交通绿化方式也较为的单一，居住区的绿化"蜻蜓点水"，城市原有的生态环境遭到了城市扩张的破坏，城市本身的净化能力已经无法应对当前城市中不断出现的水污染、空气污染、噪声污染、光辐射污染

---

[1] 国际欧亚学院：《中国城市状况报告（2014~2015）》，中国城市出版社，2015，第71页。

等，城市陷入"绿色缺失"的危机。[1]

(四) 城市特色和历史风貌危机严重

城市特色危机是我国城市建设过程中不容忽视的另外一个重要问题。在快速城镇化推进过程中，城市一方面旧貌换新颜，一方面失去了自身的文脉特色，堪比"整容"。

(1) 城市建设求大、求洋、求新，导致"千城一面"。在当前中国城市建设中，盲目的求大、求新、求洋的现象存在。城市建设过程中模仿抄袭西方，认为国外的就是好的，后现代主义的建设都是时髦的。这种盲目模仿的后果不仅带来了城市景观的"西洋化"，也导致了当前中国城市的"千城一面"。著名文化专家单霁翔曾经在一次讲座中列举出了自己的很多城市建筑照片，他自嘲说"分不清这些照片是哪个城市，看着都一样"。此外，城市建设求大的现象在全国范围内出现。从大城市到小县城，高高的楼房、大大的广场、宽阔的道路、雄伟的地标建筑，甚至一些贫困县的交通都要规划到双向十几个车道，这不仅超出了城市本身发展的需求，而且不利于产业和人口的集聚，引起了城市发展的负外部效应。

(2) 城市历史文化遗产破坏。与新建城市的标新立异相比，另外一个问题则是对城市传统文脉的大拆大改。传统的历史文化遗产因为无法跟得上时代的"潮流"而被大量的推倒，大量古街区、古村落、人文景观被拆。还有为了大力发展第三产业，拆掉旧文物或者在文化遗产周围建造仿真建筑，导致历史遗产不洋不古。这种"建设性破坏"导致城市的记忆被消解掉，城市的自然、地方风情和文化个性丧失，城市的文脉断裂。而那些依托城市历史遗产存在的城市记忆、乡土特色、民俗文化、非物质文化遗产在这样的建设中流失并且不能被恢复。国家相关部门公布，我国的历史文化名城 122 个，国家历史文化名镇 181 个，历史文化名村 169 个，这个数目与我国的悠久历史和辽阔国土面积已不相称。[2]

城市空间布局规划的协调是体现城市以人为本，实现城市可持续发展的基本硬件。从我国城市空间发展的现状来看，城市空间蔓延和城市人口的集聚使得我国的城市外围地区还没有成为一个可靠的"反磁力中心"，反而制约了城市整体

---

[1] 魏广龙，任登军：《城市空间布局现状与未来趋势探讨》，《人民论坛》2014 年第 2 期。

[2] 伍江：《新型城镇化中该如何保护和传承历史文化》，《人民日报》2014 年 3 月 26 日，第 8 版。

功能的提升；城市基础设施滞后带来城市功能协调不到位；城市文化遗产被破坏带来城市特色危机。因此，中国城市空间面临着扩张和承载力的双重挑战，还需要尽快实现发展和规划的根本转型。

三、城市社会治理水平有待提升

城市社会的最基本特征是异质性强，这种异质性特征是保持城市社会特色，同时也是带来城市社会问题的原因。根据2014年《国家统计年鉴》发布的数字来看，截至2014年末，我国城镇常住人口74916万人，比上年末增加1805万人，城镇人口占总人口比重为54.7%，农村常住人口在不断减少，且2014年我国城市居民的人均可支配收入达28844元，其中上海、北京、浙江2014年城镇居民人均收入超4万元，上海最高达到47710元，由此可见，我国城市居民的物质和文化生活水平有了大幅度的提升。此外，随着一系列改革制度的不断实施，农业转移人口在城市的落户政策也在不断放宽。我国传统的组织化城市管理体制经历了深刻转型，城市社区治理取得了进步，城市基本公共服务的供给能力明显的提升。在新的科学技术发展和社会治理体制创新的背景下，城市管理方式手段不断推陈出新，城市社会治理的主体不断多元化，城市治理的科学化、民主化水平也不断提升。但是，同样随着中国正式进入城市社会，我国的城市也出现了社会发展的共性问题，且受传统的二元户籍制度惯性和快速城镇化进程的影响，我国城市社会问题颇为复杂。

（一）城市异质性与城乡二元结构惯性下的城市社会

城市社会的异质性本身带来了中国城市社会治理的复杂性，再加上中国人口众多，城乡发展的体制机制正在转型，管理条块的分割，资源配置的不合理等问题带来了许多中国特有的城市社会问题。

（1）农业转移人口的市民化难题。在二元户籍制度的影响之下，我国出现了大量的在城乡之间移而不迁的"农民工"，这些人作为城市常住人口往往是城市人，但是大部分时间只是城市的"移而不迁"的流动人口。根据2014年中国的农民工检测报告来看，中国农民工总数超过2.7亿人，这一庞大的数字给我国城市的基本公共服务带来了巨大的压力。因为从总体来看，这一群体目前就业保障低、流动性强、社会保险水平低，面临着市民化的六大障碍：成本障碍、制度障碍、能力障碍、文化障碍、社会排斥和承载力约束[1]，且与城市居民在基本公共服务方面还有不小的差距（见表6.2）。但是他们在城市定居的意向非常明确，其对就业、住房、子女教育、医疗卫生等基本公共服务的需求将会成为考验我国城市政府治理能力的最大的挑战。

表6.2 2011年北京市城乡居民、非本市居民享受权益比较

权益类别	本市城镇户籍	本市农村户籍	外埠城镇户籍	外埠农村户籍
城乡低保标准（元）	580	460	—	
子女义务教育	免试按户籍或居住地就近入学		提供相关证明就近入学	
交通事故死亡伤残赔偿（元）	36469	16476	提供北京市居住证明，可按北京市民标准赔偿	
义务兵优待金（元）	20000	20000	—	

资料来源：潘家华，魏后凯：《中国城市发展报告No.6：农业转移人口市民化》，社会科学文献出版社，2013，第20页。"—"表示不享受此项权益。

（2）双重二元结构下的城市社会空间分化。目前，国内有学者认为我国不仅有城乡二元结构，在城市的空间发展载体内还存在着城市内部的二元结构。也就是说，我国存在着城市居民和农村居民的二元结构和城市居民之间的双重二元结构。即受"断裂"社会的影响，中国城市发展的社会空间极化的现象已经出现，城市内部的社会分化也在加剧。有数据显示，2011年底中国城镇人均年收入在7500~8500元之间的贫困人口大约为5320万人[2]，且截止到2013年，中国单纯大城市内部的特别贫困人口大约有45万人，而其他城市的贫困人口也依然存在。此外，城市内部仍然有大量的弱势群体，比如残疾人、失业群体、特殊人员等一些社会成员的基本公共服务问题仍待解决。另外，虽然"单位制"在我国逐渐改革解体，但是其制度惯性仍在。目前，以"单位制"为管理模式的社

---

[1] 潘家华，魏后凯：《中国城市发展报告No.6：农业转移人口市民化》，社会科学文献出版社，2013，第16~23页。
[2] 潘家华，魏后凯：《中国城市发展报告——聚焦民生（2011）》，社会科学文献出版社，2011，第134页。

区、商品房社区、城中村、棚户区为主的城市社会居住空间交错分布在城市的各个角落里,并且一些城市社区由于同质性过强而逐渐集中,加剧了城市社会隔离的同时也带来了分化。

(二) 城市社会治理科学化水平有待提升

城市发展本身就是一个各方利益协调的过程,而我国的城市作为体制改革的主要载体和出发点,对体制机制改革探索的实践性也较强。在当前我国还没有构建起完善的多元治理主体共同参与社会治理体系的背景下,我国城市社会治理领域的问题还较为突出。当前我国城市的基本公共服务主体和提供服务的方式都比较单一,治理方式简单,公共服务供给的水平和效率有待提高。

(1) 城市社会治理科学化水平不高。由于"单位制"组织化的惯性影响依然存在,当前我国城市社会治理的体制依然行政化色彩较浓,城市社会治理中政府占有主导地位,城市政府的越位、错位、缺位的现象依然存在。从城市治理的专业化角度来看,我国城市社会管理的法制化并不强。比如截止到目前,我国还没有一部完整且成型的《城市管理法》。从结果上来看,除了城市治理的效率由于行政化色彩过浓进而带来了效率低的现象之外,城市管理中不科学、不民主,管理方式简单粗暴的现象还是存在。近年来频发的城市安全事件也暴露了我国城市管理能力的不足和缺位。

(2) 城市社会共治局面尚未形成。城市社会异质性较强意味着城市社会治理多元主体参与的可能性和必要性,但是由于我国城市社会建设还处在转型阶段,社区管理中的行政化色彩依然较浓,社区自治组织发育仍然不够。比如尽管从1988年到2012年我国登记社会组织数量增长了100倍,但是因双重管理体制等原因,中国目前的社会组织登记率年均仅维持在2%~3%。[1] 且由于政策环境还不完备,我国社会组织和社区发展的法律法规体系还不健全,立法层次较低,制约了城市基层治理的科学化、民主化水平。从公民参与的角度来看,受到体制机制和公民素质等因素影响,我国公众参与城市社区治理的能力不高,主要表现为主体意识缺乏,参与度不高,参与方式被动且单一,且多属于非政治性参与。对于社区建设和治理规划、制度执行、政府行政管理活动和公共服务参与低,导

---

[1] 中国城市发展研究院,中国房地产研究会,中国国家经济交流中心,中国战略文化促进会:《2013中国城市科学发展综合评价报告——城市与人》,中国社会科学出版社,2014,第95页。

致居民对于社区参与认同感仍然较低。此外，我国城市社区还存在人才缺乏、专业社工人才不多等现象。所以从总体上来看，我国城市社会治理多元主体共治的局面还没有完全形成。

（三）生活成本较高和城市管理的其他困境

城市资源的有限性决定了城市资源的稀缺性，城镇化推进带来城市人口增多的同时也加剧了人口对城市资源的竞争，由此引起城市资源价格上涨，带来了城市生活成本提高等其他城市社会问题。

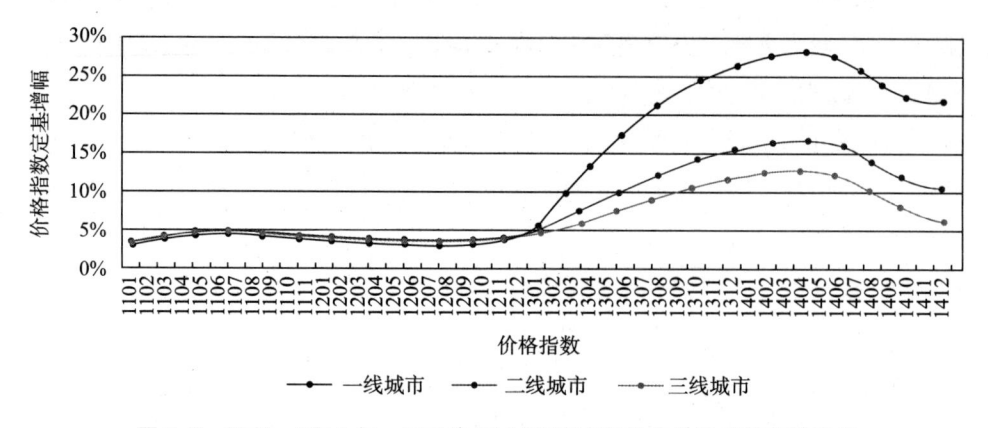

图6.2 2010~2014年一二三线70城新建商品住宅价格指数定基增幅

资料来源：国家统计局，易居研究院：《2010~2014年全国70城市房价走势分析及后期预测》，中商情报网，2015年3月17日。

（1）城市生活成本较高。受城市发展模式的影响，我国人口在往城市集中的过程中，大城市的人口资源集聚现象更加明显，尤其是东部地区的大城市成了人口迁移的最主要目的地。加上区位资源价格和土地投机等因素的影响，当前我国很多城市的住房、物价等生活成本不断上涨，让很多人对在城市就业、居住力不从心。

（2）基本公共服务不均等下的民生难题。改革开放以来，尽管从城市基本公共服务供给的人居增长量上来看，我国的城市基本公共服务水平有了非常大的提升，比如人均教育水平、人均住房使用面积、人均医院卫生院床位数等都有了很大的提高。但是我国城市基本公共服务供给紧张的情况依然非常明显，尤其是在教育、医疗等资源较为集中的大城市中，看病难、上学难等依然是摆在城市基本公共服务面前的大问题。例如，按照2008年底深圳实际管理人口来看，该市每千人拥有床位数 1.66 张，低于全国平均 3.20 张的预期，每千人执业（助理）医师 1.64 人，仅与全国平均水平 1.62 人持平。❶

（3）城市安全、道德问题增多。城镇化带来了城市社会流动和分化的加快，人口增多和利益多元化带来的城市社会治安问题也成了我国城市社会中不容忽视的系统性问题。例如，由于城市人口多元化带来的黄赌毒、盗窃、抢劫、诈骗等现象不断出现。据统计，从 20 世纪 80 年代以来，我国城市犯罪的案发数占全国发案总数比例就在不断上升。❷ 此外，在市场经济逐利思想和监管体系还不到位的情况之下，甫进入"有机团结"的中国城市社会，还没有一套合理健全的准则能够规制人们的道德行为，这就引起了城市诚信道德问题凸显。比如发生在食品药品安全领域的诚信危机现象愈演愈烈。

从根本上来看，一个城市的宜居水平并不仅仅是其城市创造财富的能力，更多的是包含有安全、和谐氛围的城市社会环境才能够让人真正对城市产生归属感。但是转型期的中国城市社会在社会自治力量形成的过程中，从基本公共服务的供给到城市社会有序治理等方面都还有很多问题。可以说，与中国城市产业发展和城市空间扩张的步伐相比，中国城市社会发展的任务显得更加任重而道远。

从当前中国城市的总体发展状况来看，中国城市呈现出了压缩性特征——在取得了巨大成就的同时也出现了较为集中的城市发展问题。由于经济社会都处于转型期，中国的城市处于"城市病"多发阶段，城市的雾霾、城市的拥堵、城市的不文明现象、城市的自然和人为灾害等，让人们感叹城市让生活更美好的同时，也让人们在雾霾中调侃，在堵车中抱怨，在排队中望人潮而叹。所以，下一步如何摆脱"城市病"，实现我国城市转型，推动以人为本的新型城镇化顺利前进成了摆在我国经济社会发展大局中的重要课题。

第二节 转型期中国城市的基本特征及发展原则

处于城镇化快速发展阶段的中国城市，是中国经济社会转型的空间载体，因

---

❶ 向春玲：《社会治理创新与新型城镇化建设》，中国人事出版社，2014，第 215 页。
❷ 徐志林：《城市化进程中社会治安问题的系统性风险及其防控》，《公安研究》2011 年第 7 期。

此其发展必然带有"转型中国"的特色。而与此同时,城镇化作为一种普遍现象也使得城市在城镇化的不同发展阶段呈现出不一样的阶段性特征。所以,建构在经济社会全面转型且处于城镇化中期快速发展阶段之上的中国城市,其在带有城镇化中期阶段城市发展共性的基础上还必然带有"中国特色",城市未来转型的目标也要在符合我国国情的基础上走出一条兼顾经济、政治、文化、社会、生态等效益的发展道路。

一、社会变迁与后发优势复合的中国城市

如果比较已经进入城镇化成熟阶段的发达国家城市发展历程和我国当前的城市发展现状就会发现,处于与当下我国城镇化发展阶段相近的时间点的发达国家城市本身也出现了繁荣和问题并存,效率和公平配比失衡的现象,而且受时代和技术条件的限制,发达国家城镇化处于中期快速发展阶段时期的城市问题比中国当前的"城市病"要严重得多。实际上这也在告诉我们,当前中国的"城市病"是城镇化推进到一定阶段必然出现的现象,经过"治疗"是可以"康复"的。但是我们通过比较也发现,中国城市发展本身还带有一定的特殊性。正如艾森斯塔德(Eisenstadt Shmuel Noah)在《现代化:抗拒与变迁》一书中认为的那样:中国整体发展的路向更多地要体现出传统秩序特征以及中国社会变迁的特征,因此中国的现代化注定带有传统和现代的复合特征。此外,由于工业化进程本身还具有后发优势,即后发国家可以借鉴已有的技术经验实现发展的"弯道超车",所以,所有这些转型的特征传递到中国城市发展的过程中,也使得中国城市发展带有了多元复合性。

(一)当前中国城市发展转型的时代背景

总体来看,当前中国城市发展转型是在全球化纵深推进且中国自身进入全面深化改革转型期的背景下开展的,内外部环境的复杂性是中国城市转型需要直面的现实问题。首先,从外部环境来看,中国越来越多地参与全球化的进程,世界政治经济的发展形势和国际经济政治新秩序对中国的影响加大。从外部机遇上来看,中国越来越多地参与国际分工,并且在国际社会上掌握了更多的话语权。此外,尽管当前全球经济低迷,但是大危机通常意味着大机遇,新的以互联网、新能源使用等为代表的知识经济正在酝酿。根据以往经验来看,谁抓住了战略新兴

点就等于握住了迅速发展的金钥匙。但是不可否认的是，受经济危机的影响当前全球经济总体发展低迷的局面还在继续，局部地区的冲突和动荡也于全球发展不利，全球经济复苏的压力增大，这对我国传统外向型经济的冲击较大。同时全球化的规则对我国的约束力也在逐渐增强。其次，从我国的内部环境来看，目前改革已经到了全面深化的阶段，十八大、十八届三中全会之后我国的转型之路全面铺开，传统的发展制约因素正在不断地被改革破旧立新。在加强自主创新的同时，我国正在全面构筑面向国内外市场的新的发展战略格局，例如提出"一带一路"战略等。可以说中国正在积极地变"危机"为契机，以国内和国外两个市场作为着力点，构建中国转型的整体思路。但是从另外一个方面来看，转型期中国面临的发展和社会综合问题都处于临界状态，社会结构性问题异常突出，各种矛盾十分尖锐[1]，全面深化改革的道路还有很多点需要攻坚。而从中国农村和城市的关系来看，对于拥有千年农耕文明和数亿农民的中国而言，要实现从农村文明到城市文明的过渡，要破除的障碍更多。这些都增添了我国城市转型发展的复杂性。

（二）当前中国城市的基本特征——多元复合性

全球化和全面深化改革的特征必然会在作为中国发展主要空间载体的城市上有所体现，所以当前进入了城镇化快速推进阶段的中国城市也明显的具有了传统秩序、社会变迁与后发优势复合的特征。再加上我国国土面积较大、人口众多的现实，使得优势和不确定性的叠加效应带来了城市发展的多元复合性，这也是当前中国城市的基本特征。

（1）转方式调结构与可持续发展理念下的中国城市经济。从我国城市发展的经济环境来看，自从2009年我国提出经济发展转方式调结构开始，经济社会发展理念就开始往生态可持续的目标上迈进。而且虽然我国已经是世界上的对外贸易大国，但是世界经济规则的制定对我国经济发展的限制也非常的明显。我国的经济发展面临的资源、环境、贸易规则等约束性条件相较于以往增多，经济转型的压力增大，这些内外部条件促使我国的传统城市产业必须尽快往绿色低碳上转型。此外，作为长期工业化超前于城镇化进程的最大发展中国家，我国的整体产业发展状况处于工业化的中后期阶段，其中一些发展落后的地区正处于工业化

---

[1] 周建军：《转型期中国城市发展转型特征与方向》，《规划师》2011年第8期。

的初期阶段，而一些较大的"桥头堡"城市，其产业结构已经开始往知识经济时代靠拢，并且实现了主导产业往第三产业的转型。而从单个城市来看，广州、深圳、珠海等城区包含了所有前工业化、工业化、后工业化以及后现代化的街市贸易、制造业、轻工业、商业企业、IT及其他消费服务景观。[1] 此外，跟发达国家处于城镇化中期阶段的城市产业发展状况相比较，我国的后发优势更加明显。比如，当前我国的产业创新势头已经非常迅猛，新的战略增长点极可能在我国诞生。所以，从总体上来看，中国的城市产业复合性体现在：总体上处于工业化中后期阶段，局部中心城市成为我国发挥知识经济时代后发优势的区域载体，但是城市经济发展不平衡的状态较为明显，城市产业转型的压力较大。

（2）空间扩张与行政主导的中国城市空间发展道路。按照发达国家进入城镇化中期阶段的城市空间形态来看，随着交通条件的改善和产业结构的升级，城市扩张并且形成都市区是城市发展的主要特征，并且随着知识经济带来的就业分散化和家庭小型化，最终会形成城市群或者都市连绵带。但是当前中国的城市空间形态已经明显地带有发展的复杂性。在城镇化率接近50%左右的时候，我国的城市形态中几大城市群就已经形成。而以大力推进城镇化战略为依托，几乎所有发展中的城市表现着城市规模的扩张、开发区的建设、城市老区改造等同步进行的城市空间形态发展特征。此外，受经济发展梯度差异化的影响，我国区域城市之间的发展差距依然较大。可以说，由于自身的自然地理环境和经济发展现状，我国整体的城市空间发展的复杂性也较强。总结中国城市空间扩张的主要特征是：在经济后发优势的带动下，我国的城市空间形态表现出了工业化经济中后期时代和知识经济时代城市空间扩张、分散和更新的集合性特征。

（3）社会转型与自治力量形成中的中国城市社会。当前中国处于社会转型期的阶段性特征非常明显，转型意味着结构性的矛盾和冲突有可能在这个时期集中出现。由于我国的体制机制改革还在不断深化的过程中，一些制度惯性依然在我国的经济社会领域产生着不小的影响。而"单位制"在解体之后，多元主体参与的社会治理体系还在不断形成和完善中。因此，从城市社会领域来看，我们不仅仅面临着城市市民自身发展的问题，受制于长期二元分制体制下的大量农业

---

[1] ［英］加里·布里奇，索菲·沃森：《城市概论》，陈剑峰、袁胜育等译，漓江出版社，2015，第118页。

第六章　镜鉴与启示：对城镇化中后期中国城市发展的思考

转移人口的市民化问题才是关乎我国城镇化质量提升的关键。农业转移人口目前是中国社会分层中的一个庞大的群体。这些人的生存状态是中国社会发展的"晴雨表"。他们对于就业、居住空间、社会保障、子女教育等方面的需求，是下一阶段推进城镇化面临的攻坚任务。因此，如果总结中国城市社会治理领域的特征就能发现：中国城市社会一方面面临着城市社会治理体制改革以形成新的城市治理模式的现实要求；另一方面又面临着农业转移人口市民化等我国特有的城市社会问题。城市社会发展的攻坚难题较多。

二、城镇化中后期中国城市发展转型的基本原则

从发达国家城镇化中后期的城市发展历程可以看出，城镇化中后期的城市发展就是从"以物为本"的城镇化到"以人为本"的转型的阶段。而随着我国从温饱型社会向发展型社会的转型，我国的城镇化也进入了从量的提升到注重发展品质的新型城镇化建设时期。总体来看，我们要实现的新型城镇化是以人为核心的城镇化；是以新型工业化、信息化和农业现代化为动力的城镇化；是集约、低碳、环境友好的城镇化；是历史人文和与现代文化包容发展的城镇化；是城乡统筹、城乡一体化发展的城镇化；是大中小城市和小城镇协调发展的城镇化。[1]而新型城镇化发展的要求传递到未来我国城市转型中，也要求未来中国的城市转型坚持以下基本原则。

（一）坚持城市发展以人为本的目标导向

城市是人创造的，同时人也是城市的中心和城市的主体。城市最终的发展目标导向应当是围绕着人的需求而展开，因此提高城市人的生活品质是城市建设发展的出发点和归宿。而实现人的自由而全面发展就是要以城市居民的根本利益为出发点去谋发展、促发展，不断满足人的各种需求。这种需求既包括物质需求，也包括精神文化、社会交往、生态环境等的需求。此外，从作为城市主体的人来看，城市发展的以人为本还包括城市内所有人能够共同享受城市发展的成果，共同参与城市治理。

对于中国的城市来说，坚持以人为本的发展观是保证未来我国城镇化健康发

---

[1] 向春玲：《社会治理创新与新型城镇化建设》，中国人事出版社，2014，第190页。

展的根本要求。因为过去一段时间的城镇化进程中，我国城市发展"见物不见人"，城市发展重物质而轻视社会生态等效益的现象存在，这违背了城镇化发展的初衷，并带来不少城市问题。因此未来中国的城镇化和城市转型最主要的落脚点首先就在"人"上。鉴于目前历史制度的惰性带来的农业转移人口移而不迁的现象，下一步首先要将农业转移人口的市民化问题提到城市转型工作的重中之重上。要稳步推进城镇基本公共服务常住人口的全覆盖，要让社会公平的理念体现在每一位社会成员身上，让全体市民公平地享受到城市发展的成果。其次，城市本身就是一个多元化的生产生活体，城市最大的人性化特征在于城市发展的全员参与性。在新的时代背景下发展城市，要突出城市发展多元主体共同参与的必要性，要让城市真正成为发挥人的主观能动性和实现自治的平台。最后，城市的发展要从注重人的物质需求到注重人的经济、政治、文化、社会、生态等多元化需求的满足上转型，要在城市物质发展水平不断提升的基础上，实现公共服务供给水平的不断提升，人居环境不断得到优化，实现人在城市里的自由而全面发展。

（二）系统整体布局实现城市协调发展

城市作为一个由大量相互关联、相互制约、相互作用的因素组成的开放且复杂的巨型系统，往往会牵一发而动全身。而要实现城市的转型，就是要在协调城市内部各个要素之间的关系和城市与外部系统之间关系的基础上实现城市从低级到高级、从单一功能到综合功能、从相对封闭到开放、从点状发展到网状发展等的转型。对于城镇化中后期中国的城市转型来看，同样需要在结合中国具体国情的基础上，协调多个领域关系，实现城市转型的系统性、全面性。

第一，从城市转型的依靠力量上来看，应该统筹政府、市场和社会力量，形成多元主体共促转型的局面。在积极发挥政府引导、监督等主体作用的同时，发挥市场力量在城市资源配置中的重要作用，要开始注重发挥城市社会力量，动员社会力量共同搭建城市发展的平台，尽快在转型中形成多元治理主体共同参与、共担责任的局面。第二，要统筹中央和地方的关系。中央政府负责城镇化和城市转型的整体战略布局和制度安排，要在对我国城市发展整体把握的基础上，掌握城市转型的大方向，制定具有全局性的战略政策，同时调动地方的积极性和创造性，尊重地方基层的首创精神，凝聚各方的共识。地方政府本身也要坚持具体问题具体分析的原则，因时因地制宜，抓好政策的贯彻和落实，让有利于城市转型和发展的政策得到落实，提高政策执行力。第三，要统筹城乡关系，实现城乡规划、城乡产业布局、城乡基础设施建设、城乡社会保障和基本公共服务、城乡社会治理等领域的一体化，实现以城带乡，以工促农，构建新型城乡关系。第四，从区域协调发展的角度来看，要以促进发展成果共享为目标，以城市群作为发展的主体形态，推动国土格局空间均衡开发，实现区域城市的协调发展。第五，协调大中小城市和小城镇发展，要继续增加大城市发展内涵，同时不断提升中小城市的建设水平，健全其生产生活功能，增强其人口吸纳能力，同时把小城镇纳入城镇化发展体系，实现大中小城市和小城镇全面协调发展。第六，从城市自身结构优化的角度来看，城市转型要统筹城市经济、政治、文化、社会和生态等多个方面。以产业转型作为驱动力，实现产城融合，推动城市的空间形态朝着更加有利于城市资源配置的方向发展，以城市的社会建设逐渐搭建维护社会和谐的桥梁，同时保持我国城市人文特色，保护城市生态环境，让城市成为功能更加优化，宜居水平更高的地方。第七，中国的城市转型要坚持四化同步，利用国内和国外两个市场。处于全球化时代的中国当前已经不可避免地参与全球化分工体系，这就意味着我国的城市可以更多地借鉴国外经验，同时利用国际和国内的先进资源和优势，以更加开放的姿态面对外部环境带来的机遇和挑战。而从国内来看，我国的发展必须坚持工业化、信息化、城镇化和农业现代化的互动统一。只有牢牢把握四化同步的道路，我国的城市转型才能有更加明确抓手，更能实现路径和目标的统一。

（三）以绿色生态化保证城市可持续发展

人类赖以生存的资源是有限的，同样作为一个空间载体的城市，也有其一定的承载力，其所能容纳的人口、产业等都是有限的，因此城镇化中后期的城市转型也有一个空间载体限度的问题。在当前中国的城镇化进程中，土地资源、能源资源、水资源包括廉价劳动力资源短缺的问题已经非常突出。同时随着全球范围内生态问题的凸显，节能、绿色、低碳化已经成了世界经济政治发展当中的大议题，这种发展理念和模式是对正处于经济社会快速发展中的中国最大的外部约束之一。因此，未来中国的城市转型，要在保持城市功能正常发挥、城市经济增长、城市社会进步、城市生活品质优化、城镇化水平提高的基础上，实现城市资源的可永续利用以及城市生态、经济、社会环境等的和谐统一，为未来城市发展留下充分的条件和空间。

首先，必须根据当前我国的环境资源承载能力来布局规划城市发展道路。要认识到当前我国城市粗放发展方式的弊端，注意节约资源，对我国城市的产业结构进行集约化升级，以创新引领城市发展的未来。对于城市的空间布局和形态也要有更加科学清晰的规划，要合理地控制城市开发边界，同时对于城市内部的空间结构也要集约发展，实现城市空间的"精明增长"。其次，城市转型必须要融入更多的绿色、低碳、环保理念。当前要把生态文明的理念全面融入我国的城镇化进程中，并尽量实现把绿色、循环、低碳作为城市转型的综合目标，节约利用土地、水、能源，强化对城市环境的保护，推动形成绿色、低碳的城市发展方式和生产生活方式。再次，从我国的城市将会越来越多地参与国际分工来看，未来的城市发展道路必须基于中国的环境和资源基础，更多地立足于技术创新、制度创新来驱动城市发展走一条集约高效的道路，实现环境保护和发展之间的平衡。总体来看，实现中国城市的可持续发展就是要使得城市的产业结构调整取得显著成效，空间集约高效利用，生态环境明显改善，资源利用效率提高，最终让城市走上良性循环发展道路。

中国的城市转型在当前的时代背景下，规模增长和转型发展压力同时存在，同时中国的城市转型道路也不同于已经成功转型的发达国家城市，必然带有中国特色，要站在更高的起点上进行升级转型。[1] 而中国的城市转型能不能顶住这种前所未有的压力，将直接关乎我国的城镇化道路是否能够健康发展。我们相信，只要在立足世情、国情的基础上，掌握城市发展的规律，坚持城市发展的以人为本、协调、可持续导向，我国的城市一定能够成为一个富裕、文明、和谐、生态的美好家园。

第三节　新的发展理念指导下的中国城市转型道路

前面分析已经明确提出，中国的城镇化具有时代发展和中国国情影响下的多元复合性特征，是站在新的绿色、智慧、质量和集约为内涵的世界第三次城市转型的平台上的[2]，此外，当下中国进入了"十三五"时期，从城镇化进程和城市

---

[1] 李程骅：《中国城市转型的战略路径与重点突破》，《中共浙江省委党校学报》2014年第2期。
[2] 李程骅：《中国城市转型研究》，人民出版社，2013，第37页。

转型的角度来看,"十三五"时期是具有决定性意义的一个时期。而《中华人民共和国国民经济和社会发展第十三个五年规划纲要》中提出的"五大发展理念"更是与我国未来城市转型的目标导向相契合。因此,以新的发展理念为导向,结合国际经验,正确把握城市发展的规律性特征,实现我国城市健康协调可持续发展将成为未来我国城镇化转型的重要路径。

一、以创新为抓手,夯实城市转型之基

在全球化、网络化时代,城市的综合竞争力已经不仅仅局限于城市自身的经济规模、地理位置、资源禀赋等硬件要素,网络化、信息化和生态化构筑下的城市发展需要更多的实现信息资源的汇集,并且能够尽快地通过信息资源的对内对外传递而实现自身能级的提升。因此面临着世界经济和中国全面改革转型的中国城市必须要在创新的领域内先做文章,才能抓住发展机遇。而创新主要从技术创新和制度创新两大领域展开。

(一)坚持以技术创新为先导的城市转型道路

根据发达国家经验来看,世界技术革命带来的产业创新对于全球范围内城市的产业转型具有刺激、引导的作用,而当前虽然全球经济低迷,但是对于中国城市来说,技术创新带来的城市多领域创新仍然是城市发展最关键的驱动力,我们需要抓住创新的先机,获得后发优势,实现新的突破。

(1)以技术创新促进城市产业结构升级。对于当前中国的大多数城市来说,实现产业结构的优化升级已经是当务之急。而从路径上来看,首先,要转变发展思路,树立创新驱动发展的理念,推动技术改造传统产业的道路。要引导先进技术往传统制造业的生产、设计、流通等环节渗透,推进新技术与装备制造的结合,重点围绕"智能制造"的要求,提高我国传统劳动密集型产品的科技含量和附加值,形成技术优势,注重产品质量提升。尤其对于传统的资源型等要素驱动发展的城市而言,要敢于破旧立新,要以淘汰落后产能"倒逼"城市产业加快生产技术和设备的更新,鼓励产业积极采用新技术、新工艺,提高城市资源和要素的利用效率,实现城市产业的集约化、生态化。

其次,在当前中国的发展现实下,要实现城市空间柔性化的技术改造,要以改革为目标,深入贯彻落实中央关于推动我国产业升级的政策的规定。加快培育

节能环保、新一代信息技术、生物、高端装备制造、新能源等新兴产业作为城市发展的先导产业和支柱产业，实现产业结构的高端化、智能化，形成强大的"中国智造"能力。而从更广泛的领域来看，目前以"互联网+""工业4.0"为主的新兴产业已经成为培养城市经济新业态的重要路径，要发挥大众创业、万众创新的驱动力，尤其应该利用"互联网+"发展的机遇，促进互联网与经济社会的融合发展，推进城市产业形成基于互联网技术的新的创新形态，形成一批新的战略性新兴产业。

最后，根据世界城镇化发展经验，城镇化中后期是城市主导产业从第二产业往第三产业转型的关键阶段。因此，未来中国的城市产业发展要抓住历史的机遇，以培养新的服务型消费增长点为重点，努力推动我国的城市产业从第二产业为主向第三产业的演变。要推动城市生产性服务业向专业化和价值链高端延伸，促进生活性服务业向精细化和高品质转变。同时适应新的消费需求，尤其是瞅准我国城镇化中后期城市消费需求转型方向，加快实现城市第三产业往社会服务类产业发展，拓宽第三产业发展的领域。

（2）利用新技术打造中国城市空间新局面。要在当前的时代条件下，充分借鉴国内外城市空间规划的先进理念和技术，实现中国城市空间形态和内部空间的优化布局。从城市外部形态的演变来看，要着力实现城市产业、空间、规模、社会、生态等多方面功能的协调规划，实现城市产业发展和空间发展、社会人文、生态建设的融合。对于城市内部空间，要利用"智慧城市""绿色城市""森林城市""海绵城市""立体城市""城市综合区"等新的城市发展理念，用新技术改善城市基础设施、城市生态设施等内容，完善城市水利、交通、通信、管道等基础设施网络建设，尤其加快城市地下管网的改造工程，实现城市空间结构改造上的"弯道超车"。

（3）提升城市基本公共服务供给的智能化水平。在城市社会治理领域，应该尽可能使用数字化、信息化平台实现城市社会服务功能的有效整合，要利用当前的信息技术优势，建设数字化城市与现代化城市。利用大数据、物联网、云计算等新技术，建设有效率、有针对性的城市管理数据库，发展针对城市社会民生建设的新技术开发和应用，用新技术为解决城市公共服务问题增加力量。具体来看，要增强城市治理的科学性，实行城市治理的智能化水平提升，发展智能交通、智能电网、智能水务等，同时进一步促进城市基本公共服务的信息化水平，增强城市基本公共服务透明度和供给的有效性。尤其是针对民生项目的新技术应用应该放在重要的位置上，从技术上整体提升城市社会公共服务的供给能力和水平。

(二) 以制度创新促进城市系统全面转型

转型本身就是一个制度变迁的过程，综观发达国家城镇化中后期的城市转型就会发现，制度转型是最关键的因素。中国的全面深化改革实际上也是一个渐进式的制度变迁过程。从制度转型的角度来看，中国的城市政府必须调整自己的角色，尽快从一个管理者和监督者的角色转变为掌舵者、合作者、监督者的角色，顺应经济全球化、信息化的大趋势，加快政府职能转变的步伐，尤其是要尽快对政府、市场和社会力量在城市转型中的边界有一个清晰的定位。而从具体的制度创新上来看：

首先，从财税金融制度创新上来看，要深化城市的投融资体制的改革，优化投资的结构，要发挥投资的撬动作用，通过安排创新型、服务型产业发展资金的方式，引导投资主要往新技术、新领域迈进。要创新城市发展融资方式，鼓励政府与社会资本合作的方式，带动社会资本有效参与城市建设。同时从整体上来看，还要完善与城市转型相关的税收优惠减免政策，比如对于传统产业可以采取加速固定资产折旧的方式推动设备更新和技术应用，对于进行创新技术研发的产业予以税收优惠等。同时要完善对中小型企业的金融支持，积极为中小企业的发展提供融资机会，充分发挥中小企业自主创新和吸纳人口就业的作用，为大众创新、万众创新提供良好的融资机制。要推广新型的城市产业孵化体系，利用众筹、众创等新的产业培育模式，支持创业成为城市发展的新动力。要强化对城市建设的金融支持力度，通过发展多种金融、投融资渠道，支撑城市发展。比如，要推动城市空间基础设施建设融资机制的革新，建立多元化的城市基础设施建设融资渠道。对于作为城市社会治理重要的力量的服务类、公益类、慈善类等社会组织发展，应该在财政体制改革上同样赋予其更多的自主权和税收优惠等政策，充分调动其参与治理的积极性。此外，应该统筹中央和地方之间的税收制度，建立事权和财权相匹配的财税体制，理顺中央和地方的财税关系，鼓励财政投资往吸纳农业人口较多、城市发展潜力较大的地区投资。尤其要实施财政转移支付同农业转移人口市民化挂钩的政策，实施城镇建设用地增加规模与吸纳农业转移人口落户数量挂钩政策，加速推进农业转移人口市民化进程。同时建立更加清晰透明的城市政府举债机制，将资金的投放力度更加倾向于改善城市民生等重要方面。

其次，坚持教育科技人才体制的创新。在财政注重引导资金往教育、科技创新等领域拓宽的同时，要继续推进高校、科研院所在新技术、新发明上的前沿性创新研究，重视颠覆性的技术创新，促进创新成果的产业转化能力。要以高校、企业、科研院所的创新作为基础打造一批国家创新城市和创新中心区域。同时要积极发挥职业技术教育、高等教育的技术科研能力，在地区、省或者某一个城市内建立起符合自身特色的产学研相结合的机制，推进产教融合、校企合作，在城市区域内构建以企业为主体、以市场为导向的技术创新体系。鼓励具备条件的普通本科高校向应用型转变，让创新的教育带来的创新的人才，以创新的人才带来创新的技术和产业的兴起。同时，要深化知识产权领域的改革，保护知识产权成果转化的权力，要建立促进科研成果转化的分配奖励机制，增强产业创新的主动权。同时要深化科技体制改革，促进科技成果尽快转化成为生产力。要注重城市设计、规划专业人才培养机制，引导城市规划教育往更加注重城市功能整体发挥的方向转型。要建立社会工作者人才队伍的培养激励机制，培养大批能够胜任当前城市转型时期城市社会治理复杂工作的社会工作者等。

再次，完善土地制度，促进土地资源高效集约利用。对正处于城镇化快速发展阶段的中国而言，首先要深刻认识到城市发展的基本态势，即以城市规模扩张为代表的城市空间演变形态将会成为发展的主要趋势。要认识到城市扩张并形成城市群、都市连绵带是城市发展的必由之路，关键是如何形成科学的规划体制实现空间扩张与其他城市内容的配套。下一步要优化城市产业空间布局结构，构建科学的城市发展格局，根据环境资源的承载能力合理规划城市的规模，充分利用城市自身的特色规划城市的形态和功能，实行科学、绿色、可持续的城市规划。要强化城市规划的约束性指标建设，建立城市土地开发利用的"天花板"制度，实行节地、节水、节能、节材的规划标准，实现城市空间的"集约增长"。要鼓励对城市低效率用地的开发利用，同时要坚持城市规划建设的可持续性特点，提高城市规划的科学性、民主性。要完善土地经营权和宅基地等流转制度，规范推进城乡建设用地增减挂钩制度，实行有效的土地出让定价制度，保障农业转移人口的土地收益权，顺利推进农业转移人口的市民化。同时要建立一定的土地储备制度，为城市可持续发展预留一定的土地资源和发展空间。要特别注重利用有限的土地资源满足创新型企业、集约化土地空间利用方式等优质项目的土地需求，合理利用城市每一寸土地。

最后，进一步推进户籍制度改革。作为目前中国改革重要的一个环节，要以保证有能力在城市就业定居的人落户城市为主要目标，放开有条件的地区的落户条件，允许农业转移人口在就业地落户，同时尽快解缚与户籍制度相关的福利制度的不均等现象，推进各级城市制定与自身城市空间承载能力和功能定位相关的落户政策，全面推行以居住证取代户口的制度，切实进一步的保证农业转移人口、常住人口在城市的合法权益，切实提升我国的城镇化发展质量。

此外，从制度上来看，我国需要尽快出台和完善与城市发展相关的法律，例如颁布《城市管理法》，修订适应新的城市发展形势下的城市规划等法律，同时加快修订现行大气、水资源、节能、质量、安全等领域的法律法规，建立有效的城市社会治理立法，从社区法律等入手构建城市社会治理的法治化路径。要在法律制度上界定城市发展责任归属的同时，以制度化的良好环境保证城市发展的科学化、法治化方向。

二、统筹各领域，实现城市系统全面转型

城市自身结构的复杂性决定了城市转型必须是一个系统的转型问题。从我国当前全面深化改革进程和全球化时代的城市发展态势来看，城市转型需要统筹的领域较多，除了在转型的过程中要协调好政府、市场和社会的关系之外，还需要从区域、城市类型、城市结构等方面实现系统转型。

（一）以政府职能转变为切入点，理顺政府、市场和社会之间的关系

从政策的角度来看，界定好政府、市场和社会力量之间的关系是未来促进我国城市转型的重要前提。作为城市转型的引导者、平台的搭建者，城市政府应该加大对于城市转型的政策支持力度，继续简政放权、优化服务，激发市场和社会活力。保证出台的与城市转型相关的产业、税收、财政和土地政策的普惠性、连续性，为城市转型创造良好的市场、服务、信誉、法制环境，激发城市创新、创业的活力，释放新的需求，创造新的供给，推动新技术、新产业、新业态、新的

治理力量不断成长,尽快实现城市转型。[1] 比如作为政府职能转变的重要方面,从经济领域来看,政府应该加快电力、电信、交通、石油等自然垄断性行业的开放,引入相应的竞争机制,提升基本公用服务供给的效率和水平。加快促进城市内多种所有制经济的成长,鼓励和引导非公有制经济的发展,鼓励民营企业进入服务业等领域,活跃城市经济细胞。同时作为宏观调控的主力,城市政府应该尽可能地减少对企业经营的直接决策,切实做到简政放权的同时,引入良性的奖惩机制,为企业减负并且促进形成城市范围内的良好竞争氛围。要在宏观的领域内建立起更加完善的企业和产业退出机制,加大政府对自主品牌、创新产品、绿色产品的采购力度,激发城市产业升级的动力。从城市空间规划的角度来看,政府应尽快以政策引导城市空间往集约化、科学化道路上发展,在城中村、棚户区的改造,地下管网的建设和其他城市基础设施建设的过程中,引入相应的市场机制和与社会资本合作机制,并且注重监督城市空间发展的质量。此外,从城市政府作为城市生态建设责任人的角度来看,要加强本区域内的高能耗行业产业的管控,有效控制高耗能产业的污染排放,积极推进城市产业往低能耗、循环式方面转型。从社会领域来看,政府应该实现职能从管理到服务的转变,支持社会力量积极参与城市社会事务的治理,尤其是要加快推进共青团、妇联等群众自治组织的转型步伐,注重发挥其在提供社会服务、维护社会稳定方面的作用。从政府自身机构改革的角度来看,应该进一步完善中央和地方城市政府之间的城市发展责任,建立一个更加科学、合理、有效的城市发展评估机制,同时政府应该统筹协调城市发展相关部门之间的分工,形成一个促进城市功能协调发展的城市治理结构。

(二) 以区域城市发展战略引领国家整体转型

当前,按照我国的区域划分标准,一般将我国划分为东部、中部、西部和东北四大区域。从综合指标的比较来看,几大区域发展各有特点,也有差距,这其中城市发展的差距也体现得非常明显。

(1) 东部地区继续作为城市转型的试验区和引领区。东部地区京津冀、长三角、珠三角地区是我国传统的城市密集区域,其区域内城市的发展相对已经成熟。对于东部地区城市来说,要对城市的传统工业进行筛选,保留具有特色的战

---

[1] 左学金:《世界城市空间转型与产业转型比较研究》,社会科学文献出版社,2011,第168页。

第六章　镜鉴与启示：对城镇化中后期中国城市发展的思考

略主导产业，将城市发展的落脚点更多地放到"退二进三"上。要尽快进行产学研基地建设，建立有效的人才机制、财政投资机制，营造战略性新兴产业兴起的条件和氛围，把东部地区的城市产业往价值链条的高端引导。要进一步在东部地区发展一批新的中心城市，强化中心城市对区域的支持功能，形成东部地区城市体系的网络化布局。要着力发挥城市群在城市发展中的带动作用，优化京津冀、长三角、珠三角城市群布局，优化其区域内的产业结构往高端高效发展，推动长三角和珠三角成为城市科学发展的试验区、城市产业升级的示范区、国际化的先导区，同时加快推进京津冀一体化规划，推动形成京津冀协调发展的局面，以交通一体化实现城市群内产业布局优化和有效的分工协作。在发展新的东部中心城市的同时，加快推进山东半岛、江苏沿海、辽宁沿海等城市群的培育和建设，加快推进其城市之间的基础设施、公共服务、产业合作之间的政府协调机制，推动东部地区的城市往中高端方向、国际化纵深升级。

（2）中部地区城市继续保持良好增长势头。从"十一五"和"十二五"期间的城市发展势头来看，我国中部地区以成渝、武汉、长株潭等为代表的城市，在中部崛起等战略的带动下，就业岗位的创造和劳动力的吸纳等方面取得了巨大的成就，并具备了明显的城市群化发展态势。因此下一步，要结合国家主体功能区规划、国家重大战略规划布局的要求，加速形成成渝、中原、关中平原等新的城市群体系，吸引人口往这些区域集中，提高其产业和人口的集聚度。同时要根据当前我国设立国家级综合保税区等机遇，推动中部地区加快推进城市的对外开放水平和层次，尽快推进区域内的城市群连片、连轴发展，推动我国城市群往集约、高效发展，同时吸引人口密集地区的人口更多地到中部地区转移定居。

（3）西部地区城市构筑进一步开放新格局。西部地区城市目前在我国加强支持沿边城市发展的政策中发挥着越来越重要的作用。因此，当前西部地区城市发展的首要任务还是要完善以交通为主的城市基础设施建设，构筑西部地区对外发展的通道，同时结合这些地区优越的自然、人文条件，在全面推进城镇化发展的进程中，利用当前"一带一路"建设的机遇，加速发展旅游业、对外贸易口岸建设，加强与周边国家或者地区合作，在实现经济社会对外开放度增强的同时，实现西部地区人口的就近就地转移。要以促进区域协调发展为契机，维护我国边疆和地区的稳定。

（4）以技术升级振兴东北老工业基地。东北传统的老工业基地城市应该尽快推进产业的技术升级，大力淘汰落后产能，做好城市产业结构转型的相关善后工作。同时借鉴国外资源型城市转型的经验，加快培育符合东北地区的特色产业，建立健全多元化、有效衔接的城市产业转型路径，坚持循序渐进原则，寻找新的城市发展立足点。

整体来看，东部地区的城市要以自主创新和科技创新作为引擎，加速高科技产业、文化创意类产业、社会服务类产业的发展，在新一轮的全球产业发展中占据产业链和价值链的高端，实现城市产业结构的战略性调整和产业形态的革命性跃升。继续发挥中部地区战略崛起的契机，增强其城市产业、空间规模进一步发展的能力。对于西部地区城市则要支持其基础设施建设，鼓励其在发展特色产业的同时保护西部地区特有的生态环境。而对于东北资源枯竭、产业衰退等地区的城市，要在加强城市产业有序退出的同时，引领新的产业形成。从整体上来看，要利用区域协调发展的机遇，推动区域特色城市群体系的形成，努力形成国土范围内各具特色、分工协作、布局优化的城镇化和城市发展格局。

（三）大中小城市的协调发展是城市转型的路径和目标

在当前中国城市规模等级差异依然存在的前提下实现城市转型，要因地制宜，充分发挥大中小城市在经济社会发展中各自的集聚、人口吸纳、基本公共服务供给方面的特色，构建大中小城市协调发展的中国特色城市转型道路。

（1）发挥大城市示范功能，合理管控大城市规模。在未来的城镇化发展进程中，首先还要继续发挥我国主要大城市以及相应的城市群、都市圈中心城市参与全球创新体系、服务体系和生产体系的功能，要发挥特大城市、大城市在全球范围内整合资源和创新的能力，力促大城市和中心城市的产业结构尽快实现从"制造型"到"智造型""服务型""生态型"等转变。尤其是发展高智能、社会服务类、文化创意类产业，让这些城市成为我国从"经济大国"到"创新型国家"演变的"排头兵"。但是与此同时，大城市应该积极的推动自身技术、人才等资源往周边地区分散扩展，形成更加合理的城市扩张布局，兼顾城市发展的产业、空间形态和社会建设的有机融合，实现城市发展模式往密度较高、功能混用和集约高效的方向转型。

（2）积极发挥中小城市的支撑作用。随着城市规模的增大，城市经济效益会发生先增长后下降的"倒U型"变化，而城市规模增大的边际收益则随产业结构向服务业转变而增加。我国大部分地级市的实际规模仍小于最优规模，因此在经济发达的大城市向服务型经济转型的同时，中小规模的地级市应该推动当地制造业的发展和人口集聚。[1] 从城镇化中后期的发展态势来看，中小城市将会发展成为城市群下产业、人口集聚的重要区域，因此在不断扩大中小城市数量的基础上，增强二、三线城市发展能力和基本公共服务、基础设施建设水平。力促中小城市尽快变以"大水漫灌式"投资为主的城市发展模式往"创新驱动"转变，着力培养与城市自身产业体系相吻合的生产性服务业体系，注重发掘和利用自身城市的特色产业，以特色孕育创新。比如对于沿海的中小型城市而言，可以充分利用海洋资源开发的机遇，大力发展海洋经济，形成蓝色经济产业链。同时，还要继续发挥县域小城市的功能，加快发展特色中小城市和小城镇，尤其发挥小城镇在城镇化中后期的生产、流通、基础设施建设、人口吸纳等方面与城市发展的对接，形成畅通的城市之间资源流通机制，为缓解大城市人口资源过于集中带来的基本公共服务难题疏通渠道。

（三）实现城市系统转型，塑造健康城市肌理

城市本身也是一个动态的发展系统，城镇化中后期城市转型的过程中，城市功能的系统协调关乎城市发展质量。因此，应该充分协调城市的产业、空间、社会、生态和制度建设步伐，让城市转型成为一个系统的转型发展过程。具体来看，首先，城市的发展要以产业结构转型为抓手，构建城市转型的最基础的动力，同时根据城市的产业与城市空间规模发展的适应性特征，实现城市空间布局与城市产业发展的良性互动，尽可能的实现产城融合。其次，坚持城市经济、政治、文化、社会人文、生态建设的有机结合，注重城市综合功能的发挥，在促进城市空间集约紧凑高效利用的同时，实现城市规划设计的"多规合一"，注重保护城市的历史文化遗产和人文特色，增强城市发展个性，提升城市综合竞争力。再次，从城市功能分区的角度来看，要尽快建设住居融合的城市，保证城市整体功能的有效发挥，减少城市空间规划功能配置不合理的现象，解决城市拥堵等问题。同时从城市社会建设来看，要更加注重城市居民需求为导向的城市社会领域建设，着力构建与城市自身人口和经济能力相适应的公共服务的供给体系，同时要逐步将城市社会领域建设作为提升城市宜居水平的关键环节，实现城市资源分配的均等化。整体上来看，城市系统转型的目标，就是要尽快打破城市转型只注

---

[1] 柯善咨，赵曜：《产业结构、城市规模和城市生产率》，《经济研究》2014年第4期。

重城市物质经济发展的思路,将目标从注重物质转到注重城市的多重内涵上演进,增强城市的宜居性、人本化特征。

三、以绿色为导向,建设生态文明城市

绿色是城市可持续发展的必要条件也是城市居民对于城市生活的基本要求,从某种意义上来看,当前中国城市的生态文明建设水平决定了城市的宜居性和综合实力。绿色城市、"森林城市"等生态城市建设的需求在当前城市生态环境恶化的情况下显得更加任重而道远。系统地看,要加强城市的生态文明建设,应该从绿色产业培育、城市空间绿色改造、城市绿色发展的软件支撑等方面下功夫。

(一) 以新技术推动城市产业的绿色升级

总体来看,城市生态文明的建设还需要城市大力培养与新技术、新能源开发等内容相关的新兴产业形态,以新的产业业态的形成带来新的增长点。淘汰高耗能、高污染的产业和技术,注重产业发展的绿色技术改造,建立城市绿色生态产业循环体系,鼓励产业技术装备的绿色升级。同时要在深化体制机制改革基础上,给绿色技术和产业以更多政策上的优惠,刺激相关产业不断采用绿色化技术工艺,实现生产方式从粗放到集约转型。要注重发挥城市自身发展的优势,形成符合自身城市特征的产业体系,在实现城市产业结构绿色化、高产出的同时,进行低碳城市建设。

(二) 注重绿色城市空间的建设和改造

留得下青山绿水是城市建设最本质的内涵,尊重自然、顺应自然和保护自然,注重自然生态与城市的结合是提升城市发展可持续性和宜居性的关键。

首先,从总的原则上来看,城市规划应该注重绿色低碳发展的理念,控制城市开发强度,把城市的环境容量和城市综合承载能力作为城市空间定位的重要依据,推动形成绿色低碳的生产生活方式和城市建设运营模式,进行城市基础设施的绿色化建设。要以全国主体功能区划的整体要求为导向,因地制宜,结合自身城市的空间承载能力进行城市开发,严守生态红线、耕地红线、水资源红线、基础设施红线等的要求,科学编制城市规划,明确开发管制权限,推动经济发展与资源环境保护的结合。

第六章 镜鉴与启示：对城镇化中后期中国城市发展的思考

其次，要坚持集约发展，科学划定城市开发边界。城市交通、能源、供排水、供热、污水、垃圾处理等基础设施，要按照绿色循环低碳的理念进行规划建设，尤其是对城市供暖系统要进行系统化的技术改造，在转换能源使用的基础上提高能源利用效率。要坚持城市"集约增长"，树立"精明增长"和"紧凑城市"理念，把城市空间增长的道路从粗放引向集约，从外延扩张向注重内涵的提升上迈进。同时下一步的城市建设中，要提高建筑标准和工程质量，高度重视做好建筑节能标准，推广绿色建筑和建材，鼓励利用新能源技术发展绿色节能建筑。城市建筑规划要合理利用空间，增加城市居住空间的绿化面积，构建绿道系统，增添城市绿色空间，将生态因素引入城市建设中。加强轨道交通建设，尤其是要推动城市交通的低碳发展，实行城市公共交通的科学互联，提高城市的微循环能力和通透性，鼓励绿色出行方式，塑造城市绿色发展人人参与、人人共享的局面。

最后，城市绿色发展要合理利用当前城市的自然和人文条件，以城市自身的好山好水好风光作为依托，同时注重城市人文特色的保护式利用，坚持城市发展与城市自然风光和人文风光融为一体。要充分推行城市的生态自然绿化方式，广种树木，发展建筑空间多样化绿化方式，改变城市高强度开发、生硬绿化的状况，要下大力气对城市的生态环境进行修复，还城市绿水青山的良好氛围。

（三）提升生态城市建设的制度化水平

城市生态建设必须要有制度化要素的支撑，这也是发达国家在城镇化中后期阶段解决城市公害、污染问题方面的重要经验之一。在当前我国的城市生态文明建设中，要推动国家层面的立法，将城市的生态等环境质量指标列入约束性指标体系，形成环境保护"依法治市"的氛围。要着力颁布与城市高耗能产业升级、化学能源消耗使用方式等内容相关的法律，严格控制产业和城市生活领域的城市污染问题。要以法律为准绳，建立控制性详细规划，在注重规划内容多元性的基础上，保证城市规划的前瞻性和连贯性，实行城市规划的督查制度等，增强规划的科学性。要严格城市规划过程中的环境保护测评制度，从严调控高耗能、高污染、低水平重复建设、产能过剩项目，避免城市发展"带病项目"上马。此外，要实行最严格的城市环境保护制度，形成政府、企业和公众共同治理的环境治理体系。要深入贯彻落实城市生态保护的主体责任，充分发挥城市环境保护中的市民监督等责任，提升城市环境保护的多元主体参与水平。

四、以两个市场为域，拓宽城市转型广度和深度

城市转型需要城市系统外部条件的支撑。而对于转型期的中国城市来说，当前及其今后一段时期的发展环境具有更加多元复杂的外部环境，在挑战与机遇并存的条件下，应该善于利用国际国内的开放格局，提升城市转型的广度和深度。

（一）形成面向全球化格局的城市开放体系

在全球化时代谈论城市的转型，必须具有国际视野，尤其是对于处于发展转型关键阶段的中国城市而言。我们当前开创了良好的国家交往条件，尤其是"一带一路"战略的提出，将使我国发展更多地与国际社会接轨。与此条件相对应，我国的城市转型至少应该从以下几个方面进行布局。

（1）以"一带一路"等开放战略为契机，加快城市转型往纵深领域推进。在当前"一带一路"和我国良好的外交环境下，首先，应该继续发挥我国国际性城市如北京、上海、深圳、广州等的全球辐射力，继续发挥在全球产业、技术、文化等领域的优势；要充分发挥香港、澳门在世界贸易、金融、航运等方面的中心地位，参与国家的大开放战略，打造中国增长极。其次，对于"一带一路"节点城市，要大力完善重要交通节点城市的产业、空间布局建设，以此为开放的机遇打通中国城市发展的外部市场。"一带一路"沿线城市要抓住机遇，推进与有关国家和地区的合作，创造城市发展新亮点，形成沿带沿路城市区域增长中心。再次，对于内陆沿边地区城市，应该完善城市贸易基础设施建设，开辟跨境多式联运交通走廊，发展外向型产业集群，形成沿边城市开放基地。沿海地区城市可以继续利用自身的优势，全面参与全球范围内的经济竞争与合作，以竞争推动城市产业与国际接轨，并建成一批具有国际竞争力的沿海先进经济增长极城市。此外，从国家整体上来看，要继续推进国际范围内的基础设施互联互通和国际大通道建设，共同建设国际经济合作走廊，以纵深开放局面带动城市深入转型。

（2）以开放促发展，积极借鉴国外城市发展经验。对于中国城市来说，城市政策应该是对外开放型的，要建立促进有利于合作共赢并同国家贸易投资规则相适应的体制机制。要积极引进国外的人才和技术，进行国外先进技术的引进、消化和吸收，尤其是传统制造业城市要抓紧研判世界贸易新格局，在提升产品质

量的同时加快提升产品营销能力和服务水平,推动我国外贸格局往优质优价转变,打出中国品牌。比如,从产业上来看,可以借鉴当前发达国家新的技术,在用这些新技术改造我国城市传统产业的同时,以新的技术培育战略新兴产业。从城市的空间规划上来看,除了要积极借鉴国外相对成熟的城市规划设计理念之外,可以在基础设施建设等领域适当引入外资,并形成良好的竞争机制,提升城市基础设施建设的质量。同时要促进城市服务业的对外开放,扩大一些城市银行、金融、保险、证券等行业的外资市场准入,增加城市转型的宽度。

(3) 加快城市产业转移的步伐,构建国际发展合作新局面。当前还是要抓住我国良好的外交环境,利用我国投资与出口的良好态势,培育过硬的核心技术,形成对外经济新优势。加快城市产业对外转移,与国外合作建立境外产业集聚区的同时推动建立当地产业体系。以互惠共赢的方式,实现我国城市与国外尤其是发展中国家的发展道路接轨。尤其是对于长三角、珠三角等传统制造业发达的城市,应该继续扩大开放领域,支持企业对外投资,要在这些城市内以制度和技术优势培养一批具有国际竞争力的跨国公司,推动中国的技术、标准、服务走出国门,让我国的优势产业深度融入全球的产业链、服务链、价值链,在实现城市产业布局优化的同时,实现新型开放型市场的共建。

(二) 建立城市群视野下的城市协调开放机制

城市转型的开放落脚点不仅包括构建良好的城市发展外部环境,还包括我国区域城市之间、不同城市之间和城乡之间的资源互通开放过程。城镇化中后期我国城市转型要实现的目标之一是不同规模、不同地域、不同特色城市和城乡之间的协调共同发展机制。

(1) 构建区域城市之间分工合作的新局面。从区域协调发展的整体来看,中国的城市转型需要构建区域间城市群的协调机制,加强地区之间城市群的信息共享、资源互通,完善城市群之间综合交通运输网络建设,加快推进跨区域互联互通、促进基础设施和公共服务设施共建,实现城市群一体化发展。同时,要以城市群为主要平台,推动跨区域城市之间产业分工、基础设施、环境治理等的协调联动,促进生产要素自由流动和优化配置。探索城市群的"管治",破除行政壁垒和垄断,实现城市群成本共担和利益共享。具体来看,在当前可以结合东中部地区的城市建设,形成区域关联的东中部城市群网络化发展机制,加速形成东部地区资源和技术往中部地区传递,进而再往西部地区逐渐递进的梯度发展格局，让城市群之间的联系成为协调区域发展的主力。加速中西部地区城市的基础设施建设，加速其自身要素外部输送的同时，利用后发优势，形成符合自身城市特点、富有地方特色的发展方式。同时要发挥市场机制的调节作用，支持区域之间的产能置换，提高资源在全国范围内城市之间的配置效率。

（2）建立城市之间的资源信息共享机制。从城镇化中后期城市空间发展的规律来看，开放也意味着大中小城市要建立更加多元化的联通机制，构建大中小城市互动发展的新局面。未来的城市转型中，要加强不同类型城市之间资源和产业的匹配能力建设，打破地域的分割和行业垄断，促进资源在本地和外地之间有效的流通。要大力推动区域内交通、信息、资源等互联互通，探索出一定区域内城市产业、空间、社会优化发展的新模式。以交通的布局作为转型的基础条件，实现城市间、城市内部资源互通共享，逐渐建立跨城市、跨区域的城市分工体系。要利用新城、开发区建设契机，尽快形成产城融合的城市空间有机增长机制。对于具有发展优势的城市而言，也要以自身的技术能力支持落后地区城市的产业发展和改进，形成城市之间发展的"帮扶"机制。

（3）积极构建新常态下的动态城乡关系。中国城市的转型也离不开农村的发展转型，因此城镇化中后期中国城市开放转型的另外一个领域就是面向农村市场。以农村、农业的现代化为契机，一方面以先进的城市文明理念、城市优势资源推进农村的建设步伐；另一方面要切实挖掘农村的特色，形成农村资源开发利用与城市消费需求的对接，合理构建一种城乡之间互通有无的动态城乡关系。

总之，城市的转型绝对不是一个"闭门造车"的过程，相反，这是城市之间资源互通交换实现自身价值最大化的过程，因此开放就是要加大城市转型发展过程中的对外联系程度，让城市的发展在接受市场竞争的环境下，从市场中获得发展的技术、资源等要素，最后形成全国乃至全球范围内的城市资源技术对接机制，才是拓展城市发展广度和深度的表现。

五、坚持共享理念，提升城市转型质量

诚如2015年底中央城市工作会议提出的那样，中国的城市说到底是人民的城市，要坚持人民的城市为人民的工作落脚点和出发点来解决我国城市的问题，应该让未来的城市由人民共同建设、城市权益让人民共享、要按照人人平等的理

念，注重城市发展的机会公平、结果公平。要从多方面多领域建立起符合我国国情的农业转移人口市民化成本的分担机制，完善社会保障体系，明确政府、企业和个人的责任，充分调动和发挥城市人民积极参与城市治理的积极性，培育公民自我参与治理的能力，确保小康社会是全体人民共享和参与的社会。

（一）加快形成城市基本公共服务供给的多元参与机制

在罗尔斯（John Rawls）的观念里，公正和正义是社会制度的主要价值，在当前的中国城市发展过程中，实现城市人口基本公共服务均等化是实现城市资源共享，维护社会公平正义，提升中国城镇化质量的关键环节。而要实现城市基本公共服务的有效供给，最主要的就是要深化城市管理体制改革，确定城市治理主体各自的管理范围、权力清单和责任主体，尽快建立起新形势下的城市基本公共服务供给机制。

首先，城市政府应该坚持城市基本公共服务供给的普惠性、均等化方向，从解决人民群众最关心、最直接的民生需求入手，合理利用"看得见的手"的调控作用，促进城市政策往更加注重公平的角度转型。要贯彻政社、政企、政事分开的原则，可以大胆地把一些街道办事处承担的社会服务类、经营性的内容交给专业的社会组织或者企业，以提高城市基本公共服务供给的效率、拓宽城市社会服务供给的渠道。要广泛地吸引市场和社会的力量进行城市社会事业的改革，广泛动员社会力量开展社会救济和社会互助、志愿服务、职业培训等活动，完善社会服务的供给体系。

其次，要推进城市基层治理体制的创新。目前来看，城市基层治理的落脚点还是在城市社区上，要进一步加强城市社区自治改革，切实推进社区的去行政化，实行自治与一定的行政指导相结合的社区改革模式，使城市社区真正成为具有良好的自我教育、自我服务、自我管理的社会自治主体。同时可以有效地加强城市社区、社会组织的党建工作，建立适合我国国情的城市基层治理体制，使得城市社区真正成为党执政兴邦的重要政治动员资源与合法性来源的渠道。此外，要大力推进城市社会组织参与社会服务类事业的相应政策支撑，发挥社会组织进入社区，建立形成政府、企业、社会互动的城市基层社会治理体制。要在城市社会治理中培育专业的人才社工队伍，促进城市基层服务供给的科学化、专业化水平提升。

最后，提升城市治理中的公民参与程度。从城市市民权益获得的角度来看，城镇化中后期城市转型过程也是一个公民参与城市发展、公平获得更多城市增长权益的过程。从当前我国城市转型共识形成的角度来看，强化公民的城市建设参与资格，增强城市市民的主体性、责任感和公民意识是实现城市治理全民参与的前提。与此同时，应该进一步提升公民的基本素质，切实提高公民的实际参与能力，增强城市治理公民参与积极性、主动性、科学性。以社区自治为抓手，拓宽城市公民参与的方法、渠道和途径，逐步增强公民参与城市治理的深度和广度，加快形成城市发展人人有责、人人平等的局面。

城市社会治理体制的最终目标就是建立起一个现代城市社会发展所必需的多元主体治理结构和模式，以实现对旧有城市管理体制的扬弃。而在这个过程中，通过形成多元化的服务供给体系和社会问题解决机制，缓解城市发展不和谐因素，同时提升公民自身获得权利的意识和能力，是形成城市发展成果公平、共享的重要路径。

（二）建立市民化成本共担机制

农业转移人口在城乡之间流动就业是我国城市发展的主要现象，因此逐步建立起覆盖常住人口的市民化分担机制，是当前中国城市转型发展的主要任务。要按照保障基本、循序渐进的原则，建立城市财政与农业转移人口的市民化挂钩的机制，逐步实现基本公共服务的城市常住人口全覆盖。要注重激发市场力量资源配置的效率优势，以有效的政策激励市场力量更好地履行城市发展的社会责任。同时，要充分发挥社会组织、社区在促进市民融入城市、融入社区中的载体作用，以服务为导向，提升农业转移人口融入城市社会的能力。与此同时，农业转移人口也要积极地参加城镇社会保险、职业教育和技能培训，并按照一定比例承担相应的费用。总体来看，就是要在明确市民化成本承担主体和支出责任的基础上，逐步解决农业转移人口公平获得市民身份并享受城镇基本公共服务的权利。

（三）以城乡发展一体化推动城市转型

加大统筹城乡发展力度，坚持城市支持反哺农村，逐步缩小城乡之间差距，也是促进城镇化质量提升，实现城市可持续发展的重要内容。当前，要加快消除城乡二元结构遗留的体制机制障碍，推进城乡之间资源和要素的公平匹配；加快推进城乡统一的要素市场建设，推进城乡基本公共服务供给体系、城乡基础设施建设和城乡规划的一体化建设，让广大农村地区、农民平等参与现代化进程，共享城市发展成果。当前应该在加强新农村建设的基础上，构建动态的城乡关系发展路径，进一步形成城市发展与农业现代化发展相结合的步伐，提升现代农业的发展水平，发展高产、优质、高效、生态农业。完善农产品经营流通体系建设、加快农村社会事业发展、建设社会主义新农村、推进农业和农村的现代化，构建经济富裕、生态良好、乡风文明、村容整洁、管理民主的农村风貌，以城市和农村的共同发展为全面建成小康社会和基本实现现代化打下坚实的基础。

第七章 结 论

　　诚如唯物主义辩证法所阐述的那样,世界的发展是一个"否定之否定"的过程,城市的发展也会呈现出这种"否定之否定"。发达国家的城市从农业经济时代的田园风光经历工业时代的烟囱林立和城市碎片,最后再经过不断的转型,城市又在新的高度上重新恢复了其田园牧歌式的状态,这是对城市以人为本的本质的回归。发达国家的城市发展经验告诉我们,城市发展是一个动态的过程,城市的发展史本身就是一个城市不断转型的历史,就像目前全球生态低碳化发展趋势对全球范围内的城市又产生了更高的要求一样,城市的发展进化不可能止步不前。对于历史悠久、城镇化起步较晚的中国而言,尽管当前我国的城市发展出现了"城市病",但是这只意味着我国更深层次的城市转型之路才刚铺开,城市转型还有很长的一段路要走。

　　在本书中,经过对发达国家城镇化中后期城市从繁荣与问题并存到呈现相对良好状态的转型进行系统分析后发现:城市产业结构的升级是保持城市经济持续增长的根本动力,而在城镇化的中后期阶段发达国家的城市借助科技革命诞生的新技术,辅助以相关的制度支撑和全球范围内的产业区域转移,在实现了城市产业结构转型的基础上防止了城市衰退,实现了城市经济繁荣和城市总体环境的改善;从城市物质空间转型上来看,发达国家城镇化中后期的城市空间转型是一个城市空间增长和城市内部功能逐渐优化的过程,通过对不同发展阶段城市采取不同规划方式,发达国家的城市空间在实现了扩容的同时内部功能更加优化,城市的宜居水平不断提升;从城市社会治理转型上来看,发达国家城镇化中后期的城市社会治理转型更多地体现为一个制度变迁带来的赋权和自治相结合的过程,通过构建多元主体共治的模式取代传统的城市"精英管理"模式,发达国家的城

第七章 结 论

市社会实现了基本公共服务的多样化供给，并有效地化解了城市社会的矛盾，维护了城市社会的基本稳定。可以说，正是在这三个领域不断转型的基础上，当前已经进入城镇化成熟阶段的发达国家城市才呈现出了一个相对良好的城市意象。但是，如果再深入地剖析发达国家城镇化中后期的城市转型还可以看出，技术创新和制度转型对于城市转型的重要性。例如，发达国家城镇化中后期的城市经济转型普遍地与第三次科技革命带来的高新技术对传统产业的改造和战略新兴产业的兴起有关；新的技术在延长了城市产业生命周期的同时保持了城市经济的持续增长。另外，制度转型对城市转型的影响也非常明显。以"新公共管理运动""私有化改革"为目标的发达国家治理制度的转型曾经在极大范围内影响了其城市转型的过程。例如，在发达国家普遍进入城市更新阶段的20世纪80年代，公私合作伙伴关系的建立保证了城市更新的顺利进行。而发达国家城市社会治理体制的转型本身就是一个制度转型在城市社会领域的折射。所以，可以这样认为，要实现城市的转型可以从城市产业结构升级、城市空间规划和城市社会治理的路径上入手，但是一定要重视技术创新和制度转型对城市转型的重要意义。

当然，我们分析的前提是建立在对发达国家城市转型经验的学习之上的，所以我们对这些国家的分析也是建立在对其优势的肯定之上的。但是行文至此，我们还要考虑一个问题，就是那些成功实现了城市转型国家的经验是否值得我们全盘都去学习，很显然，这是需要客观回答的。因为，发达国家城镇化中后期的城市转型更多地体现出被动纠错的特征，且其转型是与当时城市发展所处的时代、技术、制度等密切相关。对于当前中国的城市发展问题，我们需要辩证地看待，要认识到处于快速城镇化阶段的中国出现"城市病"问题是世界城镇化发展的一种共性问题，而如何凝聚共识，实现我国城市的成功转型，提升我国以人为本的城镇化的质量才是当务之急。同时也要认识到，当前中国的城市转型具有特殊性。这种特殊性包括低成本高效益的后发优势，和社会转型、中国国情和外部环境的复杂性，这种特殊性带来了我国城市发展的多元复合性特征。所以下一步中国的城市转型要在借鉴发达国家城镇化中后期城市成功转型经验的基础上，更多地结合当前的时代要求和中国国情，因时因地制宜，走出一条富有中国特色的城市转型道路。具体来看，首先，当前中国的城市转型面临着前所未有的机遇：尽管当前世界经济总体低迷，但是危机往往意味着机遇，新的技术和新的产业业态正在酝酿，中国应该抓住这个机遇，着力创新，掌握城市转型的主动权。其次，当前中国的改革进入了深化阶段，以实现国家治理体系和治理能力现代化为目标的现代治理体系在我国正在形成，为此应该以制度转型为突破口，为我国的城市转型创造条件。

亚里士多德曾经说过，人们来到城市是为了生活，人们居住在城市是为了生活得更好。刘易斯·芒福德也说，要恢复城市如母亲般流传人类文明成果的本质。从2010年开始，中国实际上已经成了"城市中国"，随着中国城镇化水平的不断提高，城市扩张、城市经济活动规模的扩大、城市人口生活方式的变迁会对中国社会带来更大的影响，城市将成为我国发展的最主要空间载体。从发达国家城镇化的整体发展历程来看，较晚开启工业化、城镇化的发达国家能够借助的后发优势越多，因此其城市发展可获得的经验和机遇也就越多，实现城市转型的速度也可能更快。因此可以这么认为：只要把握住城镇化推进过程中的城市转型规律，同时结合世情、国情，未来中国的城市发展不仅能够后来居上，实现城市发展以人为本的目标，而且会成为21世纪世界城市建设的重要地区，并且成为世界城市可持续发展的新风向标。

参考文献

艾伯特，纳德，昆斯曼，2007. 鲁尔区的文化与创意产业［J］. 刘佳燕，译. 国际城市规划（3）：41-46.

奥斯特罗姆，比什，奥斯特罗姆，2004. 美国地方政府［M］. 井敏，陈幽泓，译. 北京：北京大学出版社：57.

白晨曦，2004. 发展中的城市伙伴制［J］. 国外城市规划（4）：35-39.

贝利，2008. 比较城市化——20世纪的不同道路［M］. 顾朝林，译. 北京：商务印书馆：56.

彼得斯，2013. 政府未来的治理模式［M］. 吴红爱，夏宏图，译. 张成福，校. 北京：中国人民大学出版社：18-38.

布里奇，沃森，2015. 城市概论［M］. 陈剑峰，袁胜育，等译. 桂林：漓江出版社：118.

布罗德尔，拉布鲁斯，1986. 法国经济与社会史（50年代至今）［M］. 谢荣康，黄文杰，董平，等译. 上海：复旦大学出版社：18.

蔡秀玲，2011. 中国城镇化历程、成就与发展趋势［J］. 经济研究参考（63）：28-37.

曹晟，唐子来，2013. 英国传统工业城市的转型：曼彻斯特的经验［J］. 国际城市规划（6）：25-35.

柴彦威，陈零极，张纯，2007. 单位制度变迁：透视中国城市转型的重要视角［J］. 世界地理研究（4）：60-69.

唱新，1989. 日本特大城市的现状、问题与对策［J］. 日本学刊（6）：29-33.

陈大柔，2014. 日本地方政府管理［M］. 北京：科学出版社：55-72.

陈柳钦，2005. 基于产业发展的城市化动力机理分析［J］. 重庆社会科学（5）：9-15.

陈明，彭桂娥，2004. 美国150年城市发展历程及其对我国城市发展的启示［J］. 经济问题探索（8）：44-49.

陈明星，叶超，周义，2011. 城市化速度曲线及其政策启示——对诺瑟姆曲线的讨论与发展

[J]. 地理研究（8）：1499 – 1506.

陈雪明，2008. 美国城市规划的历史沿革和未来发展趋势［J］. 国外城市规划（4）：31 – 36.

陈甬军，景普秋，陈爱民，2009. 中国城市化道路新论［M］. 北京：商务印书馆：60.

成一农，2015. 欧亚大陆上的城市———部生命史［M］. 北京：商务印书馆.

程立茹，高懿，2012. 城市基础设施建设引资经验及策略研究［J］. 人民论坛（32）：22 – 23.

程玲，2013. 日本城市规划制度确立期的城市化剖析（1912—1935 年）［D］. 苏州：苏州大学：194.

杜建人，1996. 日本城市研究［M］. 上海：上海交通大学出版社：43，90.

范恒山，陶良虎，2009. 中国城市化进程［M］. 北京：人民出版社：65.

方创琳，等，2009. 中国城市化进程及资源与环境保障报告［M］. 北京：科学出版社：38 – 40.

冯奎，2013. 中国城镇化转型研究［M］. 北京：中国发展出版社：112，113 – 132.

冯奎，郑明媚，2013. 中外都市圈与中小城市发展［M］. 北京：中国发展出版社：16 – 17，136 – 137.

高珮义，1991. 中外城市化比较研究［M］. 天津：南开大学出版社：4，214.

戈丹，2010. 何谓治理［M］. 钟震宇，译. 北京：社会科学文献出版社：4.

戈特迪纳，哈奇森，2011. 新城市社会学［M］. 黄怡，译. 上海：上海译文出版社：140.

谷中原，2004. 社会学理论基础［M］. 长沙：中南大学出版社：37.

顾朝林，赵民，张京祥，2012. 省域城镇化战略规划研究［M］. 南京：东南大学出版社：140 – 142.

关玲永，2010. 我国城市治理中公民参与研究［M］. 长春：吉林大学出版社：134 – 155.

官锡强，2005. 国外资源型城市经济转型思路及对我国的启示［J］. 改革与战略（12）：12 – 16.

广田康生，2005. 移民和城市［M］. 马铭译. 北京：商务印书馆.

郭金龙，2000. 经济增长方式转变的国际比较［M］. 北京：中国发展出版社：55.

郭丕斌，2006. 新型城市化与工业化道路——生态城市建设与产业转型［M］. 北京：经济管理出版社：24.

国际欧亚学院，2015. 中国城市状况报告2014—2015［M］. 北京：中国城市出版社：58，69，71.

国家建设部编写组，2003. 国外城市化发展概况［M］. 北京：中国建筑工业出版社：25，82 – 83，94.

郝娟，1997. 西欧城市规划理论与实践［M］. 天津：天津大学出版社：11 – 12，301，302.

何艳玲，2013. 变迁中的中国城市治理［M］. 上海：格致出版社：147 – 160.

何志扬，2009．城镇化道路的国际比较研究［D］．武汉：武汉大学：73，194．

侯百镇，2005．城市转型：周期、战略和模式［J］．城市规划学刊（5）：1－11．

侯百镇，2005．转型与城市发展［J］．规划师（2）：67－74．

黄小晶，2006．城市化进程中的政府行为［M］．北京：中国财政经济出版社：202，204．

黄亚平，2002．城市空间理论与空间分析［M］．南京：东南大学出版社：8，15－16，122，128，164．

霍恩伯格，利斯，2009．都市欧洲的形成［M］．阮岳湘，译．北京：商务印书馆：271－310．

霍尔，2009．明日之城：一部关于20世纪城市规划与设计的思想史［M］．童名，译．上海：同济大学出版社：34．

霍尔，图德－琼斯，2014．城市和区域规划［M］．邹德慈，李浩，陈长青，译．北京：中国建筑工业出版社．

霍尔，沃德，2009．社会城市——埃比尼泽·霍华德的遗产［M］．黄怡，译．北京：中国建筑工业出版社：12．

吉登斯，2009．社会学［M］．李康，译．北京：北京大学出版社：35．

加文，2015．规划博弈：从四座伟大城市理解城市规划［M］．曹海军，等译．北京：时代出版传媒股份有限公司．

金钟范，2002．韩国城市发展政策［M］．上海：上海财政大学出版社：4．

靳美娟，张志斌，2006．国内外城市空间结构研究综述［J］．热带地理（2）：134－138．

靳永翥，2008．德国地方政府公共服务体制改革与机制创新探微［J］．中国行政管理（1）：103－107．

柯善咨，赵曜，2014．产业结构、城市规模和城市生产率［J］．经济研究，（4）：76－88．

科勒德克，2000．从休克到治疗：后社会主义转轨的政治经济［M］．上海：上海远东出版社．

科特金，2014．全球城市史［M］．王旭，等译．北京：社会科学文献出版社：140，233．

克拉克，2015．欧洲城镇史：400—2000年［M］．宋一然，郑昱，李陶，等译．宋俊岭，校．北京：商务印书馆：258．

克拉潘，1985．现代英国经济史（中卷）［M］．姚曾廙，译．北京：商务印书馆：158．

课题组．行业竞争力明显分化主要原材料景气指数下降［N］．中国证券报，2006－05－17（14）．

李程骅，2012．现代服务业推动城市转型：战略引领和路径突破［J］．江海学刊（2）：86－92．

李程骅，2013．中国城市转型研究［M］．北京：人民出版社：2，37．

李东华，2003．韩国的产业集聚与城市化进程［J］．当代韩国（1）：40－45．

李恩平，2006．韩国城市化的路径选择与发展绩效——一个后发经济体成败案例的考察［M］．北京：中国商务出版社：73－74，146．

李广斌，王勇，2007. 西方区域规划发展变迁及对我国的启示 [J]. 规划师 (6)：77-80.

李浩，2013. 城镇化旅首次超过 50% 的国际现象观察——兼论中国城镇化发展现状与思考 [J]. 城市规划学刊 (1)：43-50.

李江涛，2013. 走向善治——新型城市化背景下的城市治理 [M]. 广州：广州出版社：146，154.

李金龙，雷娟，2010. 国外大都市区治理模式及其对中国的有益启示 [J]. 财经问题研究 (8)：114-118.

李玲，等，2012. 城市发展转型研究进展及展望 [J]. 地域研究与开发 (2)：45-48.

李璐颖，2013. 城市化率 50% 的拐点迷局——典型国家快速城市化阶段发展特征的比较研究 [J]. 城市规划学刊 (3)：43-49.

李明超，2008. 创意城市与英国创意产业的兴起 [J]. 公共管理学报 (4)：93-100.

李培林，2013. 当代中国城市化及其影响 [M]. 北京：社会科学文献出版社.

李培林，2013. 社会转型与中国经验 [M]. 北京：中国社会科学出版社：6-8.

李迅，刘琰，2011. 低碳、生态、绿色——中国城市转型发展的战略选择 [J]. 城市规划学刊 (2)：1-7.

李彦军，2012. 中国城市转型的理论框架与支撑体系 [M]. 北京：中国建筑工业出版社：51.

李彦军，2013. 城市转型的动因、内涵与支撑 [J]. 中州学刊 (8)：34-39.

李彦军，叶裕民，2012. 城市发展转型问题研究综述 [J]. 城市问题 (5)：97-101.

李拥军，高学东，2008. 对日本战后四十年钢铁产业政策的分析 [J]. 中国钢铁业 (10)：20-26.

李友梅，2014. 城市社会治理 [M]. 北京：社会科学文献出版社：278.

李志刚，顾朝林，2011. 中国城市社会空间结构转型 [M]. 南京：东南大学出版社：26，29，34.

刘智勇，2009. 日本地方政府公民行政参与制度化建设的经验与启示——以日本神户市、名古屋市为例 [J]. 日本问题研究 (1)：38-42.

刘祖云，2005. 社会转型解读 [M]. 武汉：武汉大学出版社：3-15.

罗兰，2002. 转型与经济学 [M]. 张帆，等译. 北京：北京大学出版社：17.

吕斌，2009. 日本经济高速增长与快速城市化阶段的城市规划制度及其实践——剖析昭和时期（1925—1989年）城市规划制度的变革历程 [J]. 国际城市规划 (z1)：19-25.

吕颖慧，曹文明，2005. 国外新城建设的历史回顾 [J]. 阴山学刊 (2)：99-106.

马尔尚，2013. 巴黎城市史 [M]. 谢洁莹，译. 北京：社会科学文献出版社：182.

马航，ALTROCK U，2012. 德国可持续的城市发展与城市更新 [J]. 规划师 (3)：96-101.

梅学芹，2000. 19 世纪英国城市的环境问题初探 [J]. 辽宁师范大学学报（社会科学版）

（3）：105-108.

梅耀林，张培刚，2007. 产业发展理论回顾及应用研究——以盐城市盐都区产业发展定位为例［J］. 河南科学（6）：1077-1080.

孟钟捷，霍仁龙，2007. 地图上的德国史［M］. 上海：东方出版中心：136.

米绍，张杰，邹欢，2007. 法国城市规划40年［M］. 北京：社会科学文献出版社：8.

穆良平，2005. 主要工业国家近现代经济史［M］. 成都：西南财经大学出版：50，90.

倪鹏飞，2015. 中国城市竞争力报13——巨手：托起城市中国的新版图［M］. 北京：社会科学文献出版社：82，159.

倪鹏飞，克拉索，2012. 全球城市竞争力报告（2011—2012）［M］. 北京：社会科学文献出版社：31，36，168，170.

牛瑾，2012. 英法德资源型城市产业转型之路［J］. 中国中小企业（1）：68-73.

诺克斯，麦克卡西，2009. 城市化［M］. 顾朝林，汤培源，杨兴柱，等译. 北京：科学出版社：161-201.

帕尔默，科尔顿，克莱默，2010. 产业革命——变革世界的引擎［M］. 苏中友，周鸿临，范丽萍，译. 北京：世界图书出版公司：10.

帕克，伯吉斯，麦肯齐，2012. 城市社会学：芝加哥学派城市研究［M］. 宋俊岭，郑也夫，译. 北京：商务印书馆：7.

潘家华，魏后凯，2013. 中国城市发展报告No.6：农业转移人口市民化［M］. 北京：社会科学文献出版社：16-23，134.

潘什梅尔，1964. 法国［M］. 叶闻法，译. 上海：上海译文出版社：207，227.

钱纳里，1989. 工业化与经济增长的比较研究［M］. 上海：上海三联出版社：56-104.

秦瑞英，2012. 城市社区演变与治理［M］. 北京：经济科学出版社.

沙森，2001. 全球城市：纽约·伦敦·东京［M］. 周振华，译. 上海：上海社会科学院出版社：192，223.

什洛莫，2015. 城市星球［M］. 贺灿飞，陈天鸣，等译. 北京：科学出版社：3.

沈清基，2014. 论城市转型的三大主题：科学、文明、生态［J］. 城市规划学刊（1）：24-32.

沈玉麟，1989. 外国城市建设史［M］. 北京：中国建筑工业出版社：148，159.

宋俊岭，黄序，2001. 中国城镇化知识15讲［M］. 北京：中国城市出版社：202-211.

孙其昂，叶方兴，孙旭友，2013. 发达国家城市社区管理模式及其对我国的启示［J］. 南京工业大学学报（社会科学版）（1）：104-110.

孙一仰，焦晓云，2015. 我国城镇化建设取得的成就与基本经验［J］. 技术经济与管理研究（10）：124-128.

泰勒，2006. 1945年后西方城市规划理论的流变［M］. 李白玉，陈贞，译. 北京：中国建筑工业出版社：138-143.

唐恢一，2001. 城市学［M］. 哈尔滨：哈尔滨工业大学出版社：6.

唐子来，王来，2013. 城市转型规划与机制：国际经验思考［J］. 国际城市规划（6）：1-5.

陶希东，2005. 公私合作伙伴：中国城市治理新模式［J］. 城市发展研究（5）：82-84.

藤井正，2015. 新版图说大都市圈［M］. 王雷，译. 北京：中国建筑工业出版社：9.

屠启宇，2014. 国际城市发展报告（2014）［M］. 北京：社会科学文献出版社：186，278.

王佃利，王玉龙，2015. 美国新城市化时期城市理论转型及其启示［J］. 北京航空航天大学学报（社会科学版）（6）：1-8.

王国平，2013. 城市学总论［M］. 北京：人民出版社：16，20，318，321，407，871，875.

王晶，王兰，布兰克-巴茨，2013. 鲁尔区的城市转型：多特蒙德和埃森的经验［J］. 国际城市规划（6）：43-49.

王兰，2013. 纽约城市转型发展与多元规划［J］. 国际城市规划（6）：19-24.

王名，2014. 社会组织与社会治理［M］. 北京：社会科学文献出版社：134.

王琪，孙立坤，2014. 民主与科学同构的逻辑：一个微观层次参与式民主的探讨［J］. 甘肃行政学院学报（3）：50-55.

王旭，2000. 美国城市史［M］. 北京：中国社会科学出版社：151.

王旭，2006. 美国城市发展模式——从城市化到大都市区［M］. 北京：清华大学出版社：64，162，177.

王旭，黄柯可，1998. 城市社会的变迁［M］. 北京：中国社会科学出版社.

王旭，罗思东，2010. 美国新城市化时期的地方政府——区域统筹与地方自治的博弈［M］. 厦门：厦门大学出版社：3，226-228.

王雪峰，2011. 发达国家城镇化形式的演变及其对中国的启示［J］. 地域研究与开发（4）：54-60.

王章辉，黄柯可，1999. 欧美农村劳动力的转移与城市化［M］. 北京：社会科学文献出版社：111，148.

魏广龙，任登军，2014. 城市空间布局现状与未来趋势探讨［J］. 人民论坛（1）：241-243.

魏后凯，2011. 论中国的城市转型战略［J］. 城市区域与规划研究（1）：1-19.

沃克，2012. 大都市治理——冲突、竞争与合作［M］. 许源源，江胜珍，译. 重庆：重庆大学出版社：2.

吴敷龙，马润潮，张京祥，2007. 转型与重构：中国城市发展多维透视［M］. 南京：东南大学出版社.

吴思红，2010. 国外城市民主治理中公众参与机制及其启示［J］. 湖北行政学院学报（1）：

78-83.

吴晓松,张莹,吴虑,2009. 20 世纪以来英格兰城市规划体系的发展演变 [J]. 国际城市规划 (5): 45-50.

吴志强,李德华,2010. 城市规划原理 [M]. 北京:中国建筑工业出版社:84.

伍江,2014. 新型城镇化中该如何保护和传承历史文化 [N]. 人民日报,2014-03-26 (8).

向春玲,2008. 城市化进程中的理论与实证研究 [M] 长沙:湖南人民出版社:21.

向春玲,2013. 中国城市化发展与反思 [M]. 昆明:云南教育出版社:20.

向春玲,2014. 社会治理创新与新型城镇化建设 [M]. 北京:中国人事出版社:190, 213, 215.

谢芳,2003. 美国社区 [M]. 北京:中国社会出版社:43, 46.

新玉言,2013. 国外城镇化——比较研究与经验启示 [M]. 北京:国家行政学院出版社:24, 33, 36.

徐继承,2010. "分散与集中"——德意志帝国时期城市化发展及启示 [J]. 社会科学论坛 (12): 180-185.

徐继承,2013. 德意志帝国时期城市化研究——以普鲁士为研究视角 [M]. 北京:社会科学出版社:86.

徐敏,2010. 日本城市经济转型下的空间变化与启示 [J]. 湖南科技学院学报 (11): 125-127.

徐强,1995. 英国城市研究 [M]. 上海:上海交通大学出版社:37.

徐志林,2011. 城市化进程中社会治安问题的系统性风险及其防控 [J]. 公安研究 (7): 29-35.

许浩,2003. 国外城市绿地系统规划 [M]. 北京:中国建筑工业出版社:52.

许惠英,2010. 世界先进城市转型的四种模式 [J]. 中国科技产业 (9): 76-78.

宣国富,2010. 转型期中国大城市社会空间结构研究 [M]. 南京:东南大学出版社:11.

雅各布斯,2006. 美国大城市的死与生 [M]. 金衡山,译. 南京:译林出版社.

阳建强,2012. 西欧城市更新 [M]. 南京:东南大学出版社.

杨东峰,殷成志,2013. 如何拯救收缩的城市:英国老工业城市转型经验及启示 [J]. 国际城市规划 (6): 50-56.

杨栋梁,2010. 日本近现代经济史 [M]. 北京:世界知识出版社:338, 387.

杨山鸽,2006. 后福利国家背景下的中央与地方关系:英、法、日三国的比较研究 [D]. 上海:复旦大学:93.

杨晓兰. 伯明翰,2008: 城市更新与产业转型的经验及其启示 [J]. 中国城市经济 (11): 38-41.

叶裕民，2001. 中国城市化之路——经济支持与制度创新 [M]. 北京：商务印书馆：7，18 - 19，48 - 49，187 - 189.

叶裕民，唐杰，2011. 深圳城市产业发展转型研究 [J]. 城市与区域规划研究（1）：20 - 39.

俞可平，2000. 治理与善治 [M]. 北京：社会科学文献出版社：270 - 271.

袁大昌，等，2009. 城市产业结构转型与可持续空间结构的重建 [J]. 天津大学学报（社会科学版）（5）：411 - 414.

袁建峰，2015. 美国老工业城市匹茨堡产业转型分析及规划思考 [J]. 国际城市规划（B05）：36 - 41.

张飞相，陈敬良，2011. 国外城市转型的趋势及经验借鉴 [J]. 企业经济（5）：137 - 139.

张贡生，2005. 世界城市化规律：文献综述 [J]. 兰州商学院学报（2）：101 - 109.

张冠增，2011. 西方城市建设史纲 [M]. 北京：中国建筑工业出版社：183，187，353，376.

张红樱，张诗雨，2012. 国外城市治理变革与经验 [M]. 北京：中国言实出版社：5，12，121，126.

张鸿雁，2000. 侵入与接替——城市社会结构变迁新论 [M]. 南京：东南大学出版社：3.

张京祥，2005. 西方城市规划思想史纲 [M]. 南京：东南大学出版社：183，198，225，228.

张莉，2014. 国外城市治理的八个启示 [J]. 新重庆（9）：32 - 33.

张贤，张志伟，2008. 基于产业结构升级的城市转型——国际经验与启示 [J]. 现代城市研究（8）：81 - 85.

张晓青，郑小平，2009. 日本城市蔓延及治理 [J]. 城市发展研究（2）：24 - 30.

张喧，2003. 日本社区 [M]. 北京：中国社会出版社：44.

张毅，2012. 全球产业结构调整与国际分工变化 [M]. 北京：人民出版社：91，93，194，215，217 - 219.

张振龙，2008. 法国城市空间增长：模式与机制 [J]. 城市发展研究（4）：103 - 108.

郑春荣，望路，2015. 德国制造业转型升级的经验与启示 [J]. 人民论坛·学术前沿（11）：40 - 48.

郑大华，彭平一，2008. 社会结构变迁与近代文化转型 [M]. 成都：四川人民出版社：15.

郑国，秦波，2009. 论城市转型与城市规划转型——以深圳为例 [J]. 城市发展研究（3）：31 - 35.

郑杭生，2009. 改革开放三十年：社会发展理论与社会转型理论 [J]. 中国社会科学（2）：10 - 19.

郑琦，2013. 社会组织监管：美国的经验与启示 [J]. 社会主义研究（2）：156 - 160.

郑晓东，2008. 美国城市社区自治的现状与趋势 [J]. 浙江学刊（5）：134 - 138.

中国城市发展研究院，中国房地产研究会，中国国家经济交流中心，中国战略文化促进会，

2014. 2013中国城市科学发展综合评价报告——城市与人[M]. 北京：中国社会科学出版社：95.

中国城市科学研究会, 2015. 中国城市规划发展报告2014—2015[M]. 北京：中国建筑工业出版社：4, 5, 110, 112.

中国科学技术情报研究所, 1975. 国外公害概况[M]. 北京：人民出版社：264.

中国现代国际关系研究院课题组, 2010. 外国非政府组织[M]. 北京：时事出版社：39, 118.

周春山, 2007. 城市空间结构与形态[M]. 北京：科学出版社：3, 71.

周建军, 2011. 转型期中国城市发展转型特征与方向[J]. 规划师(8)：75-81.

周天勇, 旷建伟, 2014. 中国城市创新报告(2014)[M]. 北京：社会科学文献出版社：43.

周铁训, 2007. 均衡城市化理论与号中外城市化比较研究[M]. 天津：南开大学出版社：282.

周文建, 宁丰, 2001. 城市社区建设概论[M]. 北京：中国社会出版社：404.

周一星, 1995. 城市地理学[M]. 北京：商务印书馆.

周振华, 2009. 城市转型与服务经济发展[M]. 上海：格致出版社：2, 52.

朱华晟, 2011. 匹茨堡地区的产业重构[J]. 城市问题(5)：77-84.

朱欣民, SHAW D, 2001. 欧盟产业衰落区域的综合治理[M]. 成都：西南财经大学出版社.

卓旻, 2014. 西方城市发展史[M]. 北京：中国建筑工业出版社：167, 650.

左学金, 2011. 世界城市空间转型与产业转型比较研究[M]. 北京：社会科学文献出版社：43, 168, 251, 253-254.

BOEHM L K, STEVEN H C, 2015. America's urban history[M]. New York：Routledge.

FUJITA K, HILL R C, 1993. Japanese cities in the world economy[M]. Philadelphia：Temple University Press.

GARCIA-ZAMOR J C, 2014. Strategies for urban development in Leipzig, Germany[M]. Berlin：Springer.

JENNINGS J, 1994. Blacks, Latinos and Asians in urban America：status and prospects for politics and activism[M]. London：Praeger Publishers.

SCHNEIDER A, 2006. Cities in transition：globalization, political change and urban development[M]. Berlin：Springer.

SRIDHAR K S, WAN G H, 2014. Urbanization in Asia：governance, infrastructure and the environment[M]. Bangalore：Springer.

WEI Y D, LEUNG C K, 2005. Development zones, foreign investment, and global city formation in Shanghai[J]. Growth and Change, 36：16-40.

BARRIE S, 1999. Learning from the Japanese city: west meets east in urban design [M]. Oxford: Alexandrine Press.

CHARLES R F, 1980. Comparative public policy and citizen participation: energy, education, health and urban issues in the U. S. and Germany [M]. New York: Pergamon Press.

CLARK P, 2008. The Cambridge urban history of history: 1540 - 1840 [M]. Cambridge: Cambridge University Press.

COOK P, URANGA M C, ETXEBARRIA C, 1997. Regional innovation systems: institutional and organizational dimension [J]. Research policy, 26: 315.

DICK H W, RIMMER P J, 1998. Beyond the third city: the new urban geography of South - Asia [J]. Urban studies, 35: 2303 -2321.

EDWARD WEINER, 2008. Urban transportation planning in the United States: history, policy, and practice [M]. New York: Springer.

FEIOCK, RICHARD C, 2007. Rational choice and regional governance [J]. Journal of urban affairs, 29: 47 -63.

FRIED R L, 2002. Towards an urban nation: Germany since 1780 [M]. Oxford: BERG.

GLAESER E L, KAHN M E, 2010. The greenness of cities: carbon dioxide emissions and urban development [J]. Journal of urban economics, 67: 404 -418.

GOTTMANN J, HARPER R A, 1990. Since megalopolis: the urban writings of jean gottman [M]. Baltimore: Johns Hopkins University Press.

GRANT R, NIJMAN J, 2002. Globalization and the cooperate geography of cities in the less - development world [J]. Annals of the association of American geographers, 92: 320 -340.

HALL P, 1996. Cities of tomorrow [M]. Oxford and Cambridge: Blackwell Publishers.

HALL T, HUBBARD P, 1998. The entrepreneuialcity: geographies of politics, regime and representation chicester [M]. New York: John Wiley and Sons.

JOHN R L, 2008. Urban china in transition [M]. Oxford: Blackwell Publishers.

MACLEOD G, RACO M, WARD K, 1999. Negotiating the contemporary city : Introduction [J]. Urban Studies, 40: 1655 -1671.

MARCUSE P, 2000. Globaling cities: a new spatial order? [M]. Oxford and Cambridge : Blackwell Publishers.

MARTING G, 2008. The new global frontier: urbanization poverty and environment in the 21st century [M]. London: Eaethscan.

NORTON R D, 1979. City life - cycles and American urban policy [M]. New York: Academic Press.

PACIONE M, 1997. Britain's cities: geographies of division in urban Britain [M]. London and New York: Routledge.

PAUL C, DENNIS G H, 1989. Urban problem in western Europe: an economic analasis [M]. London: Unwin Hyman.

QUILEY J M, LROSENTH A L, 2005.. The effects of land use regulation on the price of housing: what do we know? what can we learn? [J]. Cityscape, 8: 69 - 138.

United Nations Center For Human Settlements, 2001. Cities in a globalizing world: global report on human settlement (habitat) 2001 [M]. London: Earth Scan.

WU F L, 2003. Globalization, place promotion and urban development in Shanghai [J]. Journal of urban affairs, 25: 55 - 78.